浅見松江「細川伽羅奢」（昭和5年、個人蔵）
浅見松江は上村松園や松岡映丘に師事し、帝展や新文展で入賞を重ねた女流作家。本作品では、明治時代後期以降に国内へ広まったキリシタンイメージを踏まえ、ロザリオを帯び、祈りを捧げるガラシャの姿を描いている。

松斎吟光「古今名婦鏡 細川忠興妻」（明治19〜20年、日本二十六聖人記念館蔵）
命を投げ出さんとするガラシャが、その前に、2人の子どもを殺害したという逸話を描く。明治時代後期以降にキリシタンイメージが広まるまで、彼女は戦国の「節婦」「烈婦」とばかりみなされていた。

中世から近世へ

ガラシャ

つくられた「戦国のヒロイン」像

山田貴司

平凡社

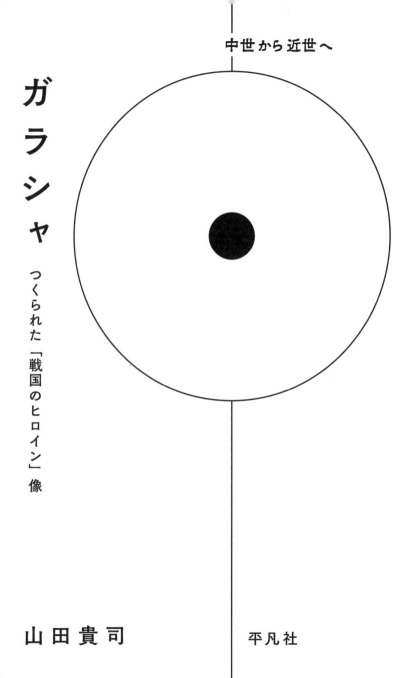

装幀　大原大次郎

ガラシャ◉目次

卍称念寺
一乗谷
東大味
越前
美濃
味土野
弓木城
宮津城
八幡山城
田辺城
丹後
若狭
熊川城
岐阜城
妻木城
福知山城
田中城
大溝城
丹波
坂本城
安土城
水戸(三戸野)
矢島御所
聚楽第
亀山城
近江
宇佐山城
本能寺
青龍寺城
伏見城
和田
摂津
山崎
有岡城
尼崎城
大坂城
山城
大坂玉造の屋敷
片岡城

ガラシャ・細川家関連略地図

ガラシャ・細川家関係系図

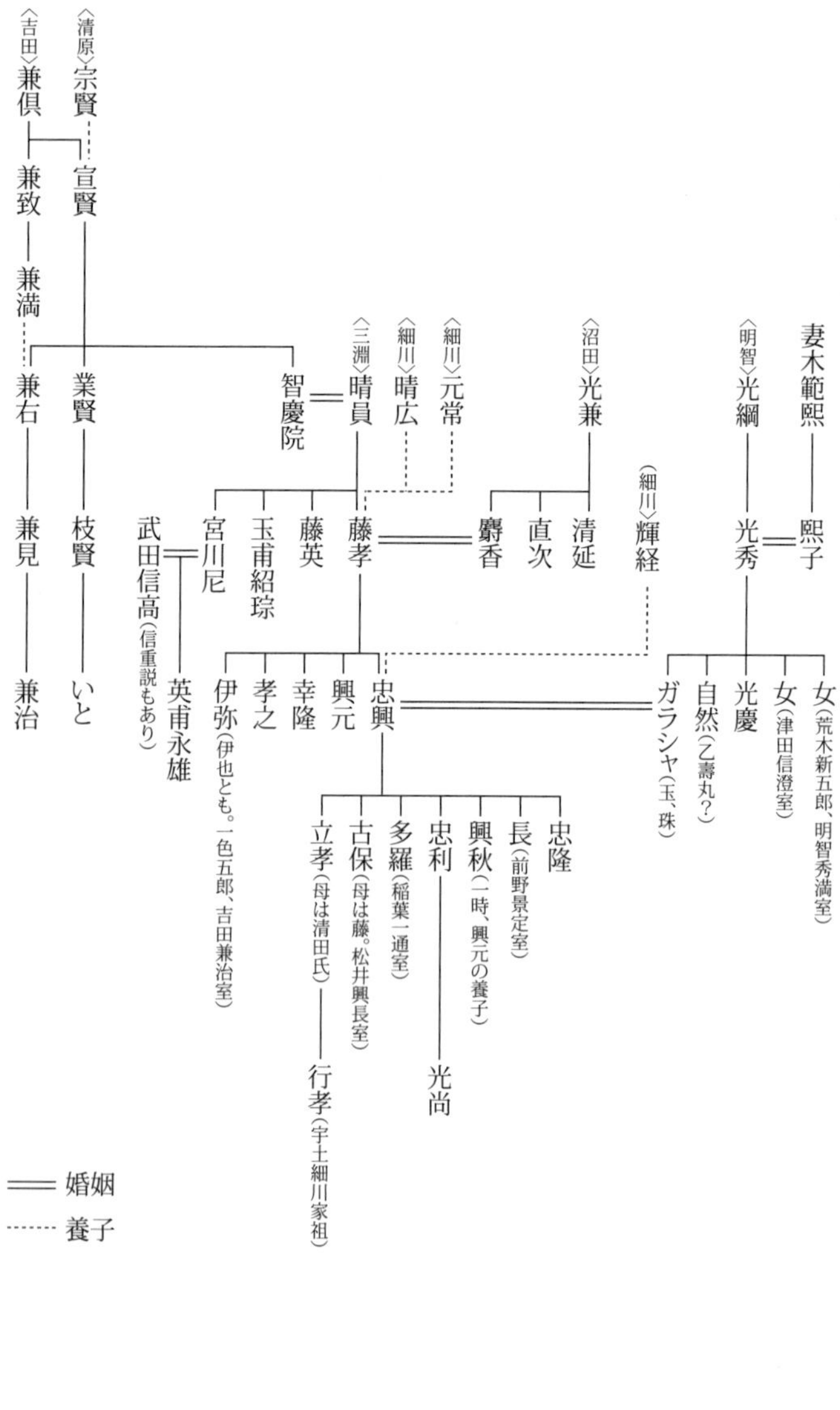

妻木範熙
熙子
〈明智〉光綱
光秀
女（荒木新五郎、明智秀満室）
女（津田信澄室）
光慶
自然（乙壽丸？）
ガラシャ（玉、珠）
〈細川〉輝経
〈沼田〉光兼
清延
直次
麝香
〈細川〉元常
〈細川〉晴広
〈三淵〉晴員
智慶院
藤孝
藤英
玉甫紹琮
宮川尼
武田信高（信重説もあり）
英甫永雄
忠興
興元
幸隆
孝之
伊弥（伊也とも。一色五郎、吉田兼治室）
忠隆
長（前野景定室）
興秋（一時、興元の養子）
忠利
光尚
多羅（稲葉一通室）
古保（母は藤。松井興長室）
立孝（母は清田氏）
行孝（宇土細川家祖）
〈清原〉宗賢
宣賢
業賢
枝賢
いと
〈吉田〉兼倶
兼致
兼満
兼右
兼見
兼治
婚姻
養子

はじめに――ハイブリッドな歴史的イメージを有する「戦国のヒロイン」

いま、ガラシャを取り上げる理由

少しでも日本の歴史に興味をお持ちの方であれば、明智光秀《あけちみつひで》の娘にして細川忠興《ほそかわただおき》に嫁いだ「ガラシャ」という洗礼名を持つ人物がいたことを、一度は耳にしたことがあろう。活躍したのは中世から近世へと移行していく頃、織豊《しょくほう》期ともいわれる時期である。その生涯を簡単に紹介すると、光秀の娘として生まれ、忠興の妻となった彼女は、本能寺の変により「謀反人の娘」というレッテルを貼られながらも、後半生はみずからの意思で敬虔なキリシタンとなり、信仰生活を送った。しかし、関ヶ原《せきがはら》合戦の約二ヶ月前、石田三成《いしだみつなり》を中心とする西軍から人質になるよう求められると、それを拒み、命を投げ出して最期を迎える。このような、乱世に翻弄《ほんろう》された悲劇的な大名夫人、信仰に救いをみいだした美貌の「戦国のヒロイン」というイメージが、いまは一般的ではないだろうか（なお、本書でいうイメージ、歴史的イメージとは、歴史上の人物を思い浮かべるにあたり、われわれが心の中に描き出す姿、その人物がいる情景、特徴的な言動や振る舞いを指す）。かかる波乱万丈の生涯は人々を惹きつけてやむところなく、ゆえにガラシャは、日本史上の女性の中でも高い知名度を有する人物となっている。

ただ、そういったガラシャに対するイメージは、どれほど実像を踏まえたものなのであろう。そもそも彼女はどこで生まれ、どのように育ったのか。「謀反人の娘」でありながら、なにゆえ本能寺《ほんのうじ》の変後に殺害されなかったのか。なぜ、キリスト教に入信したのか。どんな信仰生活を送っていたのか。関ヶ原合戦を前に、どうして命を投げ出さなければならなかったのか。その最期を、当時の人々はどのように受け止めていたのか。そして、死後にその生涯はどのように語られ、こんにちまでイメージされてきたのか——。有名なわりに、こういった素朴な疑問がいくつもみいだされる。それに対し、おおよその解答はすでに先学が提示してきているが、一般的には認知されていなかったり、史料的制約により説明が尽くせていなかったりする。新史料の発見や研究の進展により、修正を要する部分もみられる。

かかる状況を踏まえ、かつてガラシャをテーマとする展覧会を企画した経験を持つ筆者は、本書を執筆することにした。第一章から第六章では、学界で進められている最新の研究成果に学びながら、ガラシャの実像をいま描きうる限り描きだしてみる。筆者なりに実像をアップデイトすること、それが目的である。

続いて第七章と第八章では、試論の域を出ない部分も残るが、ガラシャが死後にどのように記憶され、評価され、歴史的イメージとなり、こんにちに至ったのか、という問題を追跡したい。なぜ死後のことを取り扱うのかというと、彼女の場合、その生涯や振る舞いが日本の近世・近代社会で語られるに留まらず、ヨーロッパでも話題になっていたためだ。そして、日本で形成された歴史的イメージとヨーロッパのそれが明治時代後期以降に融合することにより、冒頭で述べたようなこんにちのガラシャ像が、生み出されてきたからである。筆者の知る限り、彼女ほど死後に歴史的イメージが移り変わった人物はそういない。かかる経緯自体がとても面白く、その検証は、読者のみなさんの興味をきっとかきたてるものとなる。

もっとも、死後の問題を取り上げる目的は、別のところにもある。それは、虚像の変遷をたどり、実像とのギャップを把握することにより、さまざまな歴史的事象や人物に対して私たちが抱いているイメージが、しばしばいい加減で、しかも揺るぎやすいものだと、確認してみようという試みである。いささか教訓めいた話になるが、ガラシャの実像と虚像の解明を通じて、「なににについても正確な事実を把握することが重要なのだ！」と再認識する機会になればとも、ひそかに考えているのである。

これまでのガラシャ研究

本論に入る前に、これまでのガラシャ研究を少し振り返っておく。

明治時代後期以降に演劇や小説、絵画などの題材となり、さまざまな機会に語られ、演じられ、描かれてきたわりに、ガラシャが歴史学の対象とされ、本格的な研究が進められはじめたのは、さほど昔のことでもない。それにはさまざまな要因が考えられるが、ひとつは、関係史料の把握が容易ではなかった点にあろう。有力武将の娘、大名夫人とはいえ、女性の動静を示す史料は、一般的にそう多く残されていないからである。

また、ガラシャの場合、本書でもたびたび引用するように、一六世紀半ばから一七世紀前半にかけて日本を訪れ、布教のために奮闘したカトリックの修道会・イエズス会の宣教師がまとめ、ヨーロッパに送っていた報告書「日本年報」や書簡などが、改宗前後の彼女の動静を伝える重要な史料群となる。ただ、ヨーロッパの諸言語で記されたそれらが調査・研究され、先学の尽力により日本語訳されるまで、その内容を把握するのは容易ではなかった。このことも、ガラシャ研究がやや推進力を欠いてきた要因なのかもしれない。

それゆえであろう、早い時期に本格的なガラシャ研究を進めたのは、イエズス会関係史料の日本語訳を待つことなく活用できたヨーロッパ出身の研究者であった。その代表は、ドイツ出身のイエズス会士にして経済学者・歴史学者でもあったヨハネス・ラウレスが昭和《しょうわ》三三年（一九五八）に刊行した『細川ガラシヤ夫人』である。上智大学で教鞭をとり、同大のキリシタン文庫を創始した同氏は、ヨーロッパで刊行されていたイエズス会関係史料を存分に駆使し、ガラシャの動静や信仰を詳細に描きだした。歴史的背景や日本側の史料の把握という点に補うべき部分はあるものの、刊行から六〇年以上たったいまも参照すべき内容を有する一書である。

ガラシャ研究を進めた早い時期の研究者として、もうひとり、ドイツ出身のイエズス会士ヘルマン・ホイヴェルスをあげておく。上智大学の二代学長も務めたホイヴェルスは、戦前からガラシャを主題とする戯曲を執筆し、舞台などに原作を提供してきた作家でもあったが、昭和四一年に春秋社から再刊した戯曲『細川ガラシア夫人』の巻末には、イエズス会関係史料一二通分のガラシャ関係記事の日本語訳と、江戸時代中期に細川家で編纂された家譜（家の歴史書）『綿考輯録《めんこうしゅうろく》』の関係記事が収録される。これが、簡にして要をえたガラシャ関係史料の紹介となっており、その後の研究推進にも影響を与えている。

ガラシャを主題とする研究が相次いで発表されだしたのは、関係史料の日本語訳や翻刻刊行がおおよそ出そろった二〇〇〇年代に入ってのことである。研究の現状を押さえるべく主要な文献だけでも確認しておくと、彼女の生涯を取り上げた著作としては、平成二二年（二〇一〇）に田端泰子が刊行した『細川ガラシャ――散りぬべき時知りてこそ』と、同二六年に安廷苑が刊行した『細川ガラシャ――キリシタン史料から見た生涯』が代表的なものとなろう。前者は、織豊期における政治史の展開過程に、ガラシャの動静を位置づけつつ、生涯を追った一書。後者は、イエズス会関係史料の原本調査と、東アジアにおける婚姻問題の研究を踏まえ、ガラシャの生涯を改めて捉え直したものである。

そして、平成三〇年に熊本県立美術館で開催された特別展「永青文庫展示室開設一〇周年記念　細川ガラシャ」において、ゆかりの文化財の大規模な展示公開が実現したことにより、ガラシャの実像解明はさらに進むこととなった。なお、この特別展は、同館の学芸員を務めていた頃に筆者が担当したものである。

直近では、生涯を通観するというスタイルではないものの、呉座勇一・フレデリック・クレインス・井上章一・郭南燕の四氏が令和二年（二〇二〇）に刊行した『明智光秀と細川ガラシャ』が注目される。同書では、呉座「明智光秀と本能寺の変」が父の明智光秀論を、クレインス「イエズス会士が作り上げた光秀・ガラシャ像」がイエズス会からみた光秀・ガラシャ父子の評価や捉え方の問題を、井上「美貌という幻想」がガラシャ美貌説の系譜を、郭「ガラシャの知性と文化的遺産」が信仰生活やカトリック教理書との関係性を取り扱い、多面的にガラシャを論じた興味深い一書となっている。

それと、その悲劇的な最期ゆえに、模範的な大名夫人として、あるいは模範的なキリシタンとして語られてきたガラシャの場合、死後どのように「記憶」され、語られてきたのかという問題も研究テーマとなっている。これについては、近世から近代にかけての「記憶」と「記録」の問題を金子拓『記憶の歴史学』が掘り下げ［金子二〇一一］、安「細川ガラシャ没後の評価について」や右に述べたクレインスの仕事［安二〇一五、クレインス二〇二〇］、一六九八年にウィーンで上演されたガラシャの音楽劇「気丈な貴婦人」の原本を発見した新山カリツキ富美子の研究などが［新山二〇一六、同二〇一七］、ヨーロッパにおける彼女の歴史的イメージ展開を紹介している。

すなわち、先学を振り返ってみると、ガラシャ研究の射程は大名夫人の人物評伝に留まっていない。織豊期における政治史や女性史、キリスト教史に資するものであり、その死後からこんにちまで推移してきた歴史的イメージは、時々の社会状況における理想の女性像や、信仰のあるべき姿を反映する鏡になっていたとおぼしい。じつに面白い研究対象なのである。

ただ、これまで多くの研究成果をえてきたとはいえ、課題も残されている。ひとつは、先行研究の多くが、江戸時代に細川家で編纂された家譜類やイエズス会関係史料に、素材の多くを依拠していることである。数は多くないものの、当時の武将が記した文書や公家の日記にもガラシャに関する証言はみられるのだが、網羅的にそれを集めたうえで、彼女の動静や事績が検証されていないのである。それは先達の不備というより、関係史料の公開や紹介のタイミングに帰する問題でもあるが、いずれにせよ、歴史学者が「一次史料」と呼び、史実の復元にあたりもっとも重視する同時代人の証言を検索する作業の余地が、ガラシャ論には少しだけ残されている。

ふたつ目は、死後にみられた歴史的イメージの展開過程を、日本の江戸時代以来のそれと、ヨーロッパにおける一七世紀以降のそれの双方に目配りしつつ、分野横断的かつ長いスパンにわたって見とおしていない点である。先ほど紹介した井上やクレインスの研究は、これに関して最近えた大きな成果であるが、とりわけ近代日本における歴史的イメージの問題には、いまだ検討の余地が残っている。この点を解明しない限り、どうしてガラシャばかりが注目されるのか、私たちがいま持っている歴史的イメージは、どのように形成されてきたものなのか、という問題を充分に理解しえないのである。

「ガラシャ」の呼称について

こういった先学の蓄積と課題を踏まえつつ、本書では、ガラシャの生涯と、その死後にみられた歴史的イメージの展開過程をたどっていく。ただ、その前に、しばしば議論になりがちな「ガラシャ」という呼称の問題と、本書で用いる史料のことについて触れておきたい。

本書の主題となる忠興の妻、一般的に「細川ガラシャ」と呼ばれている女性の本名は、「玉《たま》（珠）」あるいは「玉子《たまこ》（珠子）」とされる。その一方、「ガラシャ」はキリスト教の洗礼を受ける際に与えられた霊名（洗礼名）である。そうすると、彼女のことは「玉」「玉子」と、洗礼名を付すならば「ガラシャ玉（玉子）」と称した方がよいのかもしれない。

では、彼女を「ガラシャ」という洗礼名で呼称するのは、適切なのであろうか。間違っていないのだろうか。一般的にキリスト教の信者が洗礼名で呼ばれる機会は、教会における諸行事で名前を読み上げられる時や、司祭や信者とやり取りする場合に限られていたと思われる。だとすれば、洗礼名をもって通称とみなすのは、本来は難しいのであろう。

ただ、ガラシャの場合は、右に示したケース以外の場面でも洗礼名を用い、また、それで呼ばれていた可能性がある。というのも、信頼する元侍女《じじょ》の小侍従《こじじゅう》宛にしたためたガラシャ消息（手紙）に、洗礼名の頭文字「か」と署名したとおぼしき一通があり（「国立国会図書館所蔵文書」『細川ガラシャ』図録六五）、夫の忠興宛の消息に「からしや」と明記した一通があるためである（「東京国立博物館所蔵文書」『同』図録六四、一六九頁参照）。小侍従がキリシタンだったかどうかはわからないが、忠興は間違いなくそうではない。つまり、相手が信者かどうかを問わず、親しい間柄であれば、彼女は洗礼名を自称に用いた。細川家の家譜類に「伽羅奢《がらしや》様と云」と明記されるのも、その証左であろう（『綿考輯録』巻九）。また、安廷苑が「彼女たちは「ジェルソンの書」を一緒に読みながら、洗礼名でお互いを呼びあっていたようである」と指摘している点も、見逃せないところである［安二〇一四］。

これらを勘案すると、キリシタンとなったガラシャは、相手や状況を選んでのことであろうが洗礼名を自称に用い、それをもって周囲に呼ばせていた可能性が指摘される。なお、イエズス会の宣教師は、多くの記録で彼女を洗礼名で呼んでいる。

かかる経緯を踏まえるならば、「玉」と呼ぶより「ガラシャ」と呼んだ方が、彼女の意に沿うように筆者は思う。それに、叙述にあたり、途中で呼び名を変えるような煩瑣《はんさ》も避けたい。ついては、本書では、一貫して「ガラシャ」の呼称を用いることとしよう。

次に、「細川」の名字にも触れておく。ガラシャが嫁いだ忠興は、清和源氏《せいわげんじ》の名門足利《あしかが》家の支流細川家の庶流で、室町幕府の大外様衆《おおとざましゆう》・「准国持《じゆんくにもち》」の家格とされた細川奥州《おうしゆう》家に養子入りし、じつは父の細川藤孝《ふじたか》とは別家の「細川」を名乗っていた［山田貴司二〇一三a］。ただ、藤孝が織田信長《おだのぶなが》に仕えはじめた天正《てんしよう》元年（一五七三）以降は、ともに「長岡」の名字を名乗っており、ふたたび「細川」と名乗り出すのは慶長《けいちよう》一六年から同一七年のことと思われる（『駿府記』同一七年一二月二〇日条）。ガラシャと結婚してから彼女が死去するまでの間に、忠興は「細川」の名字を名乗っていないのである。

そうすると、戦国時代の公家社会にみられた「夫婦別氏《うじ》にして夫婦同名字」というあり方に〔後藤みち子二〇〇九〕、忠興・ガラシャ夫妻が則っていたとしても、こんにち膾炙《かいしゃ》している「細川ガラシャ」という呼び方はあまり妥当ではない（あえていえば「長岡ガラシャ」）。したがって、本書には「細川ガラシャ」という名称を付けず、文中でも用いないこととした。ただ、藤孝・忠興父子には「細川」を名乗っていた時期があり、忠興に至っては後に名字を戻してもいる。したがって、これについても複雑な表記を避けるために、彼らの名字には一貫して「細川」を用いる。それと、藤孝のことは、出家して幽斎玄旨《ゆうさいげんし》と号した後も、引き続き藤孝と称したいと思う。

本書で用いる史料について

本題に入る前に、頻繁に用いる史料についても少し説明しておく。

歴史の研究にあたっては、史実を復元する根拠となる史料が、いつ、誰により、どういった目的でつくられたものなのか、その性格をよく理解し、活用していく必要がある。通常は研究対象と同時代に記された公文書や手紙、日記などが、信頼性の高い史料とみなされる。

ところが、ガラシャについては、同時代の日本の史料は多く確認されない。自身がしたためた消息一七通の他、親交のあった公家や寺社関係者の日記、関ヶ原合戦を前に迎えた最期の場面に触れた諸将の手紙くらいである。しかも、その内訳は、最期の場面に関するものに集中している。そのため、ガラシャの実像の輪郭を描いていくには、一七世紀後半以降に細川家で編纂されていった家譜類も活用せざるをえない状況にある。

ただ、こうした家譜類の記事には誤りがあったり、典拠が不明な場合も多く、信頼性にしばしば問題がみられる。したがって、『綿考輯録』といった家譜類を根拠としながらも、それを裏づける他の史料に言及しえていない部分については、「まだ検討の余地があるのかもしれない」という意識を持ちつつ、本書をお読みいただければと思う。

それと、キリスト教に改宗したガラシャの動静を詳細に伝え、重要な史料群となるのが、一六世紀半ばから一七世紀前半にかけて来日したイエズス会の宣教師の記録類である。彼らは、布教の状況を伝えるために書簡や報告書「日本年報」をヨーロッパに送付しており、そのテキスト類は彼の地で次々と印刷・刊行された。そして、いまとなっては、それらが当該期の日本史研究の、さらにはガラシャ研究の貴重な史料となっている。

なかには、そうした宣教師の記録に、疑いの目を向ける人もいるかもしれない。ヨーロッパからきた外国人の証言を、ほんとうに信用してよいのか、と。ごく自然な疑問である。ただ、結論からいえば、内容的には信頼の置ける史料群とみてよい［浅見二〇一六］。

たしかに、記事によっては誇張を感じたりするし、反キリスト教的な人物に対する辛辣《しんらつ》な論評があったりもする。しかし、それは書き手の性格もあろうし、味方を褒《ほ》め、敵をよく書かないのは、なにも彼らに限ったことではない。また、イエズス会の宣教師はヨーロッパの大学で学んだエリート集団であり、個人差があるにしても、語学堪能であったとされる。彼らは貴賤《きせん》を問わずさまざまな日本人と交流しており、書簡や「日本年報」にみえる諸情報は、為政者やキリシタンと接する中でえたものと考えられる。

一例を示そう。ガラシャの死後の細川家では、「雪のサンタ・マリアの祝日」にあたる一六〇一年八月五日に関ヶ原合戦の論功行賞が実施されたが、忠興はそこにイエズス会の宣教師を同席させた。それゆえ、この件は「一六〇一年度日本年報」に記録され、様子がヨーロッパに詳報されている（『十六・七世紀イエズス会日本報告集』Ⅰ期一七）。その一方、日本の史料では『綿考輯録』巻一七に、慶長六年（一六〇一）七月七日に論功行賞が行われた旨が記されている。日付が異なっているが、これは太陽暦と太陰暦の違いによるズレであり、じつは同日である。このように、日本の史料によりイエズス会関係史料の裏づけをとることも、当然その逆も可能なのである。

なお、ガラシャは宣教師と一度しか会っておらず、彼女の情報については信ぴょう性が問われるかもしれない。しかし、イエズス会関係史料をみていると、ガラシャ自身が宣教師にたびたび手紙を送っていた様子が確認される。また、侍女を教会に派遣する場面も多くあったようである。教会関係者は、彼女周辺の事情をかなり詳しく把握していたとみてよい。記事を信頼して、大きな問題はないと考える。

最後に、少し本書の約束事を示しておく。

ガラシャの実像と歴史的イメージの解明を目指す本書では、煩瑣を厭わず史料を掲げ、わかりにくそうなものについては、原文に続いて現代語訳を付すことにした。読者が検証できるように出典も明記している。ただ、頻出する史料や刊本については、初出以降は次のように略記していく。

『明智光秀 史料で読む戦国』……『明智』＋文書番号
『十六・七世紀イエズス会日本報告集』……『イ会日本報告集』＋文書番号
フロイス『日本史』……『日本史』＋部—章数
『細川ガラシャ』図録……『ガラシャ』図録＋作品番号
「細川家文書」『永青文庫叢書　細川家文書　中世編』織豊期文書……「細川」織豊＋文書番号

「松井家文書」『松井文庫所蔵古文書調査報告書』……「松井」+文書番号
『綿考輯録』……『綿』+巻数

前置きからずいぶん長くなった。では、いよいよガラシャが生きた時代への扉を開けることとしよう。

第一章　父・明智光秀の前半生

光秀の出自

ガラシャの父は、周知のように明智光秀である。彼女のことを述べていくには、まずその父に触れないわけにはいかない。彼の動静が、ガラシャの生まれや幼少期のあり様を推測する数少ない手がかりとなるからである。まずは出自の問題から掘り下げてみよう。

一般的に光秀は、美濃守護職《みのしゆごしき》を世襲した土岐《とき》家の庶流明智家の出身とされ、明智光綱《みつつな》の子といわれている。ただ、それは光秀の死去から一〇〇年以上たって成立した軍記物『明智軍記』によるもの。信頼性の高い良質な史料を根拠とする説ではない。

では、出自に関する良質な史料にはどのようなものがあるのか。いま研究者に共有されているのは、①『兼見卿記《かねみきょうき》』の記事、②『立入左京亮入道隆佐記《たてりさきょうのすけにゅうどうりゅうさき》』の記事、③『遊行三十一祖京畿御修行記《ゆぎょうさんじゅういちそけいきごしゅぎょうき》』の記事、④『戒和上昔今禄《かいわじょうせきこんろく》』の記事などである。

①は、京都の吉田神社の神主で、朝廷に仕える公家でもあった吉田兼見《よしだかねみ》の日記である。兼見は顔が広く、公武のさまざまな要人と通じており、光秀ともたいへん親しかった。文中には、両者の公私にわたる交流の様子が頻繁に記されている。その中で、出自について注目されるのは、元亀《げんき》三年（一五七二）一二月一一日条である。光秀から届いた手紙にいわく、美

濃の親類が「山王之敷地」に城を築いたところ、それ以来調子が悪くなった。ついては、兼見に祈禱して欲しい、ということであった。この一件により、光秀には、城を持つほどの地位にある親類が美濃にいた、という事実が判明する。

②は、商人の立入宗継《むねつぐ》が、天正六年（一五七八）から文禄《ぶんろく》二年（一五九三）にかけて生じた出来事を記録した覚書である。彼は「禁裏《きんり》御蔵職」に任じられ、織田信長や光秀とも面識を有した人物であった。その記事には「美濃国住人ときの随分衆也、明智十兵衛尉、其後、上様より仰せ出され、惟任日向守《これとうひゅうがのかみ》になる」と記されている。これを素直に解釈すると、「（光秀は）美濃土岐家の有力家臣で、当時は明智十兵衛尉といった。その後、信長様の仰せにより、惟任日向守と名乗った」ということになろう。この覚書でも、光秀は美濃ゆかり、土岐家ゆかりの人物とみなされている。

明智光秀像（本徳寺蔵）

③は、時宗《じしゅう》の総本山遊行寺の三一代にあたる同念上人《どうねんしょうにん》が、天正六年から同八年にかけて「遊行」したおりの記録である。光秀が登

場するのは、同念上人が大和《やまと》へ向かうにあたり、同地の有力者であった筒井順慶《つついじゆんけい》への紹介状を依頼すべく、梵阿《ぼんあ》なる僧侶を光秀の居城・坂本城《さかもと》（滋賀県大津市）に派遣したとの記事、同八年正月二四日条である。それによれば、光秀は「もと明智十兵衛尉といひて、濃州土岐一家牢人《ろうにん》たりしか、越前朝倉義景《えちぜんあさくらよしかげ》を頼み申され、長崎称念寺《しょうねんじ》門前に十ヶ年居住」しており、梵阿とは旧知の間柄だった。それゆえ彼は、坂本城にしばらく逗留《とうりゅう》することになったという。かかる内容からも、光秀が美濃にゆかりを持ち、土岐家に仕えていた様子がうかがえよう。

④は、早島大祐が近年紹介した新出史料［早島二〇一七］。光秀が自身の先祖について証言していた様子を伝える、興味深いものである。タイトルに付された「戒和上」とは、仏教の修行者が出家する際に、守るべき「具足戒《ぐそくかい》」を授ける役を務めた最高位の僧侶のこと。すなわち、『戒和上昔今禄』は、奈良興福寺《こうふくじ》の一乗院門跡《いちじょういんもんぜき》に入っていた関白近衛前久《かんぱくこのえさきひさ》の子息尊勢《そんせい》が出家するとなったおりに、その「戒和上」をめぐり、天正四年から同五年にかけて興福寺と東大寺の間で生じた訴訟の顛末を綴った記録である。興福寺が信長に訴え、光秀がこれを担当することとなったため、関連記事が含まれているのである。

訴訟における光秀の動静は早島の研究に譲り、ここでは彼の出自に関する証言にフォーカスしよう。『戒和上昔今禄』によると、裁判結果を伝える文脈の中で光秀は、「忠節」により「先祖」に与えられた所領の証文「尊氏《(足利)》御判御直書《ごはんおんじきしょ》等」を所持しているが、いまは知行《ちぎょう》しておらず、信長様に訴えることもできない、証文を持っているばかりでは役に立たない、と述べたとされる。由緒より実力を旨とする光秀の姿勢が示され、興味深いが、その一方でこの逸話は、南北朝時代以来の御家人の末裔というアイデンティティが彼の中に埋め込まれていたことも物語っている。すなわち、光秀は土岐家とだけでなく、将軍家とも関係を有してきたという系譜認識を持っていた。このことは、光秀が足利義昭とどういう形で接点を持つようになったのか、というプロセスを考えるうえでもカギとなる、重要な事実である。

右に述べた良質と思われる史料の内容を整理すると、光秀は、室町幕府の御家人の末裔にして、奉公衆となっていた明智家の庶流出身と思われる。生誕の地や拠点の所在は確定できないものの、美濃に深いゆかりを持ち、土岐家に仕える家柄に生まれた人物であった。

光秀が生まれた年のこと

光秀の生年について一般的に知られているのは、『明智軍記』を根拠とする享禄《きょうろく》元年（一五二八）説である。彼の辞世に「五十五年夢」とあることから、天正一〇年（一五八二）に五五歳で没したとみなされ、それにより生年も想定されるのである。

ただ、生年には諸説があり、寛永《かんえい》年間（一六二四〜四四）に成立した『当代記』は、光秀の享年を六七とする。これだと、永正《えいしょう》一三年（一五一六）生まれ。谷口克広はこちらの説を信用すべきと指摘する［谷口二〇〇七］。

最近注目されているものに、享年四三とする説もある。これは、光秀の娘婿（ガラシャの夫）の細川忠興が最晩年に所有していた隠居領を、孫の行孝《ゆきたか》が継承する格好で成立した宇土《うと》細川家（熊本藩主の肥後《ひご》細川家の分家）において、天和《てんな》三年（一六八三）までに編纂された宇土家譜（熊本県立美術館蔵）の一冊「藤孝公譜《ふじたかこうふ》」に、光秀は子年生まれとする逸話がみえることなどを根拠としている。先述の享禄元年と永正一三年もじつは子年なのだが、もうひとつありうる候補が、天文《てんぶん》九年（一五四〇）生まれなのである［橋場二〇一八、金子二〇一九］。

しかしそうなると、光秀は織田信長や豊臣秀吉《とよとみひでよし》より若かったことになってしまう。可能性を完全に否定できるわけではないが、彼の出世ぶりや人間関係からいえば、それではやはり若すぎようか。したがって本書では、享禄元年説に従い、話を進めていくこととしたい。

若き日の光秀、越前に赴く

次に、光秀の前半生について述べていこう。通説として定着してきたのは、『明智軍記』を根拠とする動静である。

それによると、光秀の父明智光綱の死後、明智家はその弟の明智光安《みつやす》に継承された。ところが、弘治《こうじ》二年（一五五六）に、守護《しゅご》代《だい》にして事実上の美濃の支配者であった斎藤家で道《どう》三《さん》・義龍《よしたつ》父子の内紛が起こり、光安は前者に味方する。しかし、道三の敗北・戦死の後、明智城を攻撃され、自害した。光秀は光安の遺児を託され、越前に逃れたという。

越前に到着後、光秀は長崎称念寺（福井県坂井市）の寺領に妻子を預け、廻国修行の旅に出た。越前に戻ったのは永禄《えいろく》五年（一五六二）とされる。その後は朝倉義景に仕えることとなり、将軍足利義輝《よしてる》の暗殺により近江《おうみ》・若狭《わかさ》を流浪していた足利義昭《よしあき》が同九年九月に越前へ移ったおりには、朝倉家中《かちゅう》の一員となっていた。ただ、その直後に織田信長から誘いを受け、美濃に赴き、そのまま織田家中に転じたとされる。光秀が歴史の表舞台に登場するまでの流れを、『明智軍記』はこのように描いている。

こんにちの称念寺（石川美咲氏撮影）

　もっとも、先述のように、かかる経緯は一部を除いて裏づけがとれず、あてにならない。そのまま史

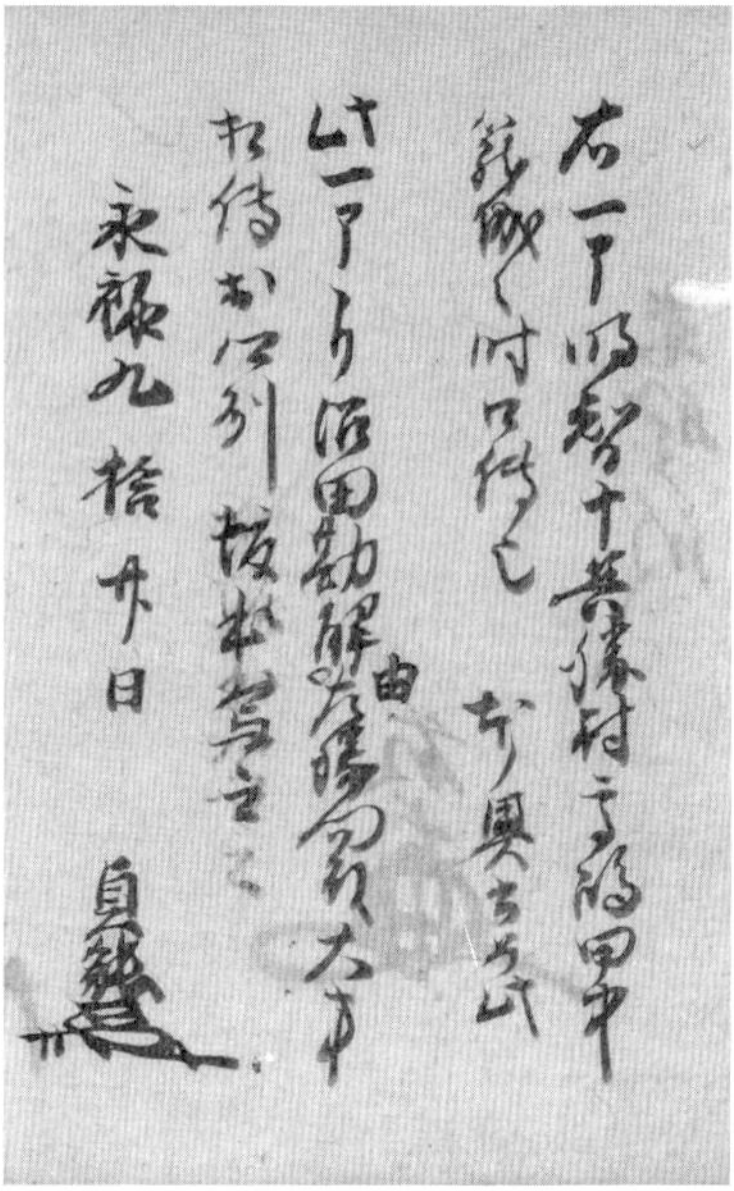

「針薬方」奥書部分（米田家文書、個人蔵、熊本県立美術館寄託）

実として認定することは難しい。

ただ、「一部を除く」というのは、越前に逗留し、長崎称念寺や朝倉家と関係を有していたとする部分である。ここについては、良質な史料にも記事が確認される。『遊行三十一祖京畿御修行記』である。振り返ると同書には、光秀が「越前朝倉義景を頼み申され、長崎称念寺門前に十ヶ年居住」と記されていた。時期ははっきりしないものの、光秀が越前を訪れ、長崎称念寺門前に逗留し、朝倉家と関係を有していたことに間違いはなさそうである。

ちなみに、光秀と朝倉家はどのような関係にあったのだろう。詳しいことはわからないが、最近の研究では、両者の接点として医学的知識の授受に注目が集まっている。

そのひとつが、光秀「口伝」の医術書「針薬方《しんやくほう》」の記事である。「針薬方」とは、平成二五年（二〇一三）に熊本市内で「発見」された新出史料で、奥書によると、光秀が近江高島郡の田中《たなか》城（滋賀県高島市）に籠城したおりに「口伝」し、若狭《わかさ》熊川《くまがわ》（福井県三方上中郡若狭町）の奉公衆沼田《ぬまた》勘解由左衛門尉《かげゆさえもんのじょう》清延《きよのぶ》が「大方相伝」していたものを、義昭に仕える幕臣米田《こめだ》貞能《さだよし》が永禄九年一〇月二〇日に近江坂本で書写したという医術書である［村井二〇一四、山田貴司二〇二〇］。光秀が外科や婦人科に関する知識を有していたことを示す興味深い史料だが［長野二〇二〇］、その文面には「朝倉家之薬」「セヰソ散」も含まれている［石川美咲二〇二〇］。つまり、「針薬方」の相伝経緯を示す奥書の日付を勘案すれば、これ以前に光秀は朝倉家関係者と接点を持ち、「セヰソ散」を伝授されていたと考えられるのである。

そして、「針薬方」に関するこのような解釈を踏まえると、『遊行三十一祖京畿御修行記』の記事でははっきりしなかった光秀の越前「十ヶ年居住」の時期は、自然に考えれば、「針薬方」が書写された永禄九年一〇月二〇日よりも前のことと推測されよう。おそらく光秀の越前逗留は、一五五〇年代から一五六〇年代後半にかけての時期であった。

義昭の意を受け、近江の田中城へ

光秀の動向が良質な史料に確認されはじめ、彼がいよいよ歴史の表舞台に登場するのは、足利義昭に仕えるようになってからのことである。

光秀と義昭の関係に触れる前に、義昭が将軍職に就任するまでの流れをまずはみておこう。彼は、室町幕府一二代将軍足利義晴《よしはる》の子息のひとり。兄の足利義輝が一三代将軍になったため、奈良興福寺一乗院に入り、覚慶《かくけい》と名乗っていた。ところが、永禄八年（一五六五）五月、将軍義輝が京都で三好《みよし》・松永勢により殺害されたため、その後継者となるべく同年七月に奈良の幽閉先を脱出する。近江和田《わた》（滋賀県甲賀市）に逗留後、同年一一月から同九年八月末まで近江矢島《やじま》（滋賀県守山市）に移り、尾張《おわり》の織田信長と「上洛作戦」を練るも破綻し［村井二〇一四］、若狭武田家のもとをへて同九年九月に越前敦賀《つるが》（福井県敦賀市）へ入り、やがて一乗谷《いちじょうだに》（福井県福井市）の朝倉義景を頼った。ただ、義景が動かない様子をみて、ふたたび信長と交渉、同一一年七月に岐阜へ転じ、同年九月に上洛、ようやく念願を叶えた。

それでは、右のごとく流転した義昭に、光秀はいつから仕えるようになったのであろう。通説では、義昭が越前へ下向したおりに接点が生まれた、とされる。それは本当であろうか。結論を先どりすると、義昭が越前を訪れるまでに、光秀は彼と接点を有していた。これが筆者の考えである。先ほど紹介した「針薬方」の記事が、その手がかりとなる。

繰り返しになるが、奥書によると、「針薬方」は光秀が田中城に籠城したおりに「口伝」し、沼田勘解由左衛門尉清延が「大方相伝」していたものを、米田貞能が永禄九年一〇月二〇日に近江坂本で書写した医術書である。「口伝」の内容も興味深いが、ここで重要なのは

「口伝」の相手が推測でき、その場所が明記されていることである。本書が書写された永禄九年一〇月二〇日以前に、光秀が琵琶湖西岸の高島郡田中郷の田中城に、清延とともに籠城していたと考えられるからである。

では、一時は越前にいたとおぼしき光秀は、いつ、どうして田中城に籠城することになったのであろう。容易に解決し難い疑問だが、そのヒントは、一緒に籠城し、「針薬方」を「大方相伝」した清延の存在にある。彼は若狭熊川を拠点としていた沼田光兼《みつかね》の子息。永禄一〇年から同一一年にかけて、義昭に従う人々を書き上げた「永禄六年諸役人附《しょやくにんづけ》（光源院殿《こうげんいんでん》御代当参衆《おんだいとうさんしゅう》　并《ならびに》足軽以下《あしがるいげの》衆覚《しゅうのおぼえ》）」に「詰衆番衆」「二番」として登場するように、義昭の側に仕えていた人物であった。なお、同書に「御供《おとも》衆」として登場し、後に信長のもとで光秀と共同することになる細川藤孝には妹が嫁いでおり、義理の兄弟にあたる。

こういう立場にあった清延が光秀と一緒に籠城したのであれば、彼らが共同するこの軍事活動の性格は明白となろう。単純な地域権力間の紛争というより、将軍家の動向も絡んだ籠城戦と考えられるのである。

次に、籠城の背景や時期について考えよう。史料が手薄なこともあり、この点についてはさまざまな見解が出されている。たとえば、上洛を目指す義昭を取り巻いていた当時の政治情勢をおもな要因とみる早島大祐は、当初は「可能性が高いのは、永禄八年五月九日の義輝暗殺直後」と指摘していた［早島二〇一七］。ただ、その後見方を改めたのか、「幻の信長上洛作戦」が破綻し、義昭が近江矢島を退去して若狭、越前へと流浪していく中、三好勢との軍事的緊張が高まっていた永禄九年八月から同年一〇月にかけての籠城と推測し直している［同二〇一九］。いずれも想定しうるシチュエーションではある。

しかしながら、細かな理解は異なるものの、筆者は橋場日月も指摘する田中城そのものを取り巻いていた当時の状況に注目したい［橋場二〇一八］。永禄九年四月頃、北近江の小谷《おだに》城（滋賀県長浜市）を拠点とする浅井長政《あざいながまさ》が、田中家や朽木《くちき》家といった「西佐々木同名中」の押さえる高島郡への進出を企てる動きをみせていたからだ。高島郡朽木谷の領主朽木家は、中央政局の混乱により将軍義晴・義輝父子が京都を追われると、そのたびに受け入れてきた奉公衆である。田中家は、朽木家と同族の幕府御家人であった［西島二〇〇六］。

湖西《こせい》地方のかかる状況は、当然、近江矢島に滞在する義昭の耳に届いていたことであろう。さすれば、父の時代から協力を得てきた高島郡の諸領主が攻勢にさらされる状況に、彼は懸念を持ったはずである。信長との「上洛作戦」決行を前に、近隣で紛争が起こるのも避けたい。そんな思いがよぎったことであろう。そこで事態を収拾すべく、清延と光秀を田中城へ送り込んだ。光秀の「田中籠城」は、こういう経緯で生じたのではないだろうか。そうすると、彼らに期待されたのは軍事力というより、仲裁役としての働きなのかもしれない。

以上の検討により、筆者は光秀の籠城開始時期を、高島郡の諸領主に対する浅井家の圧力が高まっていた永禄九年四月前後とみなしている。下限は「上洛作戦」が潰えた同年八月末である。そして、義昭と光秀の関係は、籠城以前にスタートしていたと考えている。

義昭麾下の「足軽衆」に

ただ、右に示した筆者の見解には、課題も少し残されている。永禄年間のある時期まで越前にいたはずの光秀が、いつから、どういった経緯で足利義昭に仕えはじめたのか、けっきょくわからないのである。しかし、もうこれ以上の手がかりはない。したがって、いまの時点では、幕府御家人の末裔にして奉公衆明智家の庶流であったという出自や、かつては藤孝の「中間《ちゆうげん》」だったとする奈良興福寺の僧侶の証言などを踏まえ（『多聞院日記』天正一〇年六月一七日条）、身分が高くなかろうとも、ルーツ的には将軍家ないしその周辺となんらかの接点を有していた可能性を想定し、そうした関係により義昭に早くから仕えはじめたと推測しておきたい。あるいは、早島大祐がいうように、義昭が各地に発していた「檄文」に呼応し、名をあげるべく越前から馳《は》せ参《さん》じたのかもしれない［早島二〇一九］。

ともあれ、永禄九年（一五六六）四月以前から義昭に仕えていたとおぼしき光秀の立場は、幕府関係者リストとして作成された「永禄六年諸役人附」、あるいは「光源院殿御代当参衆幷足軽以下衆覚」と呼ばれる史料により、やがて明確となっていく。「永禄六年」「光源院殿御代」とあるように、名称だけみると、これは将軍足利義輝期の幕府関係者リストともみなされる史料なのだが、長節子や黒嶋敏の研究により、内容構成は義輝時代の前半部と義昭時代の後半部にわかれていること、その後半部は、義昭が越前朝倉家のもとに滞在していた永禄一〇年二月から翌年五月にかけて成立したものであることが判明している［長一九六二、黒嶋二〇〇四］。ようするに後半部が、流浪する義昭に供奉《ぐぶ》していた面々と、将来的に義昭政権へ参画することを期待された各地の地域権力を列記したリストになっているのだ。

光秀は「足軽衆」「明智」と記され、この史料に登場する。ここでいう「足軽衆」とは、一般的に知られているような雑兵《ぞうひょう》ではなく、将軍義輝の時代に創出された室町幕府の新しい身分格式である［木下二〇一九］。その構成員には、幕府の政所執事《まんどころしつじ》を務めていた伊勢《いせ》家の旧臣や、細川京兆《けいちょう》家の丹波《たんば》支配にかかわってきた薬師寺《やくしじ》家の一族なども含まれるという［早島二〇一九］。そんなメンバーの出自を踏まえると、もともと土岐家に仕える家柄だったという光秀にとって、「足軽衆」は分相応というべき立場なのであろう。義昭の越前逗留の頃までに、光秀は「足軽衆」として幕府直臣の末席に名を連ねていたのである。

将軍義昭・信長連合政権のもとで

いつしか越前を離れて足利義昭に仕えはじめ、永禄九年（一五六六）四月前後には、田中城での籠城戦に参陣していた光秀。その後、義昭一行が近江矢島を退去し、若狭をへて越前に御座を移すと、彼もそれに随行したと思われる。数年ぶりの越前逗留であったろう。

もっとも、これ以後、光秀の動向はしばらく良質な史料にみえなくなる。通説では、美濃を制圧したばかりの織田信長と義昭の交渉を取り持ったとされるが、それは『綿考輯録』などの後世の編纂物にのみ記される事柄であり、信頼のおける一次史料には確認されない。そもそも義昭と信長の関係は、永禄九年に「幻の信長上洛作戦」を計画していたように悪くはなく［村井二〇一四］、藤孝をはじめとする幕臣はすでに何度も信長のもとを訪れていた。改めて光秀が取り次ぐまでもなかったはずである。

ともあれ、越前の朝倉義景の腰の重さに焦りを感じていたとおぼしき義昭は、永禄一一年七月に岐阜へ動座、同年九月に信長とともに上洛を果たし、念願の将軍職に就任する。光秀はというと、同年一一月に藤孝の連歌会に参加し［金子二〇一九］、翌年正月に三好勢が将軍義昭の宿所本圀寺《ほんこくじ》を襲撃した際には守勢として奮戦していることから（『信長公記《しんちょうこうき》』永禄一二年正月四日条)、岐阜への動座以降は義昭にずっと供奉していたと考えられる。

　こうして光秀は、活動の舞台を京都に移すこととなった。ここからが、光秀が本格的な活躍をみせていくところなのであるが、この間に彼は政治的立場を少し変化させてもいる。室町幕府の「奉公衆方」に数えられ(『言継卿記』永禄一三年正月二六日条)、元亀元年(一五七〇)までに山城下久世荘《やましろしもくぜのしょう》(京都市南区)の支配権を与えられるなど(「東寺百合文書」ひ函一七五)、将軍義昭の側近としての地位を上昇させる一方、山城賀茂《かも》荘(京都府木津川市)に年貢「運上《うんじょう》」の額や「軍役《ぐんやく》」の人数を通知したり(「澤文書」『明智光秀　史料で読む戦国史』三)、禁裏御領所《ごりょうしょ》であった山国《やまぐに》荘(京都市右京区)への違乱停止《いらんちょうじ》を丹波の国衆《くにしゅう》に伝えたりと(「立入文書」『同』七)、木下秀吉《きのしたひでよし》や丹羽《にわ》長秀《ながひで》、中川重政《なかがわしげまさ》といった織田家臣と一緒に、京都周辺の政務にかかわっているのである。

　義昭に仕えながら信長に従うという、かかるあり様を、研究者は「両属」と称している。将軍義昭と信長の連立政権であったがゆえに、そのような状態が生じたのであろう。

　そういう光秀の両属は、軍事の場面にも及んでいた。たとえば、元亀元年四月、信長が対立する越前の朝倉家を攻撃すべく、みずから出陣したおり、これに従軍していた光秀は、若狭熊川に先着直後、戦況と若狭武田家の動静についてしたためた書状を義昭側近に送付している(「三宅家文書」『明智一族　三宅家の史料』一)。織田勢の軍事に参加する一方で、義昭への報告も忘れていないのである。

信長を唯一の主君に

ただ、将軍足利義昭と織田信長に両属する状況はやがて解消に向かい、周知のように、光秀は後者を唯一の主君と仰いでいく。光秀が信長にぐっと接近する契機となったのは、琵琶湖西岸をめぐって生じたふたつの出来事であった。

ひとつは、元亀二年（一五七一）正月に信長が光秀に宇佐山城（滋賀県大津市）を預けたことである。その経緯は、次のとおりである［福島二〇二〇］。

先述のごとく、元亀元年四月、信長は朝倉家を討つべく越前に出陣した。ところが、一乗谷に向かう途中で浅井長政が裏切ったため、織田勢は退却（いわゆる「金ケ崎《かねがさき》の退き《の》口《ぐち》」）。以後、浅井・朝倉連合軍と近江を舞台に衝突を繰り返していく。織田・徳川連合軍が勝利した同年六月の姉川《あねがわ》の戦い、信長が三好勢掃討のために摂津へ出陣した間隙《かんげき》をつき、浅井・朝倉連合軍が織田家臣の森可成《もりよしなり》を討ち取った宇佐山城の合戦、摂津から引き上げてきた織田勢と浅井・朝倉連合軍が近江西部で対峙した「志賀《しが》の陣」などである。かかる両者の攻防は、朝廷の仲介により同年一二月に和睦が成立するまで続いた。

光秀は織田勢に与《くみ》し、これらの戦闘の多くに参加した。元亀元年一一月以降は「公方衆《くぼう》(将軍義昭の側近)」とともに勝軍山城《しょうぐんやま》(京都市左京区)に在城していた。そして、これらの軍事活動が認められたためであろう、同二年正月までに、宇佐山城を預けられることとなった。かかる措置は将軍義昭か信長のいずれかの差配によるが、答えは後者であろう。当時、宇佐山城を軍事的に占拠していたのは、織田勢であったからだ。

こうして光秀は、信長により一城の主に取り立てられた。なお、宇佐山城に入れられたのは、前の城主の可成が京都の代官を務めており、その立場を継承する意味あいがあったためとされる[福島二〇二〇]。また、織田勢の配置状況を分析した谷口克広の研究に学ぶならば、横山《よこやま》(滋賀県長浜市)の木下秀吉、佐和山《さわやま》(滋賀県彦根市)の丹羽長秀、長光寺《ちょうこうじ》(滋賀県近江八幡市)の柴田勝家《しばたかついえ》、安土《あづち》(同)の中川重政、永原《ながはら》(滋賀県野洲市)の佐久間信盛《さくまのぶもり》とならび、光秀は、織田勢の近江防衛体制の一角に組み込まれてもいた[谷口二〇〇五]。すなわち、彼に期待されたのは、織田家の有力武将に伍する役割であった。

もうひとつの画期は、元亀二年の末までに、信長が光秀に近江志賀郡を付与したことである。きっかけは、浅井・朝倉連合軍に与する比叡山延暦寺《ひえいざんえんりやくじ》に対し、同年九月に信長が仕掛けた焼き打ち事件であった。この件で光秀が担った役割はよくわからないが、宇佐山城を預かる身として、彼は近隣の武士の調略に励み、敵対するものは容赦なく「なてきり」にする覚悟で軍事活動を進めていた（「和田家文書」『明智』一三二）。そして、その結果、事件後に信長は光秀に近江志賀郡を与え、郡内の延暦寺領の知行も許したのである。

信長から近江志賀郡を与えられた光秀は、坂本を新たな拠点に定め、元亀三年のまる一年をかけて新城普請《ふしん》を進めた。それは、山間部にあった宇佐山城とは異なり、琵琶湖の湖畔に位置する水上交通を意識した城であり、本丸に天守をすえる織豊系城郭のはしりでもあった。

こうした経緯により、信長と光秀の主従関係は強まり、一方で、将軍義昭とのそれは疎遠となっていた。信長を唯一の主君と定めたタイミングについては諸説あるが、最終的には、信長と将軍義昭の対立が深まった元亀三年末から同四年春先にかけての時期に、決定的となったようである［金子二〇一九］。これ以後、光秀は天正一〇年（一五八二）六月二日に謀反を起こすその日まで、信長に忠節を尽くしていくのである。

第二章　ガラシャ、誕生から結婚まで

ガラシャの誕生

第一章では、若き日の明智光秀の動静について述べてきた。やたら長いと思われた読者もおられるかもしれないが、これには理由がある。史料に恵まれないガラシャの生まれや幼少期のことを考えるには、材料を父の動静に求めるより他ないからである。これ以降もしばらくは、光秀の動静を引き合いにする場面が出てくる。ご了承いただきたい。

ここからは、ようやくガラシャのことに触れていく。最初に取り上げるのは、彼女がいつ、どこで生まれたのか、という問題である。

まず生まれた年だが、良質な史料に明証はみられない。一番あてになりそうなのは、ガラシャの死から約八〇年後、夫の細川忠興の死から約三五年後に編纂された宇土家譜「忠興公譜」である。同書によると、ガラシャと忠興は天正六年（一五七八）に婚礼。「御夫婦御相年」にて、一六歳であったという。当時は数え年だから、そうすると彼女は永禄六年（一五六三）に生まれたことになる。

次に、ガラシャの生誕地について考えよう。彼女に関する伝記類の多くは、越前で生まれたと記す。よく知られているのは、越前府中《ふちゅう》（武生《たけふ》）から朝倉家の拠点一乗谷に通じる街道沿いの集落・東大味《ひがしおおみ》（福井県福井市）であろう。享保《きょうほう》五年（一七二〇）に福井藩主松平吉邦《まつだいらよしくに》の指示で編まれた城跡・屋敷跡の報告書『城跡考』（松平文庫、福井県文書館保管）に「屋敷跡三ヶ所　朝倉家　中村但馬　明智日向守　今井新兵衛」と登場し、光秀の屋敷があったと伝わるからだ。いま現地に行くと、地元で「あけっつぁま」と呼ばれる明智神社が祀られ、「明智光秀公三女細川ガラシヤゆかりの里」と刻印された記念碑が建てられている。しかし、残念ながら、光秀やガラシャが東大味にいたことを示す同時代史料は確認されない。

越前におけるもうひとつの生誕地候補は、福井県坂井市に所在する長崎称念寺の「門前」である。第一章で述べたとおり、光秀はここに「十ヶ年居住」したとされており、この間にガラシャが生まれた可能性があるからだ。問題は「居住」の時期がはっきりしない点だが、光秀が越前を離れて活動している様子がみうけられるのは、これも先述したように「高嶋田中籠城」の時、おそらく永禄九年にかけてのことである。それ以前の一五五〇年代後半から六〇年代前半にかけて、光秀は越前に逗留していたとおぼしい。そうすると、ガラシャが生まれた同六年の時点で、彼はまだ称念寺「門前」にいたのかもしれない。

ただ、光秀が永禄六年以前に越前を離れ、室町幕府に仕えていたとなれば、この説は成り立たないことになる。いま筆者が推測している越前離脱の時期は、先に示したように永禄九年四月以前なのだが、橋場日月が指摘するように、もっと早く、将軍足利義輝の存命中（永禄八年以前）であった可能性も否定できないのである〔橋場二〇一八〕。

また、光秀には、もともと細川藤孝の「中間」だったという証言も存在する（『多聞院日記』天正一〇年六月一七日条など）。かかる証言に疑念を呈し、足利義昭のもとにおける両者の序列を反映した表現ともみなしうると指摘する研究もあるが〔呉座二〇二〇〕、もし文字どおりの真実であれば、彼女の生誕地は越前ではなく、藤孝の拠点があった京都の可能性も浮上する。後年の話になるが、ガラシャの乳母《うば》を務めた女性は京都在住との情報もあり（『日本史』二―一〇六）、まったく可能性がないわけではないように思う（乳母の件は、光秀一家とともに越前から京都に移り住んだだけかもしれないが）。

ここ数年の光秀論の進展により、ガラシャの生誕地についても、さまざまな可能性が現われている。現時点で筆者は、光秀の長崎称念寺「門前」逗留中に生誕したのではないかと考えているが、それも確定的ではない。他にも候補地があることを、当面は留意いただきたい。

ガラシャの母

ガラシャの家族に目を転じる。父の光秀については、これまで触れてきており、この後も登場するから、ここでは省略する。最初に取り上げるべきは、母のことであろう。

光秀の妻にしてガラシャの母となった人は、美濃土岐郡妻木郷《つまき》（岐阜県土岐市）を拠点とした妻木家の出身と伝えられる。『明智軍記』や『綿考輯録』巻九は、妻木勘解由左衛門範熙《かげゆさえもんのりひろ》の娘と記している。広く一般に知られた説である。

もっとも、直近の研究によると、この説は一七世紀半ばまでに成立した美濃の歴史書・地誌『美濃国諸旧記』を踏まえたもの。範熙なる人物は、良質な史料には登場しないという（『光秀の源流　土岐明智氏と妻木氏』図録）。たしかに、確たる裏づけはない。これまで筆者は、細川家の家譜『綿考輯録』に記された同家の「公式見解」を踏まえ、ガラシャの母を「熙子《ひろこ》」とみなしてきたが、このあたり、じつはより慎重な検討が必要なようである。

光秀の妻（ガラシャの母）といえば、光秀の出世以前、手元不如意のおりに黒髪を売り、夫を支えたエピソードがよく知られる。江戸時代中期には、巷間にも広がっていたものだ（たとえば『芭蕉俳文集』など）。かかる逸話は伝承なのであろうが、わずかに知られる若き日の光秀の動向を踏まえる限り、糟糠《そうこう》の妻として苦労をともにしたことまで疑う必要はないのかもしれない。

良質な史料にその動静はほぼ確認されないが、わずかに夫婦関係がかいま見られるのは、丹波攻めや一向一揆《いっこういっき》との戦いに駆けずりまわっていた光秀が病に倒れ、京都の医師曲直瀬道三《まなせどうさん》のもとで療養することになった天正四年（一五七六）五月のことである。『兼見卿記』同二四日条によれば、光秀の「女房衆」は夫の病気平癒《へいゆ》の祈念を吉田兼見に依頼している。同二六日にも、近江志賀郡雄琴荘（滋賀県大津市）の大中寺氏を通じ、ふたたび祈念のことを兼見に申し伝えていた（『同』同日条）。当時、光秀の妻は近江坂本にいたのであろうが、夫の病状を気づかう様子がみてとれる。

そして、その年の後半、光秀と入れ替わるように今度は妻が病気となっている。『兼見卿記』天正四年一〇月一四日条によれば、光秀から兼見に妻の病気平癒の祈念依頼があり、兼見は「祓」「守」を携《たずさ》えて見舞った。兼見は一一月二日にも見舞っており、光秀夫妻との親密な関係がうかがえる。なお、見舞い先は京都の光秀の宿所であるが、この時に妻がどこに居たのかははっきりしない。治療のために、京都に来ていたのであろうか。

祈念の効能があったのか、光秀の妻は、天正四年一〇月二四日までに回復をみせていたという（『兼見卿記』同日条）。ただ、それは一時的なもので、体調はけっきょく戻らなかったようだ。明智家菩提寺の西教寺（滋賀県大津市）の過去帳に、同年一一月七日死去と記されるからである［諏訪二〇一九］。兼見が日記でこのことに触れていない点は気になるが、命日は病気の時期とピタリと重なる。令和二年（二〇二〇）八月に報道され、話題となった明智家ゆかりの聖衆来迎寺《しょうじゅらいこうじ》（滋賀県大津市）に伝来する天正九年寄進の「仏涅槃図《ぶつねはんず》」に、彼女の法名「福月真祐大姉」が記されていることも、過去帳の記述の信ぴょう性を高める重要な素材となる（『聖衆来迎寺と盛安寺』図録一）。つまり、ガラシャは嫁入り前の一四歳の時に、母を亡くしていたのである。

ちなみに、山崎《やまざき》合戦に敗れた明智家が坂本城で滅亡したおりには「明智の婦女子」もこれに従ったとされるが（『日本史』二―四三）、この女性はおそらく後妻であろう。

ガラシャの姉妹

次に、姉妹や兄弟について述べていこう。こちらについても、良質な史料に手がかりは少ない。後世の編纂物や系図はあるけれど、それぞれ書きぶりが異なるうえ、根拠が明示されておらず、あまりあてにできない。したがって、確実に押さえうる面々にのみ触れておくと、少なくともガラシャには、ふたりの姉妹とふたりの弟がいたようである。

姉妹のひとりは、摂津《せっつ》を治める荒木村重《あらきむらしげ》の子息新五郎（村次《むらつぐ》、村安《むらやす》とも）に嫁いだ姉である。婚姻時期は天正年間（一五七三～一五九二）の早い時期であろうか。ガラシャと同様に、織田家中の有力家臣の子息に嫁いだという構図である。畿内を拠点とする明智・荒木両家の紐帯《ちゅうたい》にならんことを期待されての政略結婚とみられる。

ただ、この姉の生涯は、波乱に満ちたものとなった。天正六年（一五七八）に、義父の村重が織田信長に反旗を翻《ひるがえ》したからだ。信長は光秀や松井友閑《まついゆうかん》、万見重元《まんみしげもと》を派遣して翻意を促すが、うまくいかず、村重は有岡城《ありおか》（兵庫県伊丹市）に、新五郎は尼崎城《あまがさき》（同県尼崎市）に籠城し、戦いは長期化の様相を呈した。

この間に光秀は新五郎らと降伏交渉を進め、同夫人となっていた娘の救出に成功する（『立入左京亮入道隆佐記』）。しかし、降伏交渉そのものは村重の拒絶で破綻し、彼の家族をはじめとする荒木勢の人質は、激怒した信長の命によりすべて殺害されてしまった。事と次第によっては、ガラシャの姉も危ないところであった。

その後、彼女は三宅弥平次秀満《みやけやへいじひでみつ》に嫁いだ。明智左馬助《さまのすけ》といった方が、ピンとくる読者は多いだろうか。秀満は塗師《ぬし》の子どもとも、光秀の甥ともいわれる（『綿』九）。出自ははっきりしないが、山崎合戦の後、秀満の父が丹波横山《よこやま》（京都府福知山市）で捕縛され、京都の粟田口《あわたぐち》で処刑されたという記事があるから（『兼見卿記』天正一〇年七月二日条）、父も光秀に仕える武士であったとみて間違いない。天正七年の丹波平定後、秀満は福知山城《ふくちやま》（京都府福知山市）の城代《じょうだい》を務めるが、本能寺の変のおりには、父が同城の留守を預かっていたのであろう。秀満父子は、ともども光秀の有力家臣であった。

光秀の娘が秀満に嫁いだのは、先述の救出劇の後、天正七年末以降のことである。秀満とも交流のあった茶人津田宗及《つだそうきゅう》の『宗及茶湯日記』同八年九月二一日条に「三宅弥平次」と記

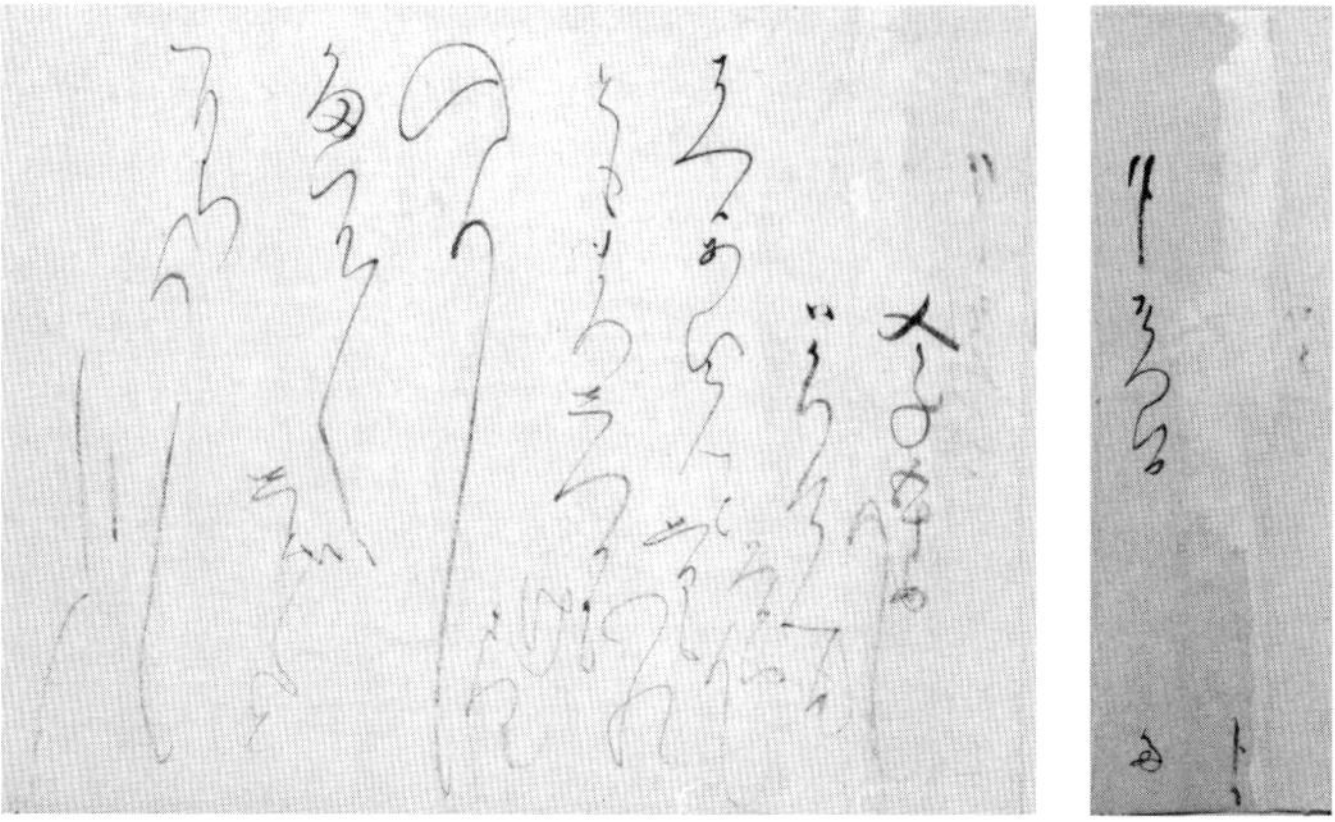

帥（三宅重利）宛ガラシャ消息（三宅家文書、熊本県立美術館蔵）
若き日の重利に宛てたもので、ガラシャ自筆の可能性が指摘される。

されていたのが、翌年四月一〇日条には「明知弥平次」に改められていることを踏まえると［高柳一九五八］、再婚はこの間に行われたのかもしれない。そして、ふたりには、まもなく子息が生まれる。後に唐津《からつ》藩寺澤《てらざわ》家に仕え、飛び地の天草富岡《あまくさとみおか》城（熊本県天草郡苓北町）の城代となり、天草・島原《しまばら》一揆の際、一揆勢に討ち取られた三宅藤兵衛《みやけとうべえ》重利《しげとし》である（『天草を治めた光秀の孫　仁義の侍　三宅藤兵衛』図録）。

ただ、秀満夫人となった姉の再婚生活は短かった。本能寺の変後、山崎合戦の敗報を近江の安土城で耳にした秀満は、坂本城へ移り、羽《は》柴《しば》秀吉に与する堀秀政《ほりひでまさ》や高山右近《たかやまうこん》の軍勢と対峙する。だが、光秀の死もあり、しばらくして抵抗をあきらめ、光秀の家族と自分の妻を刺殺し、自害したとされるのである［高柳一九五八］。

ガラシャの姉妹としてもうひとり確実なのは、津田信澄《つだのぶずみ》に嫁いだ女性である。信澄は信長の弟織田信勝《のぶかつ》の子息で、永禄元年（一五五八）の生まれとされる。父は信長と対立して殺害されたが、信澄は信長の「連枝衆《れんし》（一門）」として育てられた。その後、浅井長政の旧臣磯《いそ》野員昌《のかずまさ》の養子となり、天正六年に員昌が紀伊の高野山《こうやさん》（和歌山県伊都郡高野町）へ出奔すると、その旧領近江高島郡を継承したという。本能寺の変のおりは、四国征伐に参陣すべく大坂で準備を進めていたが、婚姻関係から光秀に通じていると疑われ、同僚の丹羽長秀と織田信孝《のぶたか》の攻撃を受け、殺害された［浅見二〇二〇］。

そんな信澄とガラシャの姉妹の婚姻は、天正三年以前のこととされている［高柳一九五八］。だとすれば、同六年とされるガラシャの婚姻よりも先となり、信澄夫人が年長（姉）であったと考えられる。なお、『綿考輯録』巻九は、彼女を先述の秀満夫人の姉と記している。

ところで、本能寺の変後、信澄夫人はどうなったのであろう。信澄は近江高島郡の大溝城《おおみぞ》（滋賀県高島市）の城主だったから、当時彼の妻子はそこにいた可能性が高い。そうなると、信澄の死後、その家族は情勢をみて、大溝城を脱出したのかもしれない。信澄夫人の消息はわからないが、子息昌澄は成長して藤堂《とうどう》家に仕えた後、大坂の陣で豊臣家に与しつつも赦免され、子孫は江戸幕府の旗本として存続している（「織田家系図」『寛政重修諸家譜』巻四九一）。

ガラシャの兄弟

　ガラシャの兄弟に話題を移す。光秀には、少なくとも二人の男子がいたらしい。『宗及茶湯日記』天正九年（一五八一）四月一二日条は、ガラシャの夫細川忠興が亭主を務めた茶会の記事なのだが、丹後《たんご》の細川領国で催されたそのもてなしに「惟任日向守殿父子三人」が招かれているからだ。二人は容姿端正であったらしく、本能寺の変の当時、肥前口之津《ひぜんくちのつ》（長崎県南島原市）に滞在していたイエズス会宣教師ルイス・フロイスが、京都から送られてきた宣教師フランシスコ・カリオンの書簡と、安土から送られてきた修道士シメアン・ダルメイダの報告を組み合わせて作成した一五八二年一一月五日付書簡では、「ヨーロッパの王子たちのような優美な人たち」と評されている［浅見二〇二〇］。

　そのひとりは、明智十五郎光慶《みつよし》である。右のフロイス書簡は彼を「長子」とし、一三歳と記している。そうすると、数え年であれば生年は元亀元年（一五七〇）であり、ガラシャより年下となる。光慶は、京都や安土の布教を担当し、後にガラシャと深い関係を構築するイエズス会宣教師ニェッキ・ソルド・オルガンティーノと面識を有しており、「キリシタン教会とは近い位置にいた」人物とされる。洗礼を受ける可能性もあったという［浅見二〇二〇］。

いまのところ史料上の初見は、天正六年三月一〇日に坂本城で開催された連歌会のようである。この時、彼はまだ九歳。以後その活躍はほぼ連歌会に集中し、本能寺の変直前に開催された「愛宕百韻《あたごひゃくいん》」にも名前がみえる［諏訪二〇一九］。また、本能寺の変後、血縁関係にありながら自派に与しない藤孝・忠興父子に対し、光秀は謀反の事情を説明し、味方するよう説いた三ヶ条の覚書を送るのだが、そこには、畿内情勢が落ち着けば忠興と「十五郎」に諸事を託す旨が記されていた（「細川家文書」『永青文庫叢書　細川家文書　中世編』織豊期文書七七）。彼が光秀の後継者候補であったことを示す一文である。ただ、事態はそのようには運ばなかった。光秀の死後まもなく、坂本城で最期を迎えたとみられる。

もう一人の男子については、確たる情報が摑《つか》めていない。諏訪勝則は、天正二年閏一一月二日の連歌会や同九年正月一一日の茶会に登場する「自然」という人物を「二男」とみなしている［諏訪二〇一九］。しかし、先述した長男光慶の年齢を考えると、その弟が天正二年に活動していたとは考えにくい（五歳以下となってしまう）。別の見解では、浅見が「「増補筒井家記」に見える乙壽丸であろうか」と推測する［浅見二〇二〇］。こちらについては、いまのところ否定する材料はない。ただ、良質な史料による裏づけもなく、けっきょくはっきりしない。このあたりは、今後の検討課題である。いずれにせよ、兄とともども坂本城で最期を迎えたとみられる。光慶の年齢との比較からいえば、元服前に亡くなったのかもしれない。

こうしてみると、どの兄弟姉妹も戦国乱世と父光秀の謀反・敗死に翻弄《ほんろう》され、生涯を終えていた。本能寺の変後まで生き延び、活動をみせていくのは、ガラシャだけであった。

幼少期をどこで過ごしたのか

ガラシャは、どこで幼少期を過ごしたのか。ここでは、そのことについて考えてみたいのだが、これについてもまったく史料がない。一般的に、当時の武将の家族がどこにいたのか、どういった生活を送っていたのかを示す史料は少ないのだが、光秀のごとく、もとの拠点すらわからない人物の家族となれば、なおさらである。したがって、ここでは光秀の動静を手がかりに、ガラシャの所在や生活環境を推し量るという手法をとる。推測を重ねる牽強付会《けんきょうふかい》な話になるかもしれないが、トライしてみたい。永禄六年（一五六三）に越前の長崎称念寺「門前」で生まれたと仮定し、その後の流れを考えてみよう。

ガラシャが生まれて数年の内に、長崎称念寺「門前」での生活にピリオドを打ったとおぼしき光秀は、将軍就任を目指す足利義昭に与し、近江・若狭・越前を流転した。それでは、この間に彼の家族はどこに住んでいたのか。光秀に従って越前を離れたとすれば（むろん、離れなかった可能性もあるが）、考えられる行き先のひとつは、同僚の屋敷が所在していた京都であろう。先述したように、ずいぶん後の話になるが、ガラシャの乳母が京都に住んでいたという情報も知られる。可能性は低くないように思う。

あるいは、妻の縁戚にあたり、伯父の妻木広忠《ひろただ》が領主であった美濃土岐郡妻木郷が一時的な居所になった可能性も少しはあるだろうか。後に広忠は光秀に仕えたとみられ（『土岐明智氏と妻木氏』図録）、美濃における縁戚ネットワークが機能し続けていた様子を示唆するからだ。ただ、いずれであったとしても、義昭が朝倉義景を頼って越前に移り、逗留が長期化の様相をみせはじめた後は、家族も越前に戻っていたのではないかと推測する。

次に居所の移動が想定されるのは、朝倉家を見限って信長を頼った義昭が、彼とともに永禄一一年に上洛を果たした後の時期である。義昭に供奉した光秀は、上洛後も在京を続けており、京都近郊に所領もえていることから、この間に家族も京都に移っていた可能性がみとめられるのである。少なくとも、光秀は京都に宿所を確保していた。たとえば、『言継卿記』同一三年二月三〇日条によると、この日に上洛した信長は、最初に「明智十兵衛尉所」に立ち寄っている。京都の光秀宿所を示す早い事例であり、彼の家族もここに居住していたのではないかと思われる。ガラシャ、六歳頃のことである。

ところで、この宿所が光秀の所有物件であったかどうかについては、検討の余地が残る。天正五年（一五七七）まで彼は京都に邸宅を持っておらず、在京時には「徳運軒《とくうんけん》」と呼ばれた医師施薬院《やくいん》全宗《ぜんそう》の邸宅に泊まっていた、と早島大祐により指摘されているためである〔早島二〇一九〕。光秀と全宗の関係を繋いだのは、先述のごとき光秀の医学的知識だという。もっとも、もともと比叡山に居た全宗は、永禄一三年の時点では、まだ京都に移り住んでいない。したがって、永禄年間における光秀の宿所は、全宗宅ではなさそうである。

では、この当時、光秀はどこを宿所にしていたのであろう。やや強引な推測になるが、候補のひとつは、朝廷に仕える医師半井驢庵《なからいろあん》の邸宅ではないかと考える。というのも、永禄一三年二月三〇日に上洛し、「明智十兵衛尉所」を訪れた信長は、太田牛一《おおたぎゅういち》が著した伝記『信長公記』同年三月五日条によれば、上京《かみぎょう》の半井邸に泊まったとされているからだ。『言継卿記』と『信長公記』の両書をあわせて素直に読むと、光秀の宿所を訪ねた信長は、その後に半井邸へ移り、宿泊したとみなされよう。しかし、ここで右に述べた早島のいう光秀と「医者ネットワーク」の結びつきをあえて想起すると、『言継卿記』にみえる「明智十兵衛尉所」とは、じつは『信長公記』のいう半井邸ではなかったのか。驢庵と光秀は医学的知識を介して結びつきを有しており、当時、光秀はそこを宿所としていたのではないか。そしてこの日、信長は半井邸に光秀を訪ね、そのまま泊まったのではないか。そういうことを、考えられなくもないのである。

むろん、右に示した筆者の推測は、あくまで可能性のひとつに過ぎない。『言継卿記』と

『信長公記』が示す信長上洛の日付は異なっており、「明智十兵衛尉所」と半井邸がイコールとは限らない。ただ、いずれにしてもここで押さえておきたいのは、この当時、光秀が京都に自分の屋敷を持っていなかったとおぼしき点である。「医者ネットワーク」などを介して、光秀は家族で住むことができそうな間借《まが》り先を物色し、生活していたのかもしれないのである。

こんなあり様の京都時代をへて、光秀とその家族がようやく安定した住まいを手に入れたのは、元亀二年（一五七二）末に信長から近江志賀郡を与えられ、坂本城を築いた後のことと思われる。ガラシャが一〇歳頃の話である。完成を迎えた坂本城は、織田領国でも屈指の豪華さであった。フロイス『日本史』第二部四一章では、「明智は、都《ミヤコ》から四里ほど離れ、比叡山に近く、近江国の二五里もあるかの大湖（琵琶湖）のほとりにある坂本と呼ばれる地に邸宅と城塞を築いたが、それは日本人にとって豪壮華麗なもので、信長が安土山に建てたものにつぎ、この明智の城ほど有名なものは天下にないほど」と絶賛されている。

とはいえ、光秀の家族がいつ坂本城に移り住み、どのような生活を送っていたのかについては、史料が確認されず、よくわからない。判明するのは、本能寺の変の前後にガラシャ以外の親類がここにおり、山崎合戦の翌日にそろって最期を迎えたということくらいである。

ただ、賑やかに人や物が往来する琵琶湖のほとりに新城が完成したとなれば、光秀とその家族が、ほどなくそちらへ住まいを移していたと考えるのは自然であろう。先述のフロイス『日本史』には「邸宅」の存在が記されており、家族の屋敷もあったはずである。坂本城の完成により、越前時代以来の借家生活からようやく解放された、家族一同そんな心もちだったのではないか。

なお、この間の光秀の動静に目を転じておくと、彼はじつに忙しく、坂本城で過ごした時間は決して多くない。ただ、戻ってきたおりには、兼見や藤孝、連歌師の里村紹巴《さとむらじょうは》らの訪問を受け、茶の湯や連歌の集まりを催している［諏訪二〇一九］。光秀にとって坂本城は、文芸にいそしみ、会いたい人物に気兼ねなく会える場所であった。そして、ガラシャは、輿入《こしい》れする一六歳までの多感な時期を、そんな場所で過ごしていたものと思われる。いまのところ筆者は、このように考えている。

義父となった藤孝、夫となった忠興

不確定要素も多いが、ガラシャは、おそらく前段のごとき生い立ちを有するのであろう。そして彼女は、天正六年（一五七八）八月に藤孝の子息忠興と祝言をあげたとされる。

ここで、藤孝・忠興父子のプロフィールと、彼らを取り巻いていた当時の状況を確認して

細川藤孝像（永青文庫蔵）

おこう。藤孝は幕臣の三淵《みつぶち》晴員《はるかず》の子息として天文三年（一五三四）に生まれ、将軍足利義晴に仕えていた細川晴広《はるひろ》の養子となり、「細川」を名乗った人物である。晴広の父祖は近江の佐々木《ささき》大原《おおはら》氏の出身で、将軍足利義政《よしまさ》の時に「細川」の名字を与えられたという。

ちなみに、もともと藤孝は、南北朝時代の管領細川頼之《よりゆき》の弟頼有《よりあり》の子孫で、和泉半国《いずみはんごく》守護を世襲していた和泉上守護《かみしゅご》細川家に養子入りしたと、永らく考えられてきた。しかし、それは江戸時代前期の系譜編纂のおりに生じた「誤解」の産物であったことが、最近になって判明した。平成二一年（二〇〇九）に、山田康弘が右のような晴広との養子関係を解明し、同二五年には、筆者が肥後細川家内部でそんな「誤解」が生じた要因を改めて検証したのである［山田康弘二〇〇九、山田貴司二〇一三a］。藤孝の出自とその子孫たる細川家の系譜は、彼の死後四〇〇年をへて修正されることとなった。

さて、晴広の養子となった藤孝は、元服した後、父や祖父と同じように将軍側近として活躍する。光秀と出会ったのは、この幕臣時代である。永禄八年（一五六五）に将軍足利義輝が三好・松永両勢により暗殺されると、奈良に幽閉されていた足利義昭を救出し、その将軍就任に尽力、美濃を獲得したばかりの織田信長と結び、同一一年にそれを実現していく。そして、元亀四年（一五七三）に将軍義昭と信長の関係が悪化すると、最終的に後者を主君に仰いだ。信長のもとでは、光秀ともども畿内方面の軍事作戦を担当し、当初は山城の桂川《かつらがわ》以西の地（京都府長岡京市・向日市あたり）を所領としていた。

なお、藤孝は軍事や政治に長けていただけでなく、日本最初の勅撰《ちよくせん》和歌集『古今和歌集』の解釈をめぐる秘説にして、和歌界でもっとも重視される「古今伝授《こきんでんじゆ》」の継承者でもあった。修めた学芸は和歌・連歌に留まらず、武家故実や弓術、能や茶の湯、果ては庖丁《ほうちよう》術まで幅広い分野に及び、当代一の文化人と評されている。

子息の忠興は、ガラシャと同じく永禄六年に生まれた。母は、若狭の奉公衆沼田光兼の娘麝香《じやこう》。医術書「針薬方」を光秀から相伝した沼田清延のきょうだいである。年少の頃から文武の動静が知られ、『綿考輯録』巻九によれば、元亀元年末に家老の松井・有吉両氏を従えて丹波に出陣し、翌年には、藤孝が主催する「大原野千句」に参加していた（『大原野千句連歌懐紙』勝持寺蔵）。まだ九歳の時のことである。

そんな忠興が武名をとどろかせたのが、天正五年一〇月に起こった大和片岡城（奈良県北

細川忠興像（永青文庫蔵）

葛城郡上牧町）の攻防である。この戦いは、信長を裏切った松永久秀《ひさひで》の拠点城郭のひとつを織田勢が攻め落としたというものだが、『信長公記』同年一〇月一日条によると、一五歳だった忠興は弟興元《おきもと》とともに城へ一番乗り。その働きを耳にした信長が、「年にも足らざる両人の働き比類なきの旨」を感じ入り、みずから筆を取って感状（武功を称賛する主君の直状）を記すほどの働きを示したのである（「細川」織豊期四五）。

現在、信長の発給文書の原本は八〇〇通ほど伝来するとみられるが、彼が自筆でしたためたものは、わずか数通とされる［山田貴司二〇一六］。その一通が、一五歳の忠興に宛てられた感状なのだから、その称賛ぶりが想像されよう。そして、宇土家譜「忠興公譜」によると、この働きを評価した信長は、忠興を小姓として側に置いた。婚約の前までに忠興は、文武に秀でた、信長のお気に入りの青年武将となっていた。

忠興との結婚

さて、そんな忠興とガラシャは、どうして結婚することになったのであろう。いまのところ、その経緯を示す良質な史料は確認されない。しかしながら、藤孝と光秀の公私に及んだ密接な関係や、織田家中における婚姻のあり方を踏まえると、ある程度推測できる部分もある。家譜類の記述も参照しつつ、考えてみよう。

『綿考輯録』巻九は、両者の婚姻が、織田信長の斡旋で進められたとする。まず信長は、天正二年（一五七四）正月に「明智光秀の女、御嫁娶之約」を藤孝に指示している。その後、同六年八月に安土城で藤孝に「忠興君御縁辺の事」を改めて伝え、光秀には書状で忠興との「縁辺」を勧めたという。その光秀宛信長書状写は、同書に掲載されている。

こうした経緯について田端泰子は、信長の婚姻政策も踏まえ、「至近距離に城を持つ光秀と忠興を結んで、大坂の本願寺を中心とする一向一揆に攻撃を加え、平定中の丹波から丹後までを平定目標に定めることができるから、その西にいて平定に苦慮している羽柴秀吉の背後からの支援にもなる、との構想があった」とする［田端二〇一〇］。

ところが近年、婚姻の背景には光秀自身の戦略的意図もあった、とみなす見解が提示されている。呉座勇一の光秀論である。呉座は、光秀が荒木村重の子息新五郎や信長の甥津田信澄に娘を輿入れさせていたことに触れ、「(信長の許可を得た上でのこととはいえ)一連の政略結婚を多忙な信長が全て差配したとは考えにくい」「(織田家中の中で嫉妬の対象となっていた光秀としては)一門衆の織田(津田)信澄、自分と同じく外様の細川藤孝・荒木村重を自分の与党に引き入れて、家中での孤立を回避しようとした」と指摘する[呉座二〇二〇]。

たしかに、織田家中にゆかりの人物をほぼ持たない光秀が、みずからの不安定な立ち位置を意識しつつ、妙齢の娘にみあう相手を物色したとしても不思議ではない。それを裏づけるように、宇土家譜「忠興公譜」には、光秀が片岡城の攻防における忠興の「武勇」に感じ入り、「聟君《むこぎみ》」の契約を結んだと記されている。ガラシャの結婚にあたり、信長の意向のみならず、光秀にも戦略的な意図があったという見方には、筆者も賛成である。

その一方、藤孝・忠興父子の考えはどうだったのであろう。これについても明確な手がかりはないが、先述のように、光秀とは幕臣時代から付き合いがあり、当時は大坂の本願寺との戦いや丹波攻めを共同する間柄であった。断る理由はなかったはずである。『綿考輯録』巻九には、藤孝・忠興父子が「家門の面目」と喜んだエピソードが記されている。

『綿考輯録』巻九によると、忠興とガラシャの結婚は天正六年八月に実現した。婚礼行列は「女房乗物三挺」のみ。明智左馬助が随行し、細川家家老の松井康之がそれを受け取ったという。場所は藤孝・忠興父子の居城であった青龍寺城《しょうりゅうじ》（勝龍寺城とも。京都府長岡京市）で、祝言は八畳敷と六畳敷の二間で行われたとされる。信長のお気に入りの青年武将と出世頭の娘というこの二人は、家中屈指のゴールデンカップルであったはずだが、婚礼の様子は思いのほか簡素である。大坂の本願寺や丹波国衆など近隣諸国における対立勢力の存在もあり、慎ましいものとなったのであろうか。

もっとも、右に示した婚礼の時期や場所については、疑問も提示されている。『綿考輯録』巻九に掲載される婚礼指示の光秀宛信長書状写を、後世の偽文書《ぎもんじょ》とみなす馬部隆弘が、同文書を根拠として導き出される天正六年八月という婚礼時期に疑問を投げかけ、場所についても「明智・細川両家の屋敷があったと思われる京都や安土」も視野に入れるべき、と提言しているのである［馬部二〇二〇］。たしかに、同書に掲載される光秀宛信長書状写には、当時の文書に用いられない表現が多い。馬部のいうとおり、偽文書なのであろう。

しかしながら、『綿考輯録』巻九にみえる婚礼記事には、それなりの信ぴょう性を認めていいように筆者は考える。以下、裏づけを試みると、時期については、少なくとも天正七年婚礼説は考えなくともよい。手がかりは、家譜類が同八年四月二七日と伝える、忠興・ガラシャ夫妻の長男忠隆《ただたか》の誕生日である。

込み入った話になるが、早産や婚前交渉がない限り、忠隆がこの日に生まれるには、天正七年七月以前に結婚し、妊娠していなければならない。そして、婚礼を営むには、藤孝・忠興父子と光秀が同時に京都や本拠地に所在する状況（少なくとも、この三人が誰も戦場にいない状況）が必要であろう。このように考え、早島大祐や金子拓の研究に学びつつ彼らの動静を確認すると［早島二〇一六、金子二〇一九］、まず藤孝・忠興父子は、同六年一〇月に摂津の荒木村重が謀反を起こしたため、摂津有岡城攻めに一年近く動員されていた。藤孝は頻繁に青龍寺城や京都と戦場を往来するが、その間には忠興が在陣したとみられる。長期戦に対応すべく、どちらかが戦場に残るようにしていたのであろう（「細川」織豊期五三）。

その一方、光秀は、天正六年九月後半から丹波八上城《やかみ》（兵庫県丹波篠山市）への攻撃を開始し、摂津有岡城への転戦や京都・坂本との往来もありはしたものの、同七年六月の開城までそれにかかりきりとなっていた。開城後はいったん坂本に戻ったようだが、翌月には、ふたたび丹波の戦場に出向いている。

このように藤孝・忠興父子と光秀の動静を重ねると、村重が謀反を起こした天正六年一〇月から同七年七月までに、三人が同時期に戦場を離れ、京都ないし各本拠地に所在するというタイミングは、ほとんど生じない。しかも、藤孝・忠興父子が戦っている相手は、光秀の娘が嫁いでいた荒木家である。状況的にも、この間に婚礼が営まれたとは考えにくい。

ちなみに、通説化している天正六年八月婚礼説の場合、藤孝・忠興父子と光秀の動静は重なるのだろうか。念のために確認しておくと、藤孝と光秀は、織田信忠《のぶただ》や（謀反を起こす前の）村重とともに同年五月から播磨《はりま》の神吉城《かんき》（兵庫県加古川市）攻めに動員されている。七月後半にこれを攻略し、藤孝はやがて帰路に着いたらしく、八月一七日に岐阜へ赴き、同二五日には京都の東寺《とうじ》で連歌会に参加している。忠興の裏づけはとれないが、父に同道し、往来していたとみてよかろう。光秀の八月の動向は知られないが、翌月前半は坂本にいるから、藤孝たちとともに播磨の戦場から戻っていたと考えられる。すなわち、三人の動静的にいえば、同六年八月の後半であれば忠興とガラシャの婚礼は可能であった。

次に、場所の問題である。馬部は「明智・細川両家の屋敷があったと思われる京都や安土」で婚礼が営まれた可能性を指摘する。たしかに、それは否定できない。ただ、当時の織田家中では、安土城下への家臣団妻子の集住は徹底されていなかった〔田端二〇〇六〕。また、藤孝の動静をみる限り、京都の屋敷より青龍寺城の方が政治・軍事・文化の拠点として機能しており、同城には、天正五年末までに「忠興君青龍寺新造之御殿」も整えられていた（『綿』三に「新造之御殿」での連歌会の開催記録が掲載されており、これについての信ぴょう性は高い）。こうした状況を踏まえると、忠興とガラシャの婚礼は、その新婚生活の舞台となったであろう青龍寺城で執り行われたとみてよいように思う。

新婚時代に生まれた子どもたち

こうして結ばれた忠興とガラシャは、当初は青龍寺城で新婚生活を送ったとみられる。その住まいは、先述した「新造之御殿」であろう。そして、藤孝が織田信長から丹後への領地替えを指示された天正八年（一五八〇）八月以降は、新たな拠点とされた八幡山城《はちまんやま》（京都府宮津市）へ、さらには宮津城《みやづ》（同前）へと生活の舞台を移したとおぼしい。では、この間にガラシャは、どのような日々を送り、家庭生活を営んでいたのであろうか。

まず取り上げたいのは、忠興との間に生まれた子どもの問題である。江戸時代前期に江戸幕府が諸大名から系図を提出させ、まとめた『寛永諸家系図伝《かんえいしょかけいずでん》』によると、忠興・ガラシャ夫妻は三男二女を授かったとされる。その生年については、『綿考輯録』などの家譜類に手がかりを求めるより他なく、天正八年四月二七日に長男忠隆、同一一年に次男興秋《おきあき》、同一四年一〇月一一日に三男忠利《ただとし》、同一六年に次女多羅《たら》が生まれたとされる。ガラシャの動静から生誕地を想定すると、忠隆は青龍寺城、興秋は幽閉先の味土野《みどの》、忠利は宮津、多羅は大坂か京都で生まれたと考えられる。ただ、興秋には同一二年出生説もあり（細川文庫『系図』九州大学附属図書館蔵）、そうであった場合、生誕地には複数の可能性が想定されることとなる。

この他に、忠興・ガラシャ夫妻には、長《ちょう》と呼ばれる長女がいた。ところが、彼女だけ生年がはっきりしない。ヨハネス・ラウレスや田端泰子は天正七年生まれと推測している［ラウレス一九五七、田端二〇一〇］。田端いわく、彼女が文禄四年（一五九五）に切腹した前野出《まえのいず》雲守景定《ものかみかげさだ》に嫁いでいた状況を踏まえると、「天正七年でないと（筆者註：年齢的に）矛盾が生じてくる」ので、「一五七九年ごろの出生、一五九五年には一七歳と見るのが妥当」なのだという。そのみたてが正しければ、長はガラシャの第一子として青龍寺城で生まれたことになる。これまでは筆者も、この説にあまり疑いを持ってこなかった。

しかしながら、改めて長の生誕について考えてみると、違う可能性が思い浮かぶようになった。というのも、ガラシャは天正六年八月に結婚し、長男忠隆を同八年四月二七日に生んだとされるのだが、二八〇日間という女性の一般的な妊娠期間を踏まえ、忠隆より先に長が生まれたと考えるのであれば、長を同六年九月頃に妊娠、同七年六月頃に出産した後、すぐ翌月に忠隆を妊娠していないと時間的に辻褄があわないからだ。むろん、このようなサイクルでも妊娠・出産は可能なのかもしれない。しかし、長の出産の翌月に忠隆を妊娠したという想定は、いささかタイトな気がする（結婚の時期が想定よりも早かったり、婚前交渉があったり、長が早産であったとすれば、この問題は解決するのだが）。

では、天正七年生まれでないとすれば、長はいつ誕生したと考えられるのであろう。まず材料となるのは、日向志保・木下博之両氏にご教示いただいた細川文庫『系図』である。ほとんど知られていないこの細川家系図は、忠興の隠居領を継承する格好で成立した宇土細川家で江戸時代前期にまとめられたとおぼしきもの。ここに長は天正一〇年生まれと明記されている。彼女の生年に触れた史料が確認されたのははじめてであり、これによりガラシャの娘に関する謎のひとつが解明できそうである。

もっとも、細川文庫『系図』も後世の編纂物である。記述を鵜呑《うの》みにしない方がいいだろう。そこで、その信ぴょう性について検討しておくと、注目されるのは吉田神道の吉田家に伝えられてきた祈禱記録である。後述するように、神主の吉田兼見は藤孝の従弟にあたり、両家は親密な関係にあったのだが、その兼見が綴った神道関係の伝授や祈禱の実施記録『諸《しょ》社祠《しゃし》官伝授案《かんでんじゅあん》幷《ならびに》祓《はらえ》表書《おもてがき》』に、天正一〇年正月「誕生」予定の「長岡与一郎（忠興）女房衆」の出産祈禱に触れた記事がみえるのである（『天理大学附属天理図書館蔵　吉田文庫』『ガラシャ』図録三二）。

それでは、天正一〇年正月に「誕生」予定とされた子は誰なのか。候補は二人おり、ひとりはいま話題にしている長、そしてもうひとりは忠興の側室藤《ふじ》の娘古保《こぼ》である（藤については、第四章で後述）。『綿考輯録』巻九に、古保も同年生まれと記されるからである。これが正しければ、『諸社祠官伝授案幷祓表書』にみえる「長岡与一郎女房衆」はガラシャではなく、側室藤なのかもしれない。

ただ、そのように考えた場合、引っかかるのは、側室の出産祈禱をわざわざ兼見に依頼するだろうか、という疑念である。しかも藤は、謀反を起こした荒木村重の家臣郡《こおり》宗保《むねやす》の娘（『綿』九）。信長の生前に大っぴらにするには、いささか憚りある出自の持ち主である。ゆえに、これまで筆者は「この時（天正一〇年）に生まれた子どもについては確認がとれない」と述べ、はっきり結論を出さないでいた。

かくして議論が停滞していたところ、最近になり解決の糸口をつかむことができた。古保の生年に関する新情報をふたつ得たのである。ひとつは、先ほど少し触れた細川文庫『系図』である。これによれば、彼女は天正一三年の生まれだという。もうひとつは、松井文庫に伝来した古保の肖像である。成長した古保は、やがて細川家家老の松井興長に輿入れするのだが、この肖像は彼女が万治元年（一六五八）に死去したおりに松井家で制作されたもので、画中の賛文によれば、享年七四だったという（『八代城主松井家の名宝』図録一〇）。逆算すると、古保の生誕はやはり天正一三年ということになる。

これらを勘案すると、『綿考輯録』巻九に記された古保の生年は、どうも誤りのようである。同書は細川家の正史とみなされ、本書を含めてよく活用されるが、間違いも少なくないのだ。後世の編纂物だけに、使用にあたっては、なるべく他の史料にもあたり、裏づけを取らなければならない。

ともあれ、そうすると『諸社祠官伝授案幷祓表書』で天正一〇年に「誕生」予定とされた子どもは長であったとみて、差し支えあるまい。正室ガラシャの子であれば、兼見に出産祈禱の依頼があっても不自然ではない。長男忠隆や次男（第三子）興秋の出産時期との間隔にも、無理は生じないのである。

なお、先述した田端やラウレスの説では、夫の長重が文禄四年に切腹した時点で長が「結婚適齢」であったか否かが取り沙汰されているが、『兼見卿記』天正一八年一二月二六日条によれば、そもそも彼女はこの日に九歳で結婚している。政略結婚だけに年齢は配慮の外であったと思われ、「結婚適齢」うんぬんの問題を気にする必要はあるまい。

長くなったが、以上の点を勘案し、本書では長をガラシャの第二子とみなし、天正一〇年に生まれたものと考えたい。そうなると、その生誕地は丹後宮津となろう。

長の生誕時期についてやや紙面を割いたが、本能寺の変以前にガラシャが授かった子宝は忠隆と長の二子であった。兼見に対する出産祈禱の依頼など、忠興が妻や子に対する情愛を示唆する場面もあり、新婚生活はおおよそ順調であったとみて差し支えなさそうである。

細川家の血縁ネットワークと宗教への関心

若き日のガラシャが過ごした日常を考える要素として、次に、宗教とのかかわりに注目したい。ガラシャといえば、キリスト教を熱心に信仰したことでよく知られる。ただ、彼女がみせた宗教への関心は、じつはそれだけに留まらない。改宗するまでは禅宗に深く帰依しており、その他の日本の宗教についても知識を有していたとされるのである。

そういう様子を示唆するのは、嫁ぎ先となった細川家の血縁関係である。本書冒頭の「ガラシャ・細川家関係系図」をご覧いただきたい。義父藤孝の母智慶院《ちけいいん》は、吉田神道の創始者とされる吉田兼倶の三男で、儒学・国学の学者を輩出する清原《きよはら》家に養子入りした清原宣賢《きよはらののぶかた》の娘である。この清原・吉田両家の血縁関係により、藤孝の伯父には吉田神主の吉田兼右《かねみぎ》、医師の牧庵等喜《ぼくあんとうき》がおり、従弟には学者の清原枝賢《えだかた》、吉田神主の吉田兼見がいた。細川・吉田両家はすこぶる親密であり、ガラシャについても、天正一〇年（一五八二）正月予定の出産にあたり祈禱が依頼されていたことは、先述のとおりである。兼見は光秀とも親しかったが、細川家との往来はなお頻繁であったのだ。そして、その細川家に嫁いだことにより、おそらくガラシャには、彼らの間で交わされる吉田神道や儒学の話題を耳にする機会も生じていた

英甫永雄像（建仁寺蔵）

ものと考えられる。

系図には、他にも宗教関係者が名を連ねている。藤孝の弟の玉甫紹琮《ぎょくほじょうそう》は、天正一四年に大徳《だいとく》寺一三〇世となった臨済宗の禅僧。住持の就任には豊臣秀吉の命があったという。細川家の菩提寺のひとつで、ガラシャの墓も所在する大徳寺高桐《こうとう》院の開基でもある。また、藤孝の姉宮川尼と若狭宮川の新保《しんぼ》城主武田《たけだ》信高《のぶたか》の子息として生まれた英甫《えいほ》永雄《ようゆう》は、臨済宗夢《む》窓《そう》派の禅僧で、奇しくも玉甫紹琮と同じ年に建仁寺二九二世となっている。近世狂歌の祖といわれ、後に江戸幕府に仕える朱子学者林羅山《はやしらざん》も講義を受けたという博識の人物であった。このようにガラシャの周辺には、藤孝の親類を中心に、大物の文化人や宗教関係者が多くみられた。

生まれつきの素養や性格、さらには長崎称念寺「門前」で過ごした幼少期の影響などもあるのかもしれないが、こうした人々と接する中で、ガラシャには宗教への関心が芽生えていったと思われる。イエズス会関係史料と細川家の家譜類という性格を異にする史料群が、若き日の彼女の動静として、宗教とのかかわりをそろって証言しているのである。

イエズス会関係史料では、ガラシャの教会訪問の様子を記した一五八七年一〇月の宣教師アントニオ・プレネスティーノ書簡〔ホイヴェルス一九六六、安二〇一四〕と一五八八年二月二〇日付フロイス執筆「一五八七年度日本年報」（『イ会日本報告集』Ⅲ期二〇五）、フロイス『日本史』第二部一〇六章に関連記事がみえる。それらによれば、ガラシャは「霊魂の不滅を否定する日本の宗派」であり、「貴族が多く信じている」「禅宗については非常に良く知って」いた。そして、教会を訪れた際には、対応した修道士高井コスメに「激しく論争をしかけ、日本の宗派の説く道理で彼に答え、彼に様々な質問をし、我らの教えについて議論した」ので、コスメをして「日本でこれほどの理解力を持ち、また日本の宗派について良く知っている夫人を見たことがない」と感嘆させたという。

これにより、もともとガラシャが深く禅宗に帰依し、他の宗派についても知識を有していたことが判明する。そして、プレネスティーノ書簡の年次を踏まえると、彼女が禅宗を宗旨としていた時期は天正一五年よりも前、二五歳以前のこととなる。

細川家の家譜類では、たとえば宇土家譜「忠興公譜」に「加羅奢様、始ハ建仁寺之祐長老に三十四五則参学成され候」と記されている。「建仁寺之祐長老」とは、先ほど述べた英甫永雄のこと。「三十四五則」という書きぶりは、師が参禅者に出す課題「公案《こうあん》」の数（ないし回数）を示しているのだろうか。いずれにせよ、この記事をみる限り、ガラシャは英甫永雄のもとを何度も訪ね、碩学《せきがく》の彼と禅問答を繰り返していた。先に触れたイエズス会関係史料の記事も勘案すると、彼女の禅宗への帰依、そして宗教的な学びは、英甫永雄のもとで行われていたとみられる。

それでは、右のごときガラシャの「参学」は、いつ頃行われていたのであろう。この点については、イエズス会関係史料の記載内容に疑義を唱える吉村豊雄が、「（ガラシャは）フロイス『日本史』が言うような、「過度の嫉妬」心を持った忠興の「極端な幽閉と監視」のもとにあったのではない」と指摘し、本能寺の変と味土野幽閉をへて、ガラシャが大坂に住まいを移していた天正一二年以後の動静だとする見解を打ち出している［吉村二〇一三］。

しかしながら、筆者の考えは吉村のそれとは少し異なる。ガラシャの「参学」は、忠興との結婚後まもなくスタートしていたのではないか。たしかに、本能寺の変後に「謀反人の娘」というレッテルを貼られてしまった時期の方が、禅宗にせよキリスト教にせよ、宗教に心のよりどころを求めたという動機は理解しやすい。ただ、次章以降で述べるように、その時期になると、ガラシャは忠興から監視され、行動に制約を受けるようになる（吉村が疑うフロイス『日本史』の記事を、筆者は信じていいと考える）。屋敷を離れ、英甫永雄のもとに通うのも難しかったのではないだろうか。それに、イエズス会関係史料に示される豊かな宗教的知識を踏まえると、むしろ早くからの「参学」を想定した方がよいように思う。

ちなみに、天正八年に細川家が丹後へ国替《くにがえ》となり、ガラシャもそちらへ移っていた時期でも「参学」は可能であった。英甫永雄が同年秋に若狭へ下向した後、丹後へ移り、宮津城への転居の儀式に参加しているように、彼はしばしば丹後を訪れていたからだ〔石川登志雄二〇〇二〕。ガラシャは丹後の地でも英甫永雄に教えを乞うことができたはずである。

なお、かかる筆者の見解は、それこそフロイス『日本史』第二部一〇六章により補強される。その記事は、ガラシャが丹後にいた時代に、細川家の人々が禅宗修行に励んでいた様子を記した部分である。


（禅宗の）修行をするために、丹後の国の（殿の）館《パソ》と城の近くに、一定の収入を付した僧院が設けられ、舅（細川藤孝）、姑（麝香）、ならびに嫁（ガラシャ）は、その宗派の学識ある一僧侶が（説く）要点の話を聞き、それらについて黙想したところを件の僧侶に語るため、ほとんど毎日のように同所に詣でていた。（彼らの）うち、嫁は、（彼女を知っている人たちの言葉によれば）繊細な才能と天凜の（才による）知識において超人的《モンストロ》であったので、他の誰よりも一段と秀でており、すでに（彼女は）師匠の（そのまた）師匠でありうるほどであった。

これを読むと、みなさんすぐに気づかれると思う。そう、ここにみえる禅宗修行は、まさしく先に述べた英甫永雄のもとでの「参学」にあたるのではないか、と。これらをあわせて考えると、やはりガラシャの「参学」は、忠興との結婚後、遅くとも丹後時代にはじまっていたと考えてよいであろう（ただ、いつまで続いたのかは、また別の問題である。吉村がいうように、味土野隠棲から解放された後にも「参学」はあったのかもしれない）。

ともあれ、ここまでみてきたガラシャの宗教への強い関心と、豊かな宗教的知識は、本人の資質や境遇のみならず、細川家と吉田家、清原家との血縁関係、そして縁戚にいた高僧の存在を背景とするものであった。彼女と宗教の関係性には、大物の宗教関係者を多く含んでいた細川家の血縁ネットワークが影響を与えていたとおぼしい。そして、このような人的環境で日々を過ごす中で育まれた宗教と深くかかわろうとするメンタリティが、最終的には、キリスト教への改宗後に示される篤《あつ》い信仰心に反映されていったとも考えられるのである。

第三章　本能寺の変により「謀反人の娘」に

織田家中における光秀と藤孝・忠興父子

結婚後まもなく子宝に恵まれ、ガラシャの新婚生活は順調な滑り出しをみせていた。同じ頃、丹波の平定に成功した父の明智光秀は織田家中の出世頭となり、荒木新五郎と離縁した姉は明智秀満と再婚を果たした。細川家も丹後で加増され、天正九年(一五八一)四月には、光秀も宮津に遊びにきてくれた。この時には、孫の細川忠隆をみせることもできたであろう。ガラシャにとっては、多くのことがうまく運んでいるようにみえた。

しかし、そうした日々は長く続かなかった。天正一〇年六月二日に光秀が京都の本能寺を襲撃、織田信長を滅ぼし、返す刀でその嫡子信忠まで殺害する大事件を起こしたことにより、彼女の境遇は大きく変化していくのである。

本章では、みなさんよくご存知の本能寺の変が、ガラシャと細川家の命運にどのような影響を与えたのかをみていく。ただ、本論に入る前に、話の前提となる光秀や細川家の立場と、両者の関係を、いま一度整理しておきたい。

まずは光秀について。元亀三年(一五七二)から同四年にかけての時期に信長を唯一の主君と定めた彼は、京都支配や一向一揆との戦いなど、畿内近国をおもな舞台として活動をみせるが、もっとも大きな功績とされたのは丹波平定事業である。光秀は丹波以外の戦場や京都、坂本、安土の間を往来しつつ、頑強に抵抗を続ける国衆を粘り強く排除し、天正三年から五年がかりで平定に成功。直後には、細川藤孝・忠興父子とともに丹後も平定する。その功績は信長も高く評価するところであり、「寄騎《与力》（光秀の指示に従う織田家臣）」には大和の筒井順慶や藤孝が付けられ、所領は近江志賀郡から丹波一国、丹後・山城の一部にまで広がりをみせていた。織田家中でもっとも大きな身代である。ガラシャが忠興に嫁ぎ、新婚生活を送っている間に、父は織田家中の出世頭として地位を確固たるものとしていた。

その一方、将軍足利義昭の京都追放にともない、元亀四年より信長に仕えはじめた藤孝は、光秀と同様に畿内方面軍の一員として活動していく。天正二年から同四年にかけて目立つのは、大坂方面での一向一揆との戦い。同五年に大和で起こった松永久秀の謀反や、同六年に摂津で起こった荒木村重の謀反のおりには、その鎮圧にあたった。同三年の越前における一向一揆との戦いや、同六年の播磨への援軍などを除くと、その活動エリアは畿内近国を中心としているが、彼の働きは軍事面に留まっておらず、各地の政治・軍事情勢の情報収集・報告や、「鉄炮放」「大工」といった特殊技能を有する人材の確保・供給など、元将軍側近としての太いパイプを生かす場面もみられた。

このように光秀と藤孝は、それぞれ織田家中で独特の働きをみせ、公私に親密な関係を築いていた。その紐帯になったのが、先ほど触れた天正六年のガラシャと忠興の婚姻なわけだが、かかる両者の関係には、小さからぬ変化もみられた。光秀が畿内方面の諸将に対する指導的な立場をえていく中、やがて藤孝も、その「寄騎」のひとりに位置づけられていった点である。そうした変化が明確になるのは、天正七年から同八年にかけての時期とされる。同七年に光秀が藤孝・忠興父子とともに丹後を平定し、後者の丹後拝領のきっかけをつくったことや、同八年八月に大坂本願寺を屈服させた信長が、本願寺攻略の担当武将にして織田家中最大の軍勢を束ねていた佐久間信盛を追放し、摂津や大和の諸将が光秀の旗下《きか》に加わった結果、その政治・軍事的立場が「近畿管領《かんれい》」というべきものに上昇したことが、その背景となっていた［高柳一九五八］。

そうした「寄騎」関係は、藤孝・忠興父子が国替えの指示を受け、天正八年八月に丹後へ入国したおりにもっとも顕著となる。たとえば、藤孝は入国後まもなく宮津城の築城に取りかかるが、その報告を受けた信長は、光秀と相談して進めるよう指示している。また、加《か》佐《さ》・与《よ》謝《さ》両郡を支配する丹後最大級の領主として配された藤孝は、「国中残す所無く」検地を実施するなど、事柄によっては丹後全域に及ぶ政治的権限を行使しえたようだが、丹後守護家の名門一色《いっしき》家など国内に残っていた在来勢力への知行配分には、光秀が関与することとなっていた。そして、藤孝自身に対するものも含め、丹後の諸領主に対する軍事指揮権を行使しえたのは光秀であった［稲葉二〇一三］。

ふりかえってみれば、かつて光秀と藤孝はともに室町幕府に仕えていたが、その当時格上に位置したのは藤孝であった。ところが、信長に仕える間に両者の立場は対等なものとなり、織田権力の拡大に光秀が貢献していくと、最後は完全に逆転してしまった。婚姻関係もあり、親密な関係性に変わりはなかったとおぼしいが、このような立場の変化を藤孝はどういう思いで受け止めていたのであろうか。呉座勇一が指摘するように、内心には複雑なものがあったのかもしれない［呉座二〇二〇］。

このような経緯と関係の変遷をへて、彼らは本能寺の変を迎えるのである。

本能寺の変後の光秀と細川家

中国地方で毛利勢と戦っていた羽柴秀吉を支援するよう命じられた光秀は、天正一〇年（一五八二）六月一日夜に手勢を引き連れて丹波亀山《かめやま》城を出陣、山陰道を東南方向に進んで丹波・山城国境の「老《おい》ノ坂《さか》」を越え、沓掛村（京都市西京区）に差しかかった。ここから山陽道に繋がる山崎・摂津方面へ折れていくのかと思いきや、明智勢が向かったのは京都方面、織田信長が滞在する本能寺であった。六月二日早朝、明智勢は信長を急襲すると、返す刀で織田信忠が籠った二条御所を攻撃、自刃《じじん》に追い込んだ。織田家中の出世頭であった光秀が反旗を翻し、主君とその後継者をあっという間に屠《ほふ》った、世に名高い本能寺の変である。

ではなぜ、光秀は謀反を起こしたのか。その真相ははっきりわかっておらず、いまなおさまざまな説が乱立する状況にある。ただ、本書はこの問題に深入りしない。本能寺の変により、ガラシャと彼女が嫁いだ細川家にどのような動きが生じ、影響がみられたのか、という点を掘り下げることにウエイトをおきたい。

まずは、本能寺の変後にみられた光秀と藤孝・忠興父子のやり取りを押さえよう。光秀謀反の報が丹後の細川家にもたらされたのは、変の翌日、六月三日のこととされる。『綿考輯録』巻四及び巻九によると、織田家中から追放されていた佐久間信盛の子息信栄《のぶひで》が「御赦免」され、信長・信忠父子の上洛に供奉すると聞いた藤孝は、家臣となっていた米田求政《こめだもとまさ》（貞能）を「御歓」の使者として京都に派遣した。求政は子息藤十郎を建仁寺《けんにんじ》十如院《じゅうにょいん》の英甫永雄のもとに「入学」させる約束もあり、一緒に上洛し、六月二日に今出川《いまでがわ》相国寺門前の「私宅」に到着する。ちょうどその時に、彼らは本能寺の変勃発の報を聞いたのである。「騒動」を受けて求政は、山城・丹波国境の霊山《れいざん》・愛宕《あたご》山（京都市右京区）の社僧で、細川家と親密な関係にあった福寿院下坊の幸朝と対応を協議した。そして、早田道鬼斎という「育ミ置」いていた足の達者な浪人を丹後へ下し、藤孝へ信長・信忠父子の「御事」を告げ知らせた。道鬼斎が丹後に到着したのが、右に述べた六月三日である。中国地方に向けた軍勢が宮津を出発、先手が「半道」（半里。約二キロメートル）ばかり進み、「犬の堂」に差し掛かった頃であった。

光秀の謀反を知った藤孝・忠興父子は、驚愕する一方、難しい政治的判断を迫られた。公私に親しい光秀に与するか、謀反人として打倒する側にまわるか、選択せざるをえなくなったからである。むろん、光秀は藤孝・忠興父子の与同を織り込んでいたことであろう。これも『綿考輯録』巻四を典拠とする話だが、光秀は丹後に沼田権之丞《ごんのじょう》（藤孝の妻麝香の弟。第一章で登場した沼田清延の兄弟）を送り、すぐ上洛して味方するよう彼らに求めたとされる。

しかし、藤孝・忠興父子の判断は早く、明確なものであった。髻《もとどり》を落とし、信長の死を悼《いた》む姿勢を示したのだ。元幕臣の藤孝を厚遇し、取り立ててくれた信長の恩義を思ってのことであろうが、早々に旗幟《きし》を鮮明にしておかなければ、親明智派とみなされかねない危険性を踏まえてのことでもあろう。そして、かかる彼らの決断は、使者の権之丞により光秀にも伝えられた。本能寺の変後に近江平定を果たし、六月九日に京都へ戻った光秀は、藤孝・忠興父子宛に有名な三ヶ条の覚書をしたため、ふたたび使者を派遣するのだが、その中には「御父子もとゆひ御払候由」を聞き、「腹立」したとの一文が記されているのである。

さて、光秀が六月九日付でしたためたその三ヶ条の覚書は、東京の永青文庫にいまも伝えられている。内容は、①信長の滅亡にあたり藤孝・忠興父子が「もとゆい」を切ったことに当初は「腹立」を覚えたが、思い直したので、今後の「入魂《じっこん》」を願うこと、②上洛して味方するならば、丹後の他に摂津を、希望するなら若狭の支配権を分与すること、③今回の「不慮之儀」は忠興などを取り立てる目的で行ったものであり、五〇日か一〇〇日の内に近国を安定させた後は、十五郎（明智光慶）や忠興の世代に引き渡すことなど、挙兵の理由と今後の見通しを説明し、改めて味方に誘引するものである（「細川」織豊期七七）。しかし、これを受け取っても、藤孝・忠興父子が判断を覆すことはなかった。そして、おそらくこの手紙が、両者の間で交わされた最後のやり取りであった。

なお、『綿考輯録』巻九を典拠とする話だが、この間に藤孝・忠興父子は、秀吉や織田信孝、丹羽長秀とコンタクトを試みていたとされる。良質な史料での裏づけはとれないが、各地に派遣されていた織田家中の有力者との連絡が早くから生じていても不思議ではあるまい。ふたたび群雄割拠の時代に戻るのか、新たな統一権力者が現われ、政治のイニシアチブを握っていくのか。信長の死により先行きが不透明になる中、勝ち馬に乗るべく、藤孝・忠興父子は諸将の動静を見極めようとしていた。

「離別」されたガラシャ

政局が大きく転換する中、藤孝・忠興父子は難しい判断をもうひとつ下す。ガラシャの処遇である。彼女に罪はなくとも、明智との血縁はあらぬ疑いを招く。彼女の姉妹の夫で、四国征伐に従軍すべく大坂にいた津田信澄は、本能寺の変後にその首謀者のひとりだと噂され、天正一〇年（一五八二）六月五日、織田信孝と丹羽長秀の軍勢に殺害されていた。忠興の正室にガラシャを留め続けていれば、細川家もまた光秀に与する一類だとみなされかねない。彼女をそのままにはしておけなかった。

かかる状況を踏まえ、藤孝・忠興父子は、ガラシャをどのように取り扱ったのであろう。興味の尽きないところだが、この問題に触れた良質な史料はいまのところ確認されておらず、じつは正確なことはわからない。ただ、信澄が迎えた理不尽な最期が物語るように、明智家縁戚に対する周囲の目は厳しかった。そのことは細川家も感じていたとおぼしく、疑念を晴らすための対応がなんらか取られた蓋然性は高い。そして、江戸時代に編纂された家譜類や地誌類には、忠興がガラシャを「離別」し、別の場所に移したと記すものが複数みうけられる。以上を勘案すると、これまで多くの研究書や伝記が指摘してきた、明智家との婚姻関係を解消するために、本能寺の変後に藤孝・忠興父子が彼女を細川家から送り出したとする通説まで疑う必要はなさそうである。ガラシャ、二〇歳の時のことである。

隠棲の地はどこか

本能寺の変後、家族から引き離されたガラシャには、どのような日々が待っていたのであろう。まず送り出された場所を確認すると、通説では、丹後与謝郡野間村の味土野（京都府京丹後市）とされている。味土野は丹後半島の山間部に位置し、いまはほとんど住人がいないものの、かつては六〇数戸が暮らしていたという山の集落であった（「ふるさと味土野之跡碑文」）。宮津城からの距離を試しにグーグルマップの「徒歩」で検索すると、距離は二六・七キロメートル、約六時間の行程と表示される。

しかしながら、ガラシャが送り出された場所については異説も存在する。丹波船井郡の三《み》戸野《との》（京都府船井郡京丹波町水戸）とする説である。根拠は『明智軍記』や『綿考輯録』巻九に掲載される記事だが、たとえば後者のそれには「丹波之内山中三戸野」に「惟任家の茶屋有しに送り遣され候」と記されている。こちらの三戸野は丹後と京都の中間あたり、丹波東部の須知《しゅうち》盆地から須知川沿いの谷あいに入ったところ。むろん当時は明智領国で、グーグルマップの「徒歩」で検索したところ、宮津城から「丹波水戸」のバス停まで六八・一キロメートルの距離、約一四時間三〇分の行程と表示された。なお、光秀の拠点であった亀山城までを同様に検索すると、距離は二二・六キロメートル、約四時間四〇分の行程という。

　このように、「離別」されたガラシャの隠棲の地については、江戸時代以来ふたつの説が語られてきた。その状況が変化し、丹後味土野説が通説になったのは、近代以降のことである。近年、丹後味土野説を否定する論文を発表した森島康雄の研究に学ぶと、同説の拡散・定着のきっかけは、後に小説『細川ガラシヤ夫人』を発表する作家の森田草平や、ガラシャを主人公とする戯曲を手がけていたドイツ人のイエズス会宣教師のヘルマン・ホイヴェルスが、昭和一〇年（一九三五）に丹後味土野を訪れ、同地説に妥当性をみとめた結果、「明智光秀の滅亡後、忠興夫人が三年許《ばか》り押籠められてゐた所だと云い伝へられてゐる」「野間村で語られた伝説」が知られはじめたとの経緯にあるという。そして、同一一年に

味土野の細川忠興夫人隠棲地顕彰碑（著者撮影）

地元の与謝郡・竹野郡の婦人会により「細川忠興夫人隠棲地」と刻まれた顕彰碑が建てられたことで、丹後味土野説がますます拡散・定着するようになった［森島二〇二〇］。すなわち、隠棲の地をめぐる議論の進捗は、第八章で後述する近代におけるガラシャイメージの展開とリンクしたものであった。

丹後味土野説をめぐる議論

ただ、こうして広まった丹後味土野説を、前項で紹介した森島康雄は否定する。その理由は、①『明智軍記』や『綿考輯録』巻九の本文には「丹波」の「三戸野」と記されていること。②宝暦《ほうれき》一三年（一七六三）成立の地誌『丹後州宮津府志《たんごしゅうみやづふし》』にみえる「丹後三戸野」の記載や、『綿考輯録』巻九の割注に記された「丹後上戸村」という記載は、延宝《えんぽう》七年（一六七九）に成立した書物『本朝武林伝《ほんちょうぶりんでん》』にみえる「伝」の孫引きと考えられ、信ぴょう性が一段劣ること。ゆえに「残された史料からは、一昔前まで通説であった丹波三戸野と考えるのが自然で、現在通説となっている丹後味土野幽閉説は、根拠が「本朝武林伝」の「伝」に記された「丹後国上戸」を端緒として次々に生み出されてきた伝説以外にはなく、史実とは考え難い」という。これが森島の結論である。江戸時代から近代まで、隠棲地にかかる言説をたどった研究成果であり、たしかに興味深いものである［森島二〇二〇］。

しかしながら、それでも筆者は丹後味土野説でよかろうと考える。手がかりは、小瀬甫庵《おぜほあん》が執筆した軍記物『太閤記』巻三の「長岡父子堅く信を守る事」項にみえる記事である。本能寺の変後における細川家の対応を取り上げたここには、「与一郎、妻に向て云やうは、汝が父光秀は眼前主君のかたきなり、同室にかなふべからずとて、丹後の山中三戸野と云所へ、一色宗右衛門尉を付て送りけり」と記されているのである。同書は寛永一四年（一六三七）閏三月以前の刊行とされており、ガラシャの隠棲に触れた書物としては、管見ではもっとも早いものとなる。

ただ、『太閤記』もまた軍記物である。信ぴょう性という点では心もとない。よって、もうひとつ手がかりをあげておくと、宇土家譜「忠興公譜」にも「丹後の山中三戸野と云処へ一色宗右衛門尉を付て送給」との記事がみられる。同書は延宝年間（一六七三〜八一）に進められた文献・史跡の調査を踏まえ、天和三年（一六八三）以前に成立したものである［山田貴司二〇一三b］。該当記事は『太閤記』のそれと書きぶりが似ており、その影響を受けての執筆かとも思われるが、随行者に小侍従の名前が加えられており、『太閤記』の引用だけでは完成しえないものとなっている。つまり、編纂のおりには『太閤記』以外の情報ソースも参照されていたとおぼしく、同書もまた、丹後味土野説が先行して成立していた事実を示す手がかりと評価される。

以上を勘案すると、丹後味土野説には、『本朝武林伝』の他にも典拠が存在していた。そして、『太閤記』と宇土家譜「忠興公譜」、『本朝武林伝』の成立時期からいえば、先に通説となっていたのは丹波説ではなく、丹後説ということになる。そう考えると、森島が引用した『丹後州宮津府志』に「按、当国与謝郡野間ニ味土野ト云小村有リ、土俗云フ、忠興ノ妻女ヲ此所ニ押コメ置シト云文書ナト今ニ在リトカヤ」と、丹後の現地に伝承と関係「文書」が残されていたことを示唆する一文が記されるのも、しごく当然のことと理解される。

したがって、「丹後味土野幽閉説は、根拠が「本朝武林伝」の「伝」に記された「丹後国上戸」を端緒として次々に生み出されてきた伝説以外にはなく、史実とは考え難い」とする森島の結論は、『太閤記』や宇土家譜「忠興公譜」の存在を視野に入れていないという点で、再検討の余地があろうと筆者はみる。むしろ、これから見直すべきは、丹後味土野説が先行する中、なぜ『明智軍記』や『綿考輯録』が丹波三戸野説を採用し、同説が広まるきっかけをつくったのか、という問題ではないだろうか。

筆者が丹後味土野説を支持するもうひとつの理由は、丹波三戸野説では、ガラシャが隠棲を強いられた状況がいまひとつ理解しにくい点にある。こちらを記す文献の多くは、彼女の輿入れに付いてきた明智旧臣が供奉し、隠棲先に向かったとする。ただ、先ほど述べたように、丹波三戸野から亀山城までは徒歩で二二・六キロメートル、約四時間四〇分の行程とされる。京都にもそう遠くない、明智領国のどまん中である。そういうところに明智関係者とともに送られたのであれば、それはもはや隠棲とはいえまい。当主の娘が入国してくれば、明智サイドも黙って見過ごさないのではないか。また、明智家の滅亡後、丹波は羽柴秀勝《ひでかつ》（羽柴秀吉の養子）の領国となるが、その間もガラシャは同地に隠棲していたのであろうか。それとも、丹後に移されたのであろうか。丹波三戸野説の難点は、このあたりの説明がほぼなされていないところにもある。

これらの理由により、ガラシャは丹後味土野に送られ、隠棲していたと筆者は考える。ただ、同時代史料がひとつも確認されていないため、場所にせよ期間にせよ事実の確定は難しい。それと、森島も指摘するように、古文書や古記録に記された「後」と「波」の崩し字はよく似ており、「丹後」「丹波」の相違は誤写の可能性もある（じつは「三」と「上」の崩し字もよく似ており、諸書に登場する「上戸」という地名は「三戸」の誤写ではないか、と筆者は思っている）。史料の発見や研究の進展次第で、状況が一転する余地は充分に残っている。さらなる研究の深化を願うより他ないが、さしあたり本書では、丹後味土野に「離別」されたという前提で、話を進めるとしよう。

「離別」され、隠棲することになった理由

本能寺の変後、藤孝・忠興父子により「離別」されたガラシャ。それではなぜ、彼らは彼女を「謀反人の娘」として殺害したり、実家に送り返したりせず、丹後味土野に送り出し、隠棲させたのであろう。ここではそれらの理由を考えてみたい。

まずは「離別」という対応の理由を考えてみよう。先述のように、本能寺の変後、光秀の娘を娶っていた津田信澄は謀反への与同を疑われ、殺害された。ガラシャを迎えていた細川家にも疑念の目が向けられていたとおぼしく、彼女をそのままにはしておけなかった。この時、藤孝・忠興父子が採りえた対応の選択肢は、①殺害する、②光秀のもとへ送り返す、③縁を切った形をとり、別居する、というくらいであったろう。最終的に彼らは③を選択するわけだが、殺害したり、実家に送り返さなかったのは、忠興の愛情ゆえであろうか。あるいは、次男興秋の妊娠が判明していたためであろうか（なお、先述のとおり、興秋の生年には異説もある。天正一一年生まれであれば、この時点での妊娠は考えられなくなる）。そういう感情面も含めた複合的理由にもとづく選択なのであろうが、筆者は、本能寺の変後の事態が明智勢の優勢で進んだ場合に備えての判断ではなかったかと考える。殺害したり、送り返したりし

てしまっては、いざという時に光秀とよりを戻すことも、彼女を人質にとることもできないからである。

ただ、③縁を切った形をとり、別居したとしても、ガラシャが近隣の領内にいるとなれば、それはそれで諸将の疑いを招きかねない。先述のごとく、丹後味土野は宮津から徒歩で二二・六キロメートル、約四時間四〇分の行程とされる。遠方とはいえない距離である。

にもかかわらず、どうして藤孝・忠興父子は丹後味土野を隠棲の地に選んだのであろう。状況証拠からの推測になるが、田端泰子も指摘するように、同地が明智領であったための選定という可能性はあろう（［田端二〇一〇］。ただ、田端の見解に誤解が含まれていることは［森島二〇二〇］の指摘のとおり）。味土野は丹後与謝郡の内にあるが、竹野郡との境界に近く、当時の細川領の所在エリアからすれば、たしかに離れているからだ。

前に述べたように、当時の丹後は、南部の加佐郡と与謝郡を押さえる細川家の他に、一色氏らの在来領主の所領と明智領が混在し、入り組んだ状況にあった［鈴木二〇一四］。もっとも、ガラシャの隠棲地選定にあたっては、かかる所領の混在がかえって藤孝・忠興父子に利したとおぼしい。国内の明智領であれば、そう遠くない距離で彼女の身柄を保護・監視しつつ、諸将に対しても説明のつく格好で「離別」の体裁をとることができる。政局を見すえつつ家を守り、ガラシャも生かすために、彼女をどこに置けば最適なのか。選択を間違えられない状況の中、選ばれたのが味土野ではなかったか。そして、そういう事情もあり、随行した面々に細川家臣は入らず、明智旧臣ばかりが選ばれたのではないだろうか（随行者については後述）。味土野が明智領であった確証はないが、いまはこのように考えておきたい。

ちなみに、フロイス『日本史』第二部一〇六章によると、光秀の死後、丹後の明智領の一部はガラシャに継承されたという。あるいは、味土野もそこに含まれていたのかもしれない。

光秀への思い、そして隠棲生活

こうしてガラシャは家族と離れ離れとなり、丹後味土野でしばらく隠棲する。嫁いで以来の幸せな結婚生活は、父の謀反により失われることとなってしまった。

ところで、かかる転変をもたらした光秀のことを、ガラシャはどう思っていたのであろう。『太閤記』巻三には、彼女が父に手紙を送り、「今度逆なる御裁判により、みづからも与一郎に別れ参らせ、三戸野といふおそろしき山の中に、かすかなりしすまゐして侍る」との恨み言を光秀に伝えた、と記されている。

ただ、近年発表された浅見雅一の研究では、右のごとき言説は否定され、逆にガラシャは光秀を「敬愛の対象」にしていた、と指摘される［浅見二〇二〇］。浅見いわく、本能寺の変後に光秀が細川家へ送った使者沼田権之丞により、彼女には、謀反の然るべき理由が伝えられていた可能性が高い。なぜなら、キリスト教への改宗後に生じた宣教師とのやり取りの中で、ガラシャは「（あのようにして）父を失った身であるとは申しながら、そのために落胆したり恥じたりすべきではない」と証言しており（『日本史』二―一〇六）、それは彼女が「父の謀反には恥ずべきではない正当な理由があったと確信していた」ためと考えられるからである。さらに浅見は、「彼女は父光秀を助けなかった夫忠興を、さらに舅藤孝を恨んでいた」とも述べている。以上の見解は、イエズス会関係史料を読み込んだ専門家ならではの興味深いもの。ガラシャが光秀謀反の真意を知っていたかどうかについては検討の余地が残り、当初は恨みがましく思ったのではないかという気はするものの、宣教師に漏らした父への思いに疑うべきところはあるまい。この点については、浅見説に賛同である。

　それでは、光秀や藤孝・忠興父子に対する複雑な思いを抱えつつ、ガラシャはどのような隠棲生活を送っていたのであろう。改めて確認すると、本能寺の変後に彼女が送られたのは、冬にはまとまった雪も降る、山間の村・味土野である。もっとも、ほとんど住人のいないいまとは異なり、当時は数十戸が所在していたとおぼしい。まったくひとけのない山奥に送られたのだと、誤解なきようにしたい。

　次に、随行者を確認しよう。良質な史料に手がかりはないが、江戸時代に編纂された諸書に記述がみられる。ガラシャの隠棲について触れたもっとも早い文献とおぼしき『太閤記』巻三では「一色宗右衛門尉」がお供したとされ、宇土家譜「忠興公譜」や『綿考輯録』巻九の本文では、それに侍女「小侍従」が加えられている。『綿考輯録』巻九によると、前者は「浪士」であり、後者はガラシャ輿入れのおりに明智家から付いてきた「女房」という。また、『本朝武林伝』は「其臣」「一色宗右衛門」とのみ記す。これらを額面どおりに読み取ると、目立たぬようお供を極力絞り込んだという印象を受ける。

他の説もみると、『明智軍記』は「坂本ヨリ付来リケル池田六兵衛・一色宗右衛門・窪田次左衛門」と記す。そして、もっとも具体的で大人数なのは、『綿考輯録』巻九に引用された「一書」である。この「一書」は、米田貞能の子息で、光秀室の姪を妻としていた米田是政が、ガラシャの処遇について「丹波の山中三戸野辺に兼て知たる山伏罷在り、此者宅に御蟄居《ちつきょ》然るべし」と提案したという記事である。これによると「小侍従と云女・河喜多藤平一成・池田六兵衛・一色惣右衛門・久保田次左衛門、幷米田か家人木崎大炊幷妻、小川権六」がお供し、「山伏宅に蟄居」したという。面白い内容だが、情報源がはっきりしないのと、明智領の丹波にかなり入り込んだ三戸野までこれほどの人数が秘密裡にたどり着けるのだろうか、「丹波」は「丹後」の誤写ではないか、という素朴な疑念が生じるところではある。

これらの諸書を勘案すると、随行者は細川家の譜代家臣ではなく、ガラシャの輿入れの際に明智家から付けられた面々で構成されたと考えて差し支えないだろう。人数は絞り込まれていたとおぼしいが、縁を切ったという演出を図るために、関係者がすべて随行させられた可能性もある。明智家ゆかりの人々をお供に、人知れず宮津の家族のもとを離れた。そういった実情ではなかったか。

最後に、隠棲先での生活について。これもほとんど手がかりはないが、精神的にも物理的にも厳しい日々であったことは想像に難くない。逸話をひとつ紹介すると、隠棲にあたりガラシャが髪を切ると（肩あたりに切り揃える「尼削ぎ」であろうか）、随行した小侍従も同じく髪を切った（『綿』九）。宇土家譜「忠興公譜」によれば、そうして小侍従は「尼」となり、「艱難《かんなん》の御奉公を勤」めた。そして、後日「御離別之様子」を耳にした豊臣秀吉に召され、「奇特なるもの」として褒美を与えられたという。ガラシャはもちろん、随行者にも苦労が絶えなかったものと考えられる。

ちなみに、「艱難」の時期をともにした小侍従に対するガラシャの信頼は厚く、隠棲から解放され、彼女が細川家臣の松本因幡《いなば》に嫁いだ後も交流が続いている。ガラシャが出した手紙（消息）は現在一七通ほど確認されるが、その大半は小侍従に宛てたものなのである［宮川二〇一八］。

隠棲中の内面については、永青文庫に伝来するガラシャ筆「和歌短冊」が、ひとつの手がかりとなる（『ガラシャ』図録四〇）。装飾のない料紙《りょうし》が用いられていることから、この間の手なぐさみにしたためられたと考えられている短冊である。記されるのは、『源氏物語』桐壺帖の中で、桐壺を亡くし、悲歎にくれる帝《みかど》が詠じた「たつね行　まほろしも哉　つてにても　たまの有りかを　そことしるへく」という和歌の、「たま」を「君」に詠みかえたもの。「あなたを訪ねてくれる幻術使いがいたらいいのに、人づてでも「君」の居場所がわかるように」との意味であろう。「たま」から「君」への詠みかえは、ガラシャにとって意中の人物が存命であったためである。おそらく、離れ離れとなった忠興や子どもたちに思いを馳せての一首と考えられる。

ただ、明るい話題があった可能性もある。というのも、味土野での隠棲が続いていたとおぼしき天正一一年に、次男興秋が誕生したとする説があるのだ（『綿』九）。もしもこの説が正しく、生まれたばかりのわが子に向きあう時間がとれたのであれば、それはきっと彼女の傷ついた心を慰めたことであろう。

本能寺の変が細川家に与えた影響

本能寺の変は、ガラシャの運命のみならず、細川家そのものにも大きな影響を与えた。ただ、それは彼女の場合と違い、ポジティブな結果をもたらすものであった。藤孝・忠興父子が、この後に統一権力者となっていく羽柴秀吉との距離を一気につめるとともに、政治的混乱に乗じて丹後国内を平定し、豊臣大名としての基盤づくりに成功するからである。本章の最後に、これらのことに触れておきたい。

まずは秀吉との関係をみよう。先述したように、本能寺の変後、藤孝・忠興父子は最後まで光秀に与しなかったが、その一方、秀吉と早くから連絡をとっていた。ただ、この時点では、織田信長没後の権力闘争で誰が勝ち残っていくのかはわからない。藤孝・忠興父子は織田信孝や丹羽長秀ともコンタクトしていたというから、有力視していたとしても、最初から秀吉の台頭を確信していたわけではなかろう。

本能寺の変後のかかる状況は、羽柴勢の「中国大返し」と山崎合戦における明智勢の敗北、光秀の死、その後まもなく開かれた清須《きよす》会議により、大きく転換する。信長亡き後の織田政権は、家督を継いだ織田三法師《さんぼうし》（信長の孫、秀信《ひでのぶ》）を秀吉・柴田勝家・長秀・池田恒興《つねおき》ら宿老衆が支え、右の四人と傅役《もりやく》の堀秀政の合議により運営するという体制に刷新されるが［柴二〇一八］、実際には、鮮やかに主君の仇を討った秀吉がイニシアチブを握り、飛躍を遂げていくのである。

そんな中、藤孝・忠興父子は、秀吉との距離を急速に縮めていく。そのことをよく示すのが、天正一〇年（一五八二）七月一一日付で秀吉が発給した①藤孝・忠興父子宛血判起請文《けつぱんきしょうもん》と、②忠興宛書状である。①は、みずからの主張や約束に偽りなきことを仏神に誓い、違《たが》えた場合にはそれら仏神の「罸《ばつ》」を蒙《こうむ》る旨を明記し、内容遵守を担保する起請文形式で作成された文書（「細川」織豊期七八）。秀吉は細川家が光秀に与しなかったことを称賛したうえで、さらなる入魂を誓約し、署名部分に血判をすえている。丹後から動かなかった細川勢の動静が、光秀の、そして自身の命運に影響を及ぼしたという認識があっての弁であろう。以後続いていく両者の親密な関係の出発点に位置づけられる、重要な一通である。

①と同日に出された②は、丹後の明智領と、光秀に与した在来領主矢野《やの》家の所領を「新知」として知行するよう伝えたものである（「細川」織豊期七九）。先述のように、天正八年に細川家は丹後に領地を移されたが、国内には在来領主の所領に加え、明智領も混在していた。それらを付与するという秀吉の処置は、本能寺の変後に藤孝・忠興父子がみせた対応への褒賞であり、同日付で出された①の内容とリンクするものであった。

なお、信長が死去したとはいえ、織田政権は滅亡したわけではない。本来であれば、所領の没収・付与は織田家当主が担う権限であり、信長が生きていれば、証文として彼の朱印状が出されたことであろう。ところが、②の「新知」付与にあたり、織田政権が公的な文書を出した様子はみえず、文中に「我等聞き分け申候」とみえるように、それは秀吉の計らいにより実現していた。信長時代の手続きとは異なるかかる経緯は、本能寺の変からわずか一ヶ月の時点で、リスタートしたばかりの織田政権が早くも機能不全に陥《おちい》りつつあったことを物語るとともに、藤孝・忠興父子が秀吉与党に組み込まれつつあったことを示唆する。この当時、織田家中の面々の政治・軍事的課題は、いかに味方を糾合《きゅうごう》し、信長没後の権力闘争を勝ち抜くか、という点に移っており、細川家と秀吉の急接近もそれゆえの現象とみなされる。政局のうねりは急で激しく、光秀の謀反はすでに過去のこととなりつつあった。

次に、本能寺の変後に国許《くにもと》でみられた動きに注目する。じつはこの間に藤孝・忠興父子は、丹後国内の平定に向けた動きを活発化させていた。最初のターゲットは、丹後に所在した明智領である。これについては、右に示したように、秀吉の差配により接収に成功している。ちなみに「新知」付与にあわせて秀吉は、藤孝に丹後国内の不要な城の取り壊し（破城、城《しろ》破《わ》り）と、拠点城郭の普請を命じている（「細川」織豊期八〇）。与党となった細川家の軍事動員を確実なものとするために、支配体制を強化させようと企図した措置とみられる。

そして、本能寺の変から三ヶ月後の天正一〇年九月、藤孝・忠興父子は、ついに丹後平定を実現する。丹後守護を世襲してきた名門一色家の当主五郎《ごろう》を殺害し、その拠点の弓木《ゆみのき》城（京都府与謝郡与謝野町）を攻略したのである。以下、経緯をひととおり振り返っておこう。

天正八年に丹後へ国替えとなったおり、一色家との関係の重要性を慮《おもんぱか》った藤孝は、婚姻による融和を画策した。一二歳の娘伊弥を、五郎に嫁がせたのである。その結果であろう、細川・一色両家が対立する場面はしばらくみられない。織田家中では、ともに光秀の「寄騎」に位置づけられ、軍事行動の際には共同する立場にあった（「細川」織豊期六九）。

状況が変わったのは、やはり本能寺の変の後である。『綿考輯録』巻九によると、天正一〇年八月に忠興が上洛し、秀吉と会った後、安土、岐阜を訪れていた間に、突如一色勢が宮津城をうかがう様子をみせたのである。かかる動きは、藤孝・忠興父子が丹後の明智領や矢野領を接収していく様子を目の当たりにし、脅威を覚えたためであろうか。ちなみに、同書に引用された「一書」には、秀吉と対立する柴田勝家に呼応してのこととも記されている。

慌てて丹後に戻り、事なきをえた忠興は、この際に一色家を討伐してしまおうと決意した。忠興の帰国後、両家の間にはいったん和睦が成立するが、その心もちはぶれなかったらしい。天正一〇年九月八日、彼は宮津城外にあった米田宗堅《そうけん》（貞能）の邸宅に五郎を招くと、饗応の席で彼を殺害した。その後、細川勢は一色家の居城弓木城の攻略を進め、最終的に丹後平定を実現する。嫁いでいた伊弥は実家に戻り、鉄砲の名手稲富祐直《いなどめすけなお》などの一色家臣の一部は、細川家に召し抱えられることとなった。

以上のような経緯は、『綿考輯録』などの家譜や地元の地誌類、軍記物を典拠に、これまで述べ伝えられてきたものである。ゆえに、五郎謀殺の経緯など、信ぴょう性をどこまでみとめてよいものか難しいところがある。ただ、遠藤珠紀が最近紹介した新出史料「徳大寺家旧蔵『和歌御会詠草』紙背《しはい》文書」に、細川家関係者が公家の徳大寺家の関係者に一色家討伐の様子を書き送っていた書状がみつかり、五郎が宮津で「腹きらせ」られ、その直後に一色家の城が攻められていた事実が明確となった〔遠藤二〇一五〕。対立に至った理由ははっきりしないものの、天正一〇年九月に、藤孝・忠興父子が一色家を滅亡に追い込んだことに間違いはないようである。本能寺の変から四ヶ月後には、細川家は対抗勢力を一掃し、丹後平定に成功するのである。

ここまでみてきたように、謀反を起こした光秀と縁を切った藤孝・忠興父子は、本能寺の変後に立場を飛躍させていく秀吉とよしみを結ぶとともに、丹後国内の平定を果たしていた。本能寺の変が人々に大きなインパクトを与えたことはいうまでもないが、とくに細川家の場合、明智家の縁戚というハンデをものともせず混乱した政局を巧みに泳ぎきり、着々と地歩を固めていった藤孝・忠興父子と、変後に「離別」され、「山中」での隠棲を余儀なくされたガラシャとでは、もたらされた影響のコントラストは大きく異なっていた。悲嘆に暮れたであろうガラシャにはなんとも気の毒な話だが、大局的にいえば、本能寺の変は細川家が豊臣大名として浮上する好機となったのである。

第四章　ガラシャのキリスト教入信

隠棲先からの帰還

「天下一統」に邁進《まいしん》していた織田権力を瓦解させた本能寺の変は、細川忠興と結婚し、順風満帆の生活を送っていたであろうガラシャの運命にも大きな影響を与えた。彼女は「謀反人の娘」というレッテルを貼られ、残りの人生を過ごすことになるのである。

本章では、そんな後半生において、ガラシャがキリスト教に出会い、救いをもとめるように信仰を深める様子をみていく。まずは、彼女が隠棲先の味土野から帰還した時期と経緯に注目しよう。

本能寺の変後に細川家では、細川藤孝から子息忠興への代替わりが発生した。その時期ははっきりしないが、忠興が越中守《えっちゅうのかみ》を名乗りはじめた時期と、藤孝が出家し、幽斎玄旨と名乗りはじめた時期などを勘案する限り、どうも天正一一年（一五八三）半ばのことらしい（『兼見卿記』天正一一年六月二〇日条、同年九月二七日条）。当主となった忠興は、羽柴秀吉の統一戦争に従軍する一方、千利休《せんのりきゅう》に弟子入りして茶の湯に励んだり［矢部誠一郎二〇一五］、一門や家臣と演能に興じたりと（『丹後細川能番組』）、公私に充実した様子をみせていく。

ガラシャが味土野から戻り、忠興と復縁を果たしたのは、このような時期であった。ただ、具体的なタイミングはよくわかっていない。先行研究の多くは天正一二年のこととするが、じつはいずれも根拠を明示しておらず、どうもはっきりしないのである。戦前に歌人の大井《おおい》蒼梧《そうご》がまとめたガラシャの伝記『細川忠興夫人』には、同一二年三月五日に「三戸野の幽棲を出でて大阪玉造《たまつくり》越中町なる細川邸に、天下晴れての奥方として入邸」と記されるが、これにも根拠はみえない［大井一九三六］。秀吉が大坂築城をスタートさせたのが同一一年八月とされ、彼女の終焉の地となった大坂玉造の屋敷も同時期に着工されたとみなされるから（『兼見卿記』天正一一年八月三〇日条）、そのあたりを見越しての想定なのであろう。ちなみに、第三章で引用した『本朝武林伝』はガラシャの復帰を光秀滅亡後とし、『明智軍記』は本能寺の変から一年後とする。『綿考輯録』巻九は（彼女からみれば親の敵である）秀吉が忠興にガラシャとの復縁を促したと記すが、具体的な時期は示していない。

大坂玉造の屋敷跡に残る「越中井」（著者撮影）

信頼できる史料が示す帰還時期の下限は、天正一三年五月五日とみられる。根拠は『兼見卿記』同日条である。この記事は、京都の吉田社における神事にあたり、「丹後」から吉田兼見の子息兼治《かねはる》に「帷《とばり》」を贈ってきたが、例年はふたつであるところ、今年はひとつであり、「一国之守護」の振る舞いとしては物足りないこと、またその「女房衆」から「烏賊《いか》」の贈答があったことを述べたものである。いつもと異なる「略」された贈答が兼見の気に障った様子だが、それはともかく「一国之守護」と評されている点を踏まえれば、ここでいう「丹後」は、同一一年半ばに家督を相続し、丹後一国の支配者となっていた忠興を指そう。そうすると「烏賊」を贈ってきた「女房衆」は、ガラシャということになる。かかる解釈が妥当であれば、彼女はこれ以前に帰還して忠興と復縁を果たし、当時は丹後にいたものと考えられる。

いまひとつ決定打に欠ける状況だが、筆者なりに帰還時期を絞り込んでみると、手がかりのひとつは、先ほど触れた天正一一年半ばの忠興の家督相続にみいだされる。忠興が細川家当主の座についたとなれば、正室の不在が取り沙汰されたはずだからである。然るべき後添《のちぞ》いを娶《めと》るのか。そうなると、長男忠隆の立場はどうなるのか。そんなことまで議論されたのかもしれない。すなわち、こうしてガラシャを呼び戻すことが有力な選択肢として浮上し、帰還・復縁に結びついていったという経緯が想定されるのである。

もうひとつの手がかりは、大坂における諸大名の屋敷普請《ふしん》と妻子移住の状況である。先述のように、大坂築城は天正一一年八月に着工するが、ほぼ時を同じくして、細川家をはじめとする諸大名の屋敷普請もスタートしていた。そして、同年後半から翌年にかけてそれが進捗すると、諸大名の中には、新居に妻子を住まわせるものがみられはじめた。早い事例は秀吉の側近であったが、本能寺の変後に与党に組み込まれた面々もそれに続いており、忠興の友人にして熱心なキリシタンでもあった高山右近は、同一一年一二月までに大坂に「甚《はなは》だ立派なる家を築き、其《その》家族と共に此処に住せんと」していた（一五八四年一月二〇日付及び同二〇日付フロイス書簡「日本耶蘇会年報」『大日本史料　第一一編之五』）。秀吉が諸大名の妻子を大坂や京都の聚楽第《じゅらくてい》、伏見（京都市伏見区）に住まわせ、事実上の人質政策としていくのはもう少し後のことだが（『日本史』二―七四、『多聞院日記』天正一七年九月一日条など）、与党となって日が浅い右近などは、立場を勘案して先駆けたのであろう。

では、かかる同僚の動きを目の当たりにした忠興は、どういった対応を考えたのであろうか。同様に秀吉与党となって日が浅く、右近と個人的にも親しかった忠興としては、やはり妻子を大坂に住まわせねばと考えたことであろう。ただ、住むのは正室でなければ服従アピールにならない。すなわち、かかる経緯により、屋敷普請が進捗するにつれ、ガラシャのことが人口にのったはずである。帰還の機運は、こうして高まったのではないだろうか。

忠興を取り巻くこのような状況に加え、ガラシャとの復縁を勧めたという秀吉の政治・軍事的状況も踏まえるならば（天正一一年四月の賤ケ岳《しずがたけ》合戦、同年八月より大坂築城、同一二年三月以降は小牧《こまき》・長久手《ながくて》合戦）、彼女は、天正一一年半ばから同一二年初頭にかけての時期に帰還したとみなされようか。そうなると、隠棲していた期間は一年から一年半ほど、二一歳から二二歳にかけての出来事となる。世を捨てるには、あまりに若すぎる年齢である。

復縁したガラシャの動静とその居所

隠棲生活から解放され、忠興と復縁したガラシャは、その後どのような日々を送ったのであろう。帰還後の動きを示す早い史料は、先ほども引用した『兼見卿記』天正一三年（一五八五）五月五日条である。これをみると、当時丹後にいたとおぼしき彼女は、吉田家に「烏賊」を贈っている。吉田社の神事にかかる忠興の贈答にあわせて贈られており、夫婦そろっての儀礼的な振る舞いは、復縁の事実を周囲に示すものでもあった。

続いて、ガラシャの動静を示す史料は、大坂の石山本願寺《いしやまほんがんじ》門主として織田信長と戦い続けた顕如《けんによ》の晩年の動静を記録する『貝塚御座所日記《かいづかござしよにつき》』の天正一三年一〇月一五日条である。信長との和睦後、同寺を退去した顕如は、紀伊の鷺森《さぎのもり》別院（和歌山県和歌山市）、そして和泉の貝塚御坊《ごぼう》（大阪府貝塚市）に滞在していたが、羽柴秀吉から大坂天満《てんま》に寺地を寄進されると、同年八月末に天満本願寺に移っていた。ここで、細川家の人々と接点が生じたのである。

該当記事によると、顕如の「北御方様（正室、三条公頼の娘）」のもとに、この日「細川越中守女房衆」から鮭や鯛、饅頭などの贈り物が届けられた。使者は、儒学者の清原枝賢の娘にしてガラシャの侍女となっていた清原いと、後に受洗してマリアと名乗った女性である。顕如夫妻の移住に対する祝儀であろう。いとは顕如の正室と（あるいは、顕如本人と）対面し、「御盃（酒）」を賜っている。供の女房や武士も別室で酒を賜ったという。

天正一三年五月時点で丹後にいたとおぼしきガラシャは、右の一件をみる限り、この時までに大坂の玉造屋敷に移っていたと推測される。丹後にいたのであれば、大坂天満にきた顕如の正室に贈答する理由が説明できないからだ。そして、かかる有力者の正室との交流は、彼女がふたたび正室として振る舞いはじめていた様子を示唆する。隠棲の地からの帰還、忠興との復縁は、正室への復帰も意味していた。

なお、帰還後の居所については、その後も時おり動きがみられ、丹後や大坂に固定されていたわけではないようだ。天正一五年後半に完成した京都の聚楽第と、秀吉の隠居の城として着工した伏見城にも、拠点が設けられていくからである（『兼見卿記』天正一五年一二月一八日条、文禄二年一一月一日条など）。少し先どりした内容になるが、参考までに、現時点で把握しえている範囲で動静を追っておこう。

右にみた事例の後、ガラシャは天正一四年七月一四日に細川家と親しい公家の山科言経《やましなときつね》へ侍女のいとを派遣、「カイアワヒ《（鮑）》」を贈答する（『言経卿記』同日条）。これにガラシャ自身も同道していたとみる見解もあるが［大澤二〇一九］、当時彼女は身重であり、可能性は低い。その約三ヶ月後、同年一〇月一一日に三男忠利を生むが、場所は丹後とされる（『綿』一一八）。ただ、丹後滞在はそう長くなく、この後詳述するように、同一五年正月に秀吉が薩摩《さつま》の島津《しまづ》家を討つべく九州出兵の号令をかけ、動員された忠興が二月に出陣する前後には、ガラシャはふたたび大坂玉造の屋敷に戻っていた。同年三月に、大坂天満の教会を訪れ、キリスト教への改宗を決断し、洗礼を受けるのはこの間のことである。

改宗後、ガラシャはしばらく大坂にいたようだが（「一五八七年度日本年報」）、天正一六年四月に秀吉が後陽成《ごようぜい》天皇の聚楽第行幸《ぎょうこう》を予定し、忠興もこれに参加するという関係もあり、同年早々には京都聚楽第の屋敷に移っていた可能性がある。フロイス『日本史』第二部一一〇章に掲載される一五八八年三月三日付オルガンティーノ書簡に、修道士の高井コスメが密かに「都」に赴き、彼女を伝言と手紙で励ました、との一節がみえるのは、その証左である。以後、しばらくよそへの往来は確認されず、『兼見卿記』天正一八年二月五日条と文禄二年（一五九三）二月四日条にみえる吉田兼治の妻（藤孝の娘伊弥）の訪問は、おそらく京都聚楽第の屋敷で迎えたとみられる。

次に動きが生じたとおぼしいのは、秀吉の甥にあたり、後継者と目されていた豊臣秀次《ひでつぐ》の失脚劇、文禄四年七月に起こった「秀次事件」の直後である。これにより、彼の居所でもあった聚楽第は廃され、諸大名とその家族が周辺に住まう必要はなくなった。そうすると、「秀次事件」後のガラシャの居所は大坂ないし伏見のいずれかとなり、田端泰子は前者に移ったとみなす［田端二〇一〇］。しかし筆者は、同四年後半から慶長三年（一五九八）後半、あるいは慶長四年初頭までは、彼女は伏見を居所にしていたと考える。イエズス会宣教師がまとめた「一五九九—一六〇一年、日本諸国記」の第二七章「これら変革の時、大坂で生じたキリシタン夫人（細川）ドナ・ガラシアの悲しむべき死去について」に、「伏見から大坂の市へ移り、彼女が習わしとしていたように祈禱に専念できるように祈禱室と祭壇の修復」を忠興自身が行った、と記されているからである（『イ会日本報告集』Ⅰ期一五）。また、同二年七月二九日、長男忠隆は前田利家の娘千代と結婚するが、その祝言は伏見で行われている（『兼見卿記』同日条）。忠興の家族が同所に留まっていた様子を示唆する事例である。

なお、筆者の説のとおり、京都聚楽第から伏見へ転居していたのであれば、ガラシャは文禄五年閏七月一三日に起きた慶長伏見地震で被災していたと考えられる。それに関連する一次史料はみあたらないが、『綿考輯録』巻一一には「忠興君奥より御《お》立出《たちいで》、女共出る程に、皆々のき候へと仰せられ候て、米田助《すけ》右《え》衛門《もん》を召され、奥方の事、其方江《そのほうへ》渡す間、宜しく相《あい》計《はから》ひ候へと仰せ置かれ、伏見の御城へ一番に御かけ付け成され候」とあり、屋敷の女性に避難を指示し、家臣の米田助右衛門に「奥方」すなわちガラシャを託した忠興が、伏見城の秀吉のもとへ急ぎ参上する様子が伝えられている。

そして、この伏見時代の下限は、遅くとも慶長四年初頭あたりであろう。同三年八月一八日に秀吉が死去した後、同四年正月に豊臣秀頼《ひでより》が大坂城へ転居する頃に、ガラシャも大坂へ移ったと思われる。

動静を追ってみると、復縁後のガラシャは、それなりの頻度で転居・移動しているじゃないか、と思われたかもしれない。ただ、右に示した動静は、豊臣政権が諸大名に課した人質政策の結果でもある。秀吉は「確実な人質」として妻子を大坂の屋敷に住まわせるよう指示しており（『日本史』二―七四）、彼が聚楽第や伏見に移れば、諸大名はそれに従わざるをえなかった。

加えて、ガラシャには大きな重石がのしかかっていた。「謀反人の娘」というレッテルと、嫉妬深いと評された夫の忠興との関係である。本能寺の変後の動静を追う限り、ガラシャには、身内や家中《かちゅう》以外の人物と会った形跡がほぼみられないが、それは彼女の意思によってのことではない。他の男性に妻をみせたくないとの嫉妬心もあったのかもしれないが、やはり「謀反人の娘」というレッテルを嫌ってであろう、忠興は彼女に「極端な幽閉と監禁」を強いていたのである（『日本史』二―一〇六）。前述のごとく、ガラシャは亡父光秀を「敬愛の対象」としており、「落胆したり恥じたりすべきではない」と考えていたが［浅見二〇二〇］、忠興はそうではなかったのだ。ゆえに、ふたりの関係をみていると、居所がどこであろうと、夫婦仲が改善しようと、みずからの意思で出入りする自由をガラシャには与えない、というのが忠興の方針であったように思われる。隠棲の地から戻って復縁を果たし、居所を移すこともあったとはいえ、彼女の行動には、多くの制約がともなっていたのである。

忠興の側室藤の存在

とにもかくにも、右のようなプロセスをへて、ガラシャは隠棲の地から呼び戻され、正室の座に返り咲くこととなった。ただ、この間に細川家の奥向きには、小さからぬ変化が生じていた。忠興が側室を持ちはじめたのである。第二章で少し触れた藤である。

『綿考輯録』巻九によると、藤は荒木村重の家臣郡宗保の娘とされる。荒木家の関係者といえば、天正六年（一五七八）に村重が謀反を起こし、有岡城と尼崎城、花隈《はなくま》城で籠城戦を繰り広げたおりに、荒木家臣の荒木久左衛門が村重の家族や家臣の家族を人質に織田信長と降伏交渉を進め、村重の説得にあたったものの、失敗したため、信長から同七年一二月に一類ことごとく処刑されたことで知られるが［天野二〇一七］、藤はその生き残りであった。

そんな藤を、忠興はいつ、どういう経緯でみそめたのか。『綿考輯録』巻九の続きを読むと、乳母に隠され、命びろいした彼女は、光秀の娘が村重の子息新五郎に嫁いでいた縁があってのことであろう、同じく光秀の娘が嫁いでいた津田信澄の側に仕えた。しかし、長く留まらなかったらしく、新五郎と離縁後に明智秀満に嫁いだ光秀の娘のもとへ移り、やがてガラシャのところにやってきたという。ここまでの経緯は、天正七年末から同一〇年前半にかけてのことと思われる。

かくして細川家の奥向きに入ってきた藤を、忠興は側室とした。その時期ははっきりしないが、先述のように天正一三年に娘の古保が生まれているから、遅くとも同一二年までのことであろう。忠興・ガラシャ夫妻の次男興秋が同一二年に生まれたのであれば、古保は、ガラシャの妊娠中に藤が宿した子どもの可能性もある。さらに想像をたくましくするならば、藤は、ガラシャ不在の間に忠興からみいだされ、結ばれたのかもしれない。本能寺の変の余波によりガラシャを離縁せざるをえなくなった忠興が、その隙間を埋めるべく別の女性を求めた可能性は否定できないのである。

いささか飛躍した話をしているが、そこまで筆者が考えてしまうのは、ガラシャが藤の存在をよく思っていなかった様子がみうけられるからである。そのことを端的に示すのは、関ヶ原合戦の発端となった慶長五年（一六〇〇）七月一七日の西軍挙兵にあたり、人質となるように求められてそれを拒み、最期を迎えることを選択したガラシャが、侍女の「しも《（霜）》」と「おく」に伝えた「遺言」である（宇土家譜「忠興公譜」）。ここで彼女は、「謂わざる事なから、藤をお上へ御直し成されぬやうに」と述べたとされる。ガラシャは、自身の死後に藤が「お上」すなわち正室の地位をえること、「御直し」という表現からすれば、正室の地位に返り咲くことを懸念しており、それは「遺言」にするほどみとめ難いものだったのである。

なお、右に示した「遺言」は、侍女だった霜が正保《しょうほう》五年（一六四八）にしたためたガラシャ最期の場面の回顧録「霜女覚書《しもじょおぼえがき》」には掲載されていない（「細川家文書」『ガラシャ』図録一〇三）。ただ、それを聞かされた霜の出自や立場ははっきりしている。藤の件に関する「遺言」の信ぴょう性を、筆者はみとめてよいように思う。

このように、ガラシャの「遺言」からは、彼女が藤の存在をよく思っていなかったこと、さらにはその藤が、一時的に忠興の正室ないしそれに準ずる地位についていた可能性があることを読み取ることができる。とりわけ興味深いのは後者の話であり、もし事実であったとすれば、その時期は、ガラシャが離縁され、隠棲していた間のことと考えられよう。当時の慣習的に、忠興クラスの人物が側室を持つこと自体は不自然ではなく、正室不在の状況であればなおさらという気もするが、後に、ガラシャが複数の側室を持つ忠興への不満を宣教師にぶちまけているように（『日本史』二―一一一）、夫の女性関係に彼女は強いわだかまりを抱いていた。そして、その最初期の人物にして代表的な苦悩のもとが、ガラシャの隠棲の頃より忠興の寵愛《ちようあい》をえていたとおぼしき藤なのである。

入信のきっかけ

忠興と復縁し、ふたたび正室として振る舞いはじめたガラシャだが、気の持ちようは以前とずいぶん異なっていたようである。天正一五年（一五八七）一〇月にしたためられた宣教師プレネスティーノ書簡によると、味土野から帰還した彼女は、「霊魂の不滅を否定する日本の宗派」に属していたがゆえに、「深い憂愁に閉ざされ、ほとんど現世を顧みようとしなかった」り、「夫人の態度は、夫を心配させることが少なくなかったので、二人はしばしば言い争っていた」りと、ネガティブな状況に陥っていた。背景には、本能寺の変後に貼られた「謀反人の娘」というレッテルと、それにより科されたとおぼしき行動の制限、さらには、前項で述べたような忠興の女性問題などがあったとみられる。

そうした中、ガラシャはキリスト教と出会う。その初見記事は、先ほどあげたプレネスティーノ書簡である。これによると、彼女がキリスト教の話を耳にしたのは、意外にも忠興の口からであった。彼の友人高山右近が語っていた「神とキリスト教に関する様々な話」を伝え聞いたガラシャは、「問題をより根本的に知ることを切望するようになった」のである。

ちなみに、最後まで信仰を捨てなかった熱心な信者として名高い右近であるが、浅見雅一によると、ガラシャは彼のことをあまりよく思っていなかった可能性があるという［浅見二〇二〇］。なぜなら、本能寺の変のおりに右近は光秀に味方しなかったばかりか、羽柴勢の一員となり、率先して明智勢を追い込んでいった人物だからである。そうであったとすれば、「深い憂愁に閉ざされ」ていたガラシャが、その右近が説くキリスト教の教えに関心を抱き、内面的には救われていくという経緯は、いささか皮肉めいたものとなる。

もっとも、それ以前に、ガラシャが他のルートからキリスト教の話を聞いていた可能性もある。織田信長は布教を許しており、京都には「南蛮寺《なんばんじ》」も建てられていた。宣教師や信者の姿、彼らが示す宗教的な振る舞いを目にする機会は少なからずあったはずである。

右近の話を聞く前に、ガラシャに教えを語っていた可能性を有する人物としては、先ほど少し登場した侍女の清原いとがあげられる。彼女は儒学の家であった清原家に生まれ育った女性で、父の清原枝賢は永禄六年（一五六三）に受洗していた（『日本史』一―三七）。いとは「伊与局」と称される女官となり、少なくとも元亀二年（一五七一）から天正元年にかけて朝廷に出仕しているので、キリシタンとなった父とどれほど接点を有していたのかわからないが、枝賢が信心深かったのであれば、改宗後に示されたであろう祈りの様子などは目撃していたはずである。宮廷を退いたいとが、ガラシャに仕えはじめたのは本能寺の変後とおぼしいが、彼女は有力者への使者を務めたり、後にガラシャの洗礼を司《つかさど》るなど、侍女の中でも重要な働きをみせていく［日向二〇一九］。そんないとが、キリシタンの父のことを語っていたとすれば、彼女がガラシャのキリスト教への関心を高める役割を果たしていた可能性も想定されよう。

家譜類が伝える入信の経緯

キリスト教との出会いについては、宇土家譜「忠興公譜」や『綿考輯録』巻一三にも記事がみえる。ただ、先ほど紹介したプレネスティーノ書簡とは、きっかけを与えた人物や時期が異なっている。家譜類は、ガラシャが日頃から縁起をかつぎ、合戦の時も武具や衣装を気にし、日を選んで物事が進まない様子をみかねた「加々山少右衛門か母」が、考えが変わればと思い、キリスト教を勧めた。後日忠興は（キリスト教は）「無用」だと言ったが、ガラシャはすでに話を聞き込んでおり承知しなかった、と伝えるのである。

それでは、この「加々山少右衛門か母」は何者なのであろう。息子の「加々山少右衛門」の人物像から迫ってみると、彼の名前は加賀山興良《かがやまおきよし》。ディエゴ加賀山隼人《はやと》と言えば、ご存知の方がおられるかもしれない。摂津の伊丹《いたみ》一族出身で、もともとの名前は久良《ひさよし》といい、若い頃は源八郎《げんぱちろう》と称した。高山右近に仕え、家族みな熱心なキリシタンであり、ディエゴという洗礼名を持っていた。後に隼人正《はやとのかみ》の官途を得たことから、加賀山隼人の通称で知られている。

その隼人は、天正一五年（一五八七）に右近が秀吉から棄教《ききょう》を迫られ、それを拒絶して領地を失うと、浪人することとなった。それで向かったのは、奥州会津（福島県会津若松市）の大名に封じられていた蒲生氏郷《がもううじさと》のもとである。彼は右近の影響でキリシタンとなった人物であった。ただ、蒲生家中の時代は長くはなく、氏郷が文禄四年（一五九五）二月に亡くなると、隼人はふたたび浪人となり、今度は忠興に仕えた。「三十余歳」で丹後にきたというから（『綿』一六）、同年後半以降の仕官であろう。細川家中での働きは目覚ましかったらしく、新参者にもかかわらず、関ヶ原合戦の後、豊前《ぶぜん》小倉《こくら》藩時代には六千石の知行をえたとされる。忠興の一字を賜り、興良と改めたのもこの頃である。

ただ、江戸幕府がキリスト教への締め付けを強くしていくと、熱心な信者であった隼人の立場は危うくなった。信仰の容認から禁教・弾圧へと舵を切っていった忠興の棄教指示に、彼は従わず、元和《げんな》五年（一六一九）に処刑されたのである［高田二〇二〇］。なお、最後まで信仰を捨てなかった隼人の死は、カトリック教会から殉教《じゅんきょう》とみなされ、二〇〇八年に「福《ふく》者《しゃ》」の列に加えられている。

このように熱心なキリシタンであった隼人の細川家中への加入により、彼の母もまた、細川家の奥向きに出入りするようになったのであろう。そして、そこでガラシャと出会い、先述した家譜類の記事のごとくキリスト教への入信を勧めたと考えられる。そうだとすれば、両者の関係は、隼人が細川家に仕官したとおぼしき文禄四年後半以降を出発点としよう。

もっとも、隼人の母とガラシャの出会いをこういう経緯で考えると、先述したプレネスティーノ書簡をはじめとするイエズス会関係史料が示す入信時期との間に齟齬《そご》が生じてしまう。それらは天正一五年に入信したと記しているからだ。こうした齟齬に注目し、イエズス会関係史料の記事を疑問視する研究もみられるが〔吉村二〇一三〕、宣教師の手紙と細川家の家譜類が示す入信時期・経緯の相違は、はたしてどのように捉えればよいのであろうか。次に、かかる食い違いを克服するためのふたつの解釈を提示してみよう。

ひとつは、隼人の母が、子息の遍歴とは関係なく細川家の奥向きに出入りするようになった、という可能性である。そうだとすれば、イエズス会関係史料が示すガラシャの入信時期との齟齬は解消できるかもしれない。ただ、その蓋然性は低い。右近が大名であった時期に、その家臣の母が他家の奥向きに出仕する状況は考えにくい。右近が改易《かいえき》された後にしても、子息の隼人は蒲生家に出仕するから、状況は変わらない。母と子が別の大名家に出入りするのは、やはり不自然である。

もうひとつは、隼人が文禄四年後半以降に細川家中に加わり、彼の母が同家の奥向きに出入りしはじめた頃まで、ガラシャが入信事実を忠興に対して、すなわち細川家中に対してオープンにしていなかった可能性である。意外に思われるかもしれないが、ヨハネス・ラウレスによれば、天正一五年に洗礼を受けた彼女が夫に信仰を告白したのは、八年後の文禄四年のことという［ラウレス一九五七］。つまり、隼人とその母が出仕しはじめた頃まで、ガラシャの信仰は伏せられたままだった、と考えられるのである。

かかる状況を踏まえると、導き出される経緯は次のようになろう。すなわち、ガラシャが入信の事実を伏せていたために、それを知らない新参者の隼人の母は、彼女の様子をみかねてキリスト教を勧めた。その後にガラシャが信仰を告白したため、細川家中の多くは、隼人の母の影響によりキリシタンになったのだろうとみなすこととなり、家譜類にはそうした言説がそのまま記述されることとなった。このように考えれば、イエズス会関係史料と家譜類の間に生じる時間差は、なんとか問題なく理解することができるのである。

隼人の母がガラシャにキリスト教を勧めたという話は、おそらく事実であろう。ところが、彼女は隼人の母に勧められるまでもなく、すでにキリシタンとなっていたのである。

ガラシャの教会訪問

入信時期の問題をこのように整理したところで、いよいよ話の本丸に足を踏み入れよう。ガラシャはどういった経緯で教会を訪れ、説教を聞き、キリスト教への入信を決意するに至ったのであろうか。

先ほど述べたように、ガラシャは高山右近が語ったキリスト教の話を忠興から聞かされ、それへの関心を高めていた。ただ、「謀反人の娘」となった彼女には、行動に制約がともなっていた。より詳しく教えを知るためには、教会を訪れ、宣教師や修道士に会うより他ないのだが、忠興の目が光っている限り、それを実現するのは難しかった。

ところが、教会訪問のチャンスは意外な形で訪れた。豊臣秀吉の意に従わず、九州で勢力を拡大し続けていた薩摩の島津家を討つべく、天正一五年（一五八七）正月に号令された九州出兵に、忠興も従軍することになったのだ。同年正月一日付秀吉朱印状によると（「大阪城天守閣所蔵文書」『豊臣秀吉文書集』二〇七二）、彼の出陣予定は二月五日。九州までの道のりを考えると、長期不在が予測される展開である（実際に、帰国は同年七月以降となった）。この好機をガラシャは逃さず、二月二一日、ついに教会訪問を実現するのである。

南蛮屏風・右隻（部分、南蛮文化館蔵）
画面上部に南蛮寺（教会）に祈りを捧げる人々が描かれており、当時の様子がしのばれる。

それでは、ガラシャはどのようにして屋敷（この時にいたのは大坂玉造の屋敷）を抜け出し、教会を訪れたのであろう。この点については、一五八七年一〇月のプレネスティーノ書簡とフロイス執筆「一五八七年度日本年報」、フロイス『日本史』第二部一〇六章に記録がある。書きぶりはそれぞれ少し異なっているが、本書では、もっとも情報を集約したうえで記されたであろうフロイス『日本史』をおもに用い、その経緯を整理したい。

忠興の出陣を好機とみたガラシャは、侍女たちに教会訪問の希望を打ち明け、屋敷を監視する「番人」に気づかれることなく教会に行く方法はないかと相談した。時期は春の彼岸にあたり、人々が寺を訪れる季節であった。そこで侍女たちは、六、七人でガラシャを立ったまま取り囲んで姿を隠し、連れ出すことを申し出た。なお、プレネスティーノ書簡では、抜け出すための伏線として病気を装ったとされる。出口には、「番人」がいる開かれた門ではなく、人通りの少ない門が選ばれた。屋敷に残る者には、「番人」や、外部から使者がきた場合の対応について注意が与えられた。

侍女たちの協力により屋敷を抜け出したガラシャは、大川《おおかわ》（旧淀川本流）の左岸、北に天満を一望できる高台（現在の大阪市中央区石町一丁目・島町一丁目あたり）に所在したとされる教会にたどり着いた［中村二〇一八］。ちょうど復活祭（十字架にかけられて死去したイエス・キリストが、三日目に復活したことを記念するキリスト教の祝日）にあたる日の、正午過ぎのこととされる。到着した彼女は「一枚の救世主の新しい肖像」に喜び、美しく飾られた建物や荘厳な祭壇を目にした後、訪問の旨を伝えた。

この時教会には、イエズス会のスペイン人宣教師グレゴリオ・デ・セスペデスがいた。しかし、彼はガラシャの「切実な求道心と豊富な宗教知識をいち早く認めたため」、対応を「説教係り」の日本人修道士高井コスメに任せた［郭二〇二〇］。そのコスメがたまたま不在であったため、彼女は別室でその帰りを待つこととなった。そこは「関白が思い立って我らの修道院にくつろぎに来るようなことがある場合に備えて」設けられた一室だったという。随行した侍女たちの接し方や本人の振る舞いから、ガラシャの身分低からぬ様子を察したセスペデスは、どういう人なのか尋ねたが、侍女たちはその正体を最後まで明かさなかった。教会を訪れたガラシャにキリスト教の教えを直接説いたのは、「説教係り」のコスメである。天文二一年（一五五二）に京都で生まれた彼は、一七歳の時に受洗して以来、長くイエズス会の布教活動に携わってきた修道士であった［郭二〇二〇］。

外出先から戻ったそのコスメは、すぐガラシャに説教をはじめた。彼女は帰宅のタイムリミットを気にしつつ、話を聞いては、浮かび上がってくる質問を次々と投げかけた。禅宗を深く学んでいたこともあり、ガラシャはキリスト教の説く「霊魂の不滅性、その他の問題について」「禅宗の幾多の権威をふりかざして反論を試み」、大いに議論したという。その知識と理解力は、ベテラン修道士のコスメをして「自分は過去一八年の間、これほど明晰かつ果敢な判断ができる日本の女性と話したことはなかった」と感嘆させるほどであった。

説教と議論の時間を終え、最後にガラシャは、この場で洗礼を受けたいと訴えた。コスメとのやり取りに納得したことに加え（『日本史』二―一〇六は、「福音の教え」と「禅宗との間にある相違を見届け」たためとする）、自身がこの場をふたたび訪れることは難しいとの予測にもとづいての懇願である。教理書を借り、説教の残りはそれで学ぶから、なんとか洗礼を、というのである。しかし、セスペデスはそれを許さなかった。彼女が何者か名乗らなかったため、秀吉の側室かもしれないという疑念が生じていたからである。

けっきょく、ガラシャの不在に気づいた屋敷の者が迎えにきて、彼女は洗礼を受けぬまま教会を後にすることとなった。受洗まで進みたかったという、少し残念な思いもあったかもしれない。ただ、その後の彼女の行動をみる限り、心中には、キリスト教の教えを学べたという興奮と満足感があふれていたように思われる。結論を先どりするならば、夫の留守中に敢行された最初で最後の教会訪問は、ガラシャの人生の大きな転機となるのである。

なお、セスペデスは、若者のひとりにガラシャ一行の後を追わせ、身分を明かさなかった彼女が何者であったのかを確認しようとした。そして、一行が細川家の屋敷に入ったことを知ったという。この事実を聞き、関係者はたいへん喜んだとプレネスティーノ書簡は記している。なんと、あの貴婦人は大名夫人、忠興公の奥方様であったか！　教会でドッと歓声があがった様子が思い浮かぶ。

教会訪問後の様子と信仰生活

説教をすべて聞き終えないまま帰宅せざるをえなかったガラシャは、キリスト教をより深く学びたい、洗礼を受けたいという強い思いを、翌日からさっそく行動に移していく。その様子を、引き続きフロイス『日本史』第二部一〇六章にみていこう。

ガラシャはまず、侍女の中心的存在であった清原いとを教会に派遣した。前日のお礼と疑問点を伝えるとともに、彼女に説教を受けさせ、伝達役にして、教理を学ぶ手段とするためである。「知識においても（奥方）にほとんど劣りはしなかった」といういとは、すべての説教を聞き終えると、先んじて洗礼を受けることとなった。清原マリアの誕生である。

いとが受洗した後、ガラシャは、あの手この手を用いて他の侍女も外出させ、教会で説教を受けさせては、その内容やミサの様子などを語らせた。侍女たちも最終的には洗礼を受け、その数は一六人を数えたという。この間に奥向きの日常生活はキリスト教的なものとなっていき、ガラシャは侍女たちに手づくりの「コンタツ」すなわちロザリオで祈らせ、自身も日々ロザリオの祈りを捧げた。教会暦（典礼暦、キリスト教で用いられる暦）も伝えられていたのであろう、彼女は日曜日や祭日の針仕事を禁じたと、フロイスは記している。

キリスト教の学びを深めるために、ガラシャは宣教師に「霊的な書物」を送って欲しい、とも願い出ている。キリスト教のテキストといえば、こんにちの私たちは、すぐに聖書を思い浮かべる。ただ、当時それを持っていたのは聖職者だけ。教会から送られてきたのは、『ジェルソンの書』とも呼ばれたキリスト教の教理書『コンテムツス・ムンジ』であった。郭南燕によれば、同書は「一五世紀にヨーロッパで出版された信心書」であり、ガラシャにはその写本が送られてきたとされる。内容は「キリストに学び、謙遜と善徳をもって神の恵み Graca をいただくことを教えるもの」だという。彼女はそれをいたく気に入り、侍女と講読会を催し、読み進めた。わからない部分は書きとめ、教会に問い合わせた。ローマ字もマスターしたらしく、多くの和訳ローマ字の「霊的な書物」を達筆で「日本語に翻訳」したと伝えられる。ここでいう「翻訳」とは、ローマ字で書かれた文面をひらがなと漢字混じりのそれに変換する作業と考えられている〔郭二〇二〇〕。

また、ガラシャは、屋敷で自分たちを監視する「番人」を入信させることも企てている。その者がキリシタンとなれば、もろもろの事情をわきまえ、教会とのやり取りがスムーズになると考えたためである。彼女は「番人」を呼び、亡父（明智光秀）のために「法事」を行うつもりだが、キリスト教では、それは「無益で笑うべき行事だと考えている」と聞く。あなたは説教を受けたいといって教会を訪れ、「キリシタンの法事と私たちのそれとはどのように違うのか訊ねてみていただきたい」と述べ、教会に行かせた。そこにはガラシャから内々にこの策略を伝えられていたヴィセンテ修道士が待ち受けており、彼の説教を受けた「番人」は「キリシタンになりたい気持ちになって」帰り、法事の不要性を報告したという。光秀の法事というから、命日の六月一四日前後の出来事であろう。

教会訪問の後、ガラシャの日々は、このように大きく変化していた。そうした信仰生活は彼女の内面にも影響を与えたとおぼしく、「鬱《うつ》病に悩まされ、時には一日中室内に閉じ籠って外出せず、自分の子供の顔さえみようとせぬことさえあった」のが、「（顔に）喜びを湛《たた》え、家人に対しても快活さを示し」「怒りやすかったのが忍耐強く、かつ人格者となり、気位が高かったのが謙虚で温順」になったという。

秀吉のキリスト教政策の転換

ただ、ガラシャがまわりをうまく巻き込みつつ信仰生活を確立し、学びと信仰を深めていたとしても、洗礼という面では、彼女だけが取り残された格好となっていた。それを望む気持ちは高まるばかりである。フロイス『日本史』第二部一〇六章には、「皮の籠の中に身を潜め、非常に高い（ところにある）邸から綱で塀越しに（外へ）吊り下げさせようと決心した。（そしてそのようにすれば）下で領民の百姓がその籠を背負って教会に（運んで）行き、そこで（自分は）洗礼を受けた後、ふたたび同じ仕方で邸に戻してもらえると考えた」と、冒険心あふれるガラシャの作戦まで記されている。「皮の籠」は、背負子《しょいこ》式の葛籠《つづら》のようなものであろうか。むろん、まわりの反対により、かかるアクロバティックな脱出劇が実行されることはなかった。無理をして彼女の身に何かあっては、侍女や「番人」に類が及ぶ可能性があるからだ。「デウスの御前では、（御身は）ほとんどもはやキリシタンと同様に評価されている」という宣教師の言葉に、彼女はしぶしぶ納得するより他なかった。

ところが、そうした状況は、豊臣秀吉が突如下した政治的判断により一変する。九州出兵を終え、大坂に戻る途中で筑前箱崎《はこざき》（福岡市東区）に立ち寄ったおり、彼は天正一五年（一五八七）六月一九日付でいわゆる「伴天連《ばてれん》追放令」を発布し、キリスト教政策の転換を打ち出したのである（「松浦文書」『豊臣秀吉文書集』二二四四）。

これにともない、ガラシャの洗礼は急がれることとなり、結果的に彼女とキリスト教関係者はその実現にこぎつける。ただ、そうした話は次項に譲り、ここではまず「伴天連追放令」の発布経緯と内容を押さえたい。というのも、その後の彼女の信仰のあり方を理解するうえで、豊臣政権のキリスト教政策は重要な前提条件となるからである。

もともと秀吉は、海外貿易のうまみもあり、イエズス会と親密な関係を保っていた。天正一四年には、布教を認める文書も出している［清水紘一二〇〇二］。しかし、キリシタン大名により人々が強制的に改宗させられたという地域もあり、そこでは神社仏閣及び仏神像の破壊行為がしばしば行われていた。大村純忠《おおむらすみただ》のように、自身の所領（肥前《ひぜん》長崎）をイエズス会に寄進する者も出ている。かかるキリスト教の布教実態は、既存の宗教勢力との摩擦を起こす要因であり、家臣や領民の強制改宗が事実であれば、かつての一向一揆のような軍事的脅威になりかねない。しかも、布教の背景には、領土的野心を有するポルトガルやスペインの存在も見え隠れしている〔平川二〇一八〕。九州に赴き、そういう様子を目の当たりにしたこともあり、秀吉の心中には、キリスト教政策を転換する理由が積みあがっていた。

かかる状況を踏まえ、まず秀吉は天正一五年六月一八日付でキリスト教の信仰及び布教について触れた「覚」をまとめた（「三方会合記録」『豊臣秀吉文書集』二二四三）。その背景には、「覚」の原文書が伝来している伊勢神宮からの働きかけ、キリスト教との軋轢《あつれき》があったのではないか、と神田千里は指摘する。伊勢信仰が強かった肥前の有馬《ありま》や大村といった地域でキリスト教が広まった結果、緊張感が高まっていたというのである〔神田二〇一一〕。

それでは、秀吉はこの「覚」でどういったことに触れようとしていたのか。長くなるが、一部を除いて条文ごとに大意を示してみよう。

①キリシタンになるか否かは、その者の心次第であること。
②秀吉は給人《きゆうにん》（服属する大名や武士）に領地を遣わしているが、その知行地に所在する「寺庵」や百姓を無理やりキリシタンにするのは、理不尽でけしからんこと。
③秀吉が国・郡で給人に知行を与えているのは、あくまで当座のことである。給人は替わっても、百姓は変わらない。理不尽なことがあれば給人の不法行為とみなすので、その点を承知すべきこと。

④（領地が）二百町、二、三千貫より上の者がキリシタンになる場合は、秀吉の御意をえること。

⑤右の知行よりも下の者は、キリスト教も仏教諸宗派と同じあつかいとなり、心次第にしてよいこと。

⑥キリシタンは、一向宗門徒よりも（互いに）申し合わせるものだと聞いている。その一向宗門徒は国・郡に寺内をたて、年貢を払わず、加賀から国主の富樫《とがし》家を追い出し、坊主に知行させ、さらに越前まで占領し、天下の支障となったのは明白であること。

⑦国・郡または在所（に所領）を有する大名が、家中の者にキリスト教を押しつけるのは、一向宗門徒が（年貢を納める必要のない）寺内をたてることよりもよくなく、天下の障《さわ》りとなる。その判断ができない者は、成敗すること。

⑧下々がこころざし次第にキリシタンになるのは、仏教諸宗派と同様にかまわないこと。

⑨中国や南蛮、朝鮮に日本人を人身売買するのはけしからんこと。

⑩牛馬を売買し、殺して食べるのはけしからんこと。

ここで秀吉は、二百町ないし二、三千貫以上の領地を有する上位身分の者についてはは条件付きで（④）、それ以下の者については「心次第」でのキリスト教への改宗をみとめている

（①・⑤・⑧）。ただ、その一方、領民や家臣の強制改宗（②・⑦）、「寺庵」への理不尽（②）、ポルトガル商人もかかわっていた日本人の人身売買（⑨）、外国人の商人や宣教師が持ち込んだ牛馬を食べる習慣（⑩）はみとめないこととした。貿易の振興を慮りつつ、強制改宗の禁止により一向衆門徒のごとき軍事集団が形成される可能性を排除し、「寺庵」存続にも目配りして既存の宗教勢力の働きかけにも対応した格好をとる。秀吉なりの落としどころが、この「覚」の文面であった。

それと⑨・⑩については、桃山時代の日欧関係史を研究する岡美穂子の指摘が参考になる。岡によると、牛馬を食べる習慣（⑩）への対応は「農耕に必要な資材としての需要」を踏まえての、人身売買（⑨）については「人道的な問題ではなく、九州平定の後に必要となる、戦国期に放置された田畑を開墾《かいこん》する労働力、さらには海外での戦争に必要な兵力の需要を見越してのこと」という［岡二〇一四］。たしかに、当時の九州の地域社会は相次ぐ戦乱と略奪により疲弊しきっており、再生産の現場は労働力不足となっていた［藤木二〇〇二］。この時点で中国大陸侵攻「唐入《からい》り」を構想し、その拠点としての九州の重要性を認識していた秀吉としては、⑨・⑩の二点も看過しえない重要な政治・軍事的課題であったのだろう。

「覚」の翌日に出された「伴天連追放令」

ところが、「覚」がまとめられた翌日、天正一五年（一五八七）六月一九日付で豊臣秀吉は「伴天連追放令」を示し、キリスト教に対するより強い態度を表明した。以下に大意を示す五ヶ条が出されたのである。

○日本は神国であるのに、キリシタンの国から「邪法」を授けているのはけしからんこと。

○国・郡の者を（「邪法」に）近づけ、信者とし、神社仏閣を破壊させているのは前代未聞である。秀吉が国・郡で給人に知行を与えているのは、当座のことである。豊臣政権の法度《はっと》を守り、秀吉の意向を得て諸事を進めるべきところ、下々が乱れているのはけしからんこと。

○伴天連（宣教師）はその知恵の法をもって、心ざし次第に信者を持つようになればと思っていたところ、右のごとく日本の仏法を破っており、けしからん。ゆえに、伴天連を日本に滞在させておくことはできない。今日から二〇日以内に帰国すべきこと。

○黒船は貿易のために来航しているので、各別である。変わらず諸事売買してよいこと。

○仏法を妨げない者であれば、誰であってもキリシタン国から往来して問題ないこと。

ここで秀吉は、突如キリスト教を「邪法」だと批判し、宣教師追放を決している。どうしてかかる転換が起こったのか。経緯を確認すると、きっかけは「覚」が起草された天正一五年六月一八日の夜に生じたらしい。秀吉は側近の医師「徳運」（第二章で登場した施薬院全宗）たちと食事をしていた時に、キリシタン大名の「司祭に服従するさま」や神仏への敵視、領民の強制改宗が話題となり、怒りはじめた。そして、右のごとく振る舞う人物の筆頭というべき高山右近に対し、寺社の破壊行為や強制改宗に対する批判と棄教すべき旨を伝え、応じなければ追放するとした。しかし、右近の返答は棄教を拒絶する、というものであった（「一五八七年度日本年報」）。

これを聞いた秀吉は激怒し、右近の追放を決したうえで、今度はイエズス会日本準管区長ガスパル・コエリョに次の三ヶ条を詰問《きつもん》し、回答を求めた（一五八七年一〇月二日付フロイス書簡［神田二〇一二］）。

a日本で強制改宗を進めるのはなぜか。宣教師は九州に移動させよ。日本で他の宗教者が行う手法以外を用いた布教（各地を巡回・訪問しながらの布教）は禁止する。

b牛馬を食するのはなぜか。
cポルトガル人、シャム人、カンボジア人が奴隷として海外に連れ出した日本人を帰還させよ。

秀吉は、これらを改めなければ、宣教師に国外退去を求め、南蛮船の来航も望まない旨を伝えた。この三ヶ条は、先ほど示した「覚」でいえば、a＝②・⑦、b＝⑩、c＝⑨に対応する。「覚」にも含まれていた布教の問題点を、怒った彼はコエリョに投げかけたのである。もっとも、ここで秀吉は、宣教師の国外退去費用や売られた日本人の買い戻し費用は負担すると、一定の譲歩を示してもいる。これを受け、コエリョはどのように答えたのか。

aについて。宣教師は「誰に対しても強制的にキリシタンとしたことは決してない」。「(人々は)それら(偶像)の中に救いはないと理解したから、彼らの偶像を崇めることを放棄した」のである。また、「聴衆を探して歩くという以外の方法では」「我らの説く法を広めることはできない」。

bについて。「牛が食されていることは事実」だが、本国では「何らの損失を国民全体にも農業にも及ぼすことなく」習慣となっており、そのために「大量の家畜が飼育されている」。「しかし、五畿内に散在している者や他の僻地にいる者たちは、既に通常の日本食で過ごすことに馴染《なじ》んでおり、牛は食しない」し、「これ以上決して食さないことは極めて容易である」。

cについて。この件は「パードレが、厳罰をもってこれの禁止を命じていただくべく、閣下（秀吉）に恩恵を請うために用意していた覚書のなかにある主要な点」であり、「人間が売買される」のは「日本人のように非常に優秀で名誉ある人々には大きな不名誉であり、恥辱」である。宣教師たちは「（奴隷の）販売と奴隷への転落とを防ぐために力を尽くして、相当な苦労に耐えて」おり、「必要なことは、外国人の船が貿易のためにやって来る港を領有している殿たちや領主たちによる厳重な禁止がなされること」である。なお、「現在日本にいる船舶に買い取られた者たちについては」「パードレがポルトガル人に通告する」。

これを読んで、返答として充分だと思われるだろうか。aについては、強制改宗と仏神像破壊の教唆《きようさ》を否定しているものの、日本の宗教者と同様の布教方法を採用せよ、という指示は拒絶している。宣教師とすれば譲れないところであろうが、秀吉の意向に背《そむ》く返答になっている。bについては、食習慣の違いや畜産の有無などを理由としてあげつつも、この点は受け入れている。cについては、人身売買に反対する自分たちのスタンスと、それを抑制すべく努めてきた事実を説明し、「港を領有している殿たちや領主たちによる厳重な禁止」という解決方法を提案する。ただ、海外に売られた日本人の帰還については言及がなく、示されたのは、まだ国内に留まっている船舶の日本人奴隷への対処のみである。買い戻し費用まで負担するといった秀吉からすれば、納得いくものではなかった。

右のごとき返事を受けた秀吉は、キリシタンが「神仏の寺院を破壊」する理由をいま一度問いただした。しかし、やはり満足する回答は得られなかった。こうしたやり取りをへて、彼は「天下人としての裁定に従わなかったことへの制裁」として、イエズス会に「伴天連追放令」を出したのだ、と神田は述べている［神田二〇一二］。

もっとも、「邪法」といいはしたものの、秀吉自身は、キリスト教を禁じ、信者を弾圧する考えを持っていたわけではなかった。彼の興味は貿易にあり、既存の宗教勢力との摩擦と、強制改宗により軍事的脅威が生じる可能性の排除、再生産の資源に影響を及ぼしかねない習慣や人的資源の海外流出という問題が解消できれば、さしあたり充分であった。そのことは、彼がこの後もキリスト教を黙認し、「二十六聖人殉教事件《にじゅうろくせいじん》」を除くと積極的に弾圧を進めなかった事実からも明らかである。

ただ、そうした真意とは裏腹に、わずか二日の間に打ち出された宣教師の国外退去命令は、秀吉と友好的な関係を保っていると考えていたキリスト教関係者にとっては寝耳に水であった。さらに、秀吉が右近に棄教を促し、領地を召し上げたという知らせも、大きな衝撃を与えたことであろう。禁教とされたわけではないにしても、この調子では、やがて弾圧へと舵が切られるのではないか。さまざまな想像が、彼らを襲ったはずである。

天正一五年六月一九日に筑前箱崎で発せられた「伴天連追放令」の情報が大坂まで届いたのは、おそらくその数日後、六月下旬のことであろう。大坂のキリスト教関係者も、驚きを隠せなかったはずだ。国外退去となれば、宣教師たちは、すぐに上方《かみがた》を立たねばならない。そうなると、改宗して間もないガラシャの信仰は、洗礼は、どうなってしまうのか。

ガラシャの洗礼

洗礼とは、キリスト教における七つの秘跡のひとつである。それまでの罪を洗い清め、神の子として新たな生命を授かる（すなわち、キリスト教の信者となる）儀式として行われる。ではなぜ、信者はこれを受ける必要があるのか。それは十字架にかけられた後に復活したイエス・キリストが、弟子たちに「あなた方は行って、すべての国の人々を弟子にしなさい。父と子と聖霊の名に入れる洗礼を授け、わたしがあなた方に命じたことを、すべて守るよう

救世主像（東京大学総合図書館蔵）
ガラシャのもとにも、このような肖像があったのだろうか。

に教えなさい」と命じたからである（『聖書』「マタイによる福音書」二八章一六節）。

ガラシャが「伴天連追放令」をどういう経緯で耳にしたのかは、はっきりしない。教会を通じてなのか、細川家を通じてなのか。あるいは、双方から聞いたのかもしれない。ともあれ、フロイス『日本史』第二部一〇六章によると、それを知った彼女は涙に暮れる一方、さらに信仰に熱を入れることとなった。豊臣秀吉がキリシタンを迫害したり、宣教師を殺害するようなことがあれば、他の女性信者とともにその場に駆けつけ、殉教する覚悟を決めたうえで、「悪魔的な迫害」を受ける宣教師に使者を送り、深い同情を示しつつ、（国外退去のために）西国《さいごく》へ出発する前に洗礼を授けて欲しい、と懇願したのである。

ガラシャの申し出を受け、殉教の覚悟も知るに至った教会サイドは、上方を離れる前に、

彼女に洗礼を授けることを決断する。これを決めたのは、「上」の教区長として京都周辺の
布教を取り仕切っていた宣教師オルガンティーノである。先行研究でも指摘されているよう
に、結果的に「伴天連追放令」が彼女の洗礼を早めたのである。
ただ、先ほど述べたように、洗礼は七つの秘跡のひとつで、普通は司祭が授けるものであ
る。しかしながら、彼女に教会再訪を求めるのは無理であり、逆に彼らが訪ねるのも難しい。
そこでオルガンティーノは、なんらかの理由で司祭が対象者のもとを訪問できない場合、信
者を代理人とする「代洗《だいせん》」により、ガラシャに洗礼を授けることとした。担い手に選ばれた
のは、侍女の筆頭格で、受洗してマリアの洗礼名を与えられていた清原いとである。

かかる方針決定を受け、教会を訪れたいとには、「聖なる洗礼の授け方と言葉、ならびに
（受洗者としての）役目に必要な条件や心構え」が伝えられた。手続きを学んだいとは、大坂
玉造の屋敷の一角、ガラシャが「不断の祈りをささげている（聖なる）肖像の前」で、「跪《ひざまず》き、
両手を挙げ」る彼女に洗礼を授けた。キリシタンとしてのガラシャの誕生である。天正一五
年（一五八七）六月末から七月にかけての頃、二五歳の時のことであった。

洗礼名の選定経緯

ところで、なぜ彼女の洗礼名は「ガラシャ」になったのであろうか。一般的に洗礼名は、どちらかといえばキリスト教の聖人にちなんで付されることが多い。「神の恵み」に通じるラテン語グラティアに由来するこの洗礼名もみかけなくはないが、多い方ではない。そういうこともあり、洗礼名の選定経緯も、これまで研究の論点となってきた。

もし、大坂玉造の屋敷の女性で最初にガラシャが洗礼を受けていたのであれば、洗礼名はマリアになったのではないかと思う。いうまでもなく、マリアはイエス・キリストの母である。キリスト教においてもっとも重要な女性であり、母性の象徴ともみなされている。有力大名の正室の洗礼名として、これより相応しいものはあるまい。

ただ、先述のごとく、マリアの洗礼名は清原いとに与えられた。そして、ガラシャの侍女が次々と洗礼を受ける中、その他のおもな女性信者向けの洗礼名も、あらかた出尽くしていたことであろう。むろん、洗礼名が重なることはよくある話であり、それに頓着しなければ、色々な選択肢があったはずである。しかし、ガラシャは洗礼名の重複をよしとしなかったらしい。信仰の場にあっては、彼女とその侍女たちは互いを洗礼名で呼び合っていたとされるからである［安二〇一四］。洗礼名の意味あいをよく理解していないにもかかわらず、江戸時代に編纂された細川家の家譜類が、いずれも「伽羅奢」という「号」をいちいち明記しているのは、彼女が邸内でまさにそう呼ばれていたからなのであろう。

では、なぜ彼女の洗礼名は「ガラシャ」になったのか。安廷苑は、実名の「玉（珠）」にちなみ、賜物《たまもの》＝神の恩寵《おんちょう》という連想から、それを意味する「ガラシャ」の洗礼名をオルガンティーノが授けたと主張する［安二〇一四］。そうだとすると、この洗礼名は、宣教師との交流の中で生まれた取って置きのもの、まさに賜物ということができる。

しかしながら、近年これには別の見方も提示されている。郭南燕いわく、「ガラシャ」の洗礼名は、当時のキリシタンが唱えていた「主の祈り」や「アヴェ・マリアの祈り」に織り込まれた「恵み」の言葉に由来する、というのである。そのことは、当時の「アヴェ・マリアの祈り」といまのそれを比較することで、よく理解される。天正一八年に印刷されたという「おらしょ断簡」の「あべまりあ」を次に引用し、確認してみよう［尾原二〇〇五］。

（当時の祈り）

がら《（Graça 恩寵、恵み）》　さみち《（満ち）》〱玉ふまりあに、御れい《（礼）》をなし奉る、御主は御身と共に御座ます、によにん《（女人）》の中にをひてべねぢいた《（Benedita 祝福されて）》にてわたら《（渡）》せ玉ふ、又御たいない《（胎内）》の御実にて御座ますぜずゝ《(Jesus イエズス)》はべねぢと《(Benedito 祝福されて)》にて御座ます、でうす《(Deus 神)》の御母さんたまりあ《(Santa Maria 聖マリア)》、今も、我等がさいご《(最期)》にも、我等悪人の為に頼み給へ、あめん、

（現在の祈り）
アヴェ・マリア、恵みに満ちた方、主はあなたとともにおられます。あなたは女のうちで祝福され、御胎内の御子イエスも祝福されています。神の母聖マリア、私たち罪人のために、いまも、死を迎える時も、お祈りください。アーメン。

「アヴェ・マリアの祈り」の中で、マリアは「がらさみち〳〵玉ふ（恵みに満ちた方）」と評される。つまり、「恵み」＝「がらさ」＝「ガラシャ」に満ちたマリアということになり、そうすると「ガラシャ」の洗礼名はマリアにちなんだものともいえる。そして、その言葉を毎日のように唱えていたガラシャが、そんなニュアンスも踏まえ、みずからの洗礼名に選んだのではないか、というのが郭の主張なのである。そのように考えれば、マリアにも通じる「ガラシャ」という洗礼名は、それはそれで細川家の正室に相応しいものということができる。

以上、洗礼名にまつわる議論を紹介してきた。いずれの説明にも一理あると思うが、洗礼

名が決まっていくプロセスを想像しやすいのは、郭の見解であろうか。ただ、ガラシャがみずから洗礼名を決したのか否かについては、現状では確定できない。安がいうように、入信して日の浅い彼女が、例の少ない「ガラシャ」という洗礼名を提案しえたのか、という問題もある［安二〇二二］。したがって、いまはオルガンティーノが洗礼名を決していた可能性を少し高くみておきたい。

ちなみに、その点を示唆するのは、ガラシャの侍女のいとが洗礼したおりに、マリアの洗礼名が与えられている事実である。というのも、キリスト教のこと、その中における聖母マリアのことを理解したうえで、いと本人が洗礼名を決めたのであれば、いずれ洗礼を授かると予測される主人を差し置き、マリアの洗礼名をあえて希望するだろうか、との疑問が生じるからである。つまり、少なくともいとの洗礼名は、そういった細川家の奥向きの秩序に意を介さない教会サイドの主導で決められたのではないだろうか。そうなると、他の侍女の洗礼名、そしてガラシャのそれも、同様の流れで決められた可能性が出てくるのである。

もっとも、仮に教会サイドで決められていたとしても、「ガラシャ」という洗礼名に、郭が主張するようなニュアンスが込められていた可能性はあろう。側室藤への対抗心をあらわにしていたように、ガラシャには正室としてのプライドがあった。「代洗」の実施にあたっては、そういう彼女の立場を慮り、マリアにも通じる洗礼名を選択肢として用意する必要が生じた。それが、「ガラシャ」だったのかもしれないのである。

伏せられた改宗の事実

「伴天連追放令」にともなう混乱の中、ガラシャの洗礼を手配した宣教師は、間もなく国外退去のため、また「伴天連追放令」後の様子を見守るために西国へと旅立った。それと入れ替わるように、大坂には豊臣秀吉が、そして忠興が戻ってくる。ガラシャの心もちは、九州に向かう夫を見送った数ヶ月前とはまったく異なっていたとおぼしいが、そんな彼女は忠興とどのように向き合ったのであろう。留守中の出来事を包み隠さず夫に語り、改宗の件もちゃんと伝えたのであろうか。

結論をいえば、答えは否である。忠興がガラシャの改宗をまもなく知り、棄教を迫ったとみなす研究者もいる［田端二〇一〇、クレインス二〇二〇］。しかし、それは誤解ではないだろうか。フロイス『日本史』第二部一一〇章に引用された一五八八年三月三日付オルガンティーノ書簡によれば、九州から戻った忠興は、彼女に「少なからず変化がある」と、気づきはしたらしい。ただ、この時点で「彼女がキリシタンであることは、まだ発覚して」いない。「一五九六年度日本年報」にも「（少なくとも前年まで）彼女は、自分の改宗のことを少しも打ち明けていなかった」と明記されるように（『イ会日本報告集』Ⅰ期九）、ガラシャが改宗し、洗礼まで受けた事実を、忠興は確認・確信できたわけではなかった。いぶかしむ声も聞こえてきそうだが、とにかく記録ではそうなっている。「妻がキリシタンであろうとは強く推測していたには相違ないが、忠興はなお妻の改宗について確かに知ることができなかった」と述べたヨハネス・ラウレスの指摘が、おそらく妥当なのであろう。先述したように、ラウレスによれば、夫に対する信仰告白は、改宗から八年後の文禄四年（一五九五）のこととされるのである［ラウレス一九五七、同一九五八］。

それではなぜ、ガラシャは改宗の件を黙っていたのであろう。理由のひとつは、キリスト教に対する忠興の態度にあった。「伴天連追放令」の発布と高山右近に対する棄教指示、領地召し上げの影響であろう、九州から戻った忠興は、キリスト教に強い敵意を抱くようになっていた。「一五八七年度日本年報」には、宣教師セスペデス（ガラシャが教会を訪問した際に会った人物）に宛てた（一五八七年）一一月七日付ガラシャ消息が引用されるが、それによると忠興は、受洗していた乳母のひとりの過失を見《み》咎《とが》め、その鼻と耳をそぎ、ふたりの侍女の髪を切り、キリシタンであるという理由で三人とも追い出したという。そんな振る舞いをみせる夫に、ガラシャが真実を伝えればどうなるだろう。彼は間違いなく棄教を迫るであろうし、教会訪問や受洗に関与した侍女はもとより、大坂玉造の屋敷で留守を預かっていたいへん気性の激しい男であった。

面々はただでは済まない。家譜類が伝えるエピソード、宣教師の証言をみる限り、忠興はたいへん気性の激しい男であった。

逆にいえば、ガラシャの教会訪問や改宗経緯を知る侍女や「番人」が、この件を忠興に注進することもなかったようである。その点について、先ほど示した一五八八年三月三日付オルガンティーノ書簡は、「家臣はすべて彼女が手懐《てなず》けた人々で、よい待遇を受け、褒賞《ほうしょう》されているために彼女には大いなる愛情を抱いている」がゆえに、「秘密にしている」のだと記す。侍女や「番人」にしても、我が身と関係者を守るためには、黙っておくより仕方がなかった。自身周辺から露見する可能性に、ガラシャはしっかりふたをしていたのである。

吐露された離婚願望

ガラシャは忠興不在の間にキリシタンになったうえ、夫の帰国後も改宗事実を黙っていた。さらに、彼女は夫との関係を清算せんとする動きまでみせていく。別れて「西国」へ行きたい、宣教師にそう相談しはじめたのである。

いまのところ、そうした願望が直接的に示される一番早い史料は、フロイス『日本史』第二部一一一章に引用された一五八八年五月六日付オルガンティーノ書簡である。その該当部分を次にかかげる。

過日私《（オルガンテイーノ）》は、ガラシャがその夫と別れる決意を固めていることで深い憂愁に閉ざされている彼女のすべての側近者を慰めました。と申しますのは、（彼女の夫は）彼女の前で、邸内にすでに五人の側女《そばめ》を囲っているのです。彼女にとってそれは大きい誘惑ですし、なおそのうえ、（夫は）彼女を苦しめ、ひどく虐待しております。悪魔もまた（彼女に対して）、夫からこれほどの大いなる妨害を受け、不安のうちに置かれては（霊魂の）救いを全《まっと》うすることはおぼつかないと見せかけて、彼女に攻撃を加えています。この件について彼女は一通の便りを寄こしましたが、私には大いに苦悩（の種）です。ところで私が特に案じていますのは、彼女が司祭たちがいる西国地方に行きたいと述べている点です。

もともと京都で布教活動にかかわっていた宣教師オルガンティーノは、「伴天連追放令」後にいったん西国へ逃れたものの、この書簡を記した時期にはふたたび「都」に戻っていた。それはガラシャの「霊魂に対する愛情」のためだと、書簡の中で彼は述べている。そして、そのとおりに、オルガンティーノは最期の時を迎えるまでガラシャの信仰を支えていく。

さて、引用したオルガンティーノ書簡でまず注目されるのは、忠興が「五人の側女を囲っている」という記事である。ガラシャの苦悩の原因のひとつは、夫が少なからぬ側室を、しかも自身が住まう邸内に囲っていた点にあった。前にも述べたように、忠興クラスの大名が側室を持つこと自体は珍しくない。しかし、側室藤に対して複雑な感情を有していたように、ガラシャは夫の女性関係にナーバスであった。また、キリスト教は一夫多妻制をみとめていない。それをガラシャが知っていたのであれば、この点も夫への不満を募らせる一因になっていたのかもしれない。

オルガンティーノいわく、多くの側室を抱えていた女性関係に加え、忠興の「虐待」（これはガラシャ本人への物理的な暴力というより、「伴天連追放令」後に顕著となったキリスト教に対する彼の敵対的な振る舞い、敬意を払わない態度、侍女たちへの理不尽な仕打ちを指していっているのであろう）により、ガラシャは「夫からこれほどの大いなる妨害を受け、不安のうちに置かれては（霊魂の）救いを全うすることはおぼつかないと見せかけ」る「悪魔」の「攻撃」にもさらされていた。いささか持って回ったいいぶりだが、ようするに、こんな夫と一緒では信仰生活がまっとうできない、という別れへの誘いである。ゆえに彼女は「夫と別れる決意を固め」、宣教師が逃れていた「西国」へ行きたいといい出し、オルガンティーノに「一通の便り」をよこしたのである。洗礼を受けて一年も経たない時期の出来事であった。

当時のガラシャの心境については、わずかながら日本側の史料にも手がかりがみられる。

それは、彼女が味土野で隠棲生活を送った時に随行した侍女小侍従に送った手紙である。その後、小侍従は細川家臣の松本因幡に嫁ぎ、人妻となっていた。ただ、ガラシャは「艱難」をともにした小侍従を信頼し続けており、たびたび手紙を送っては近況を報告しあっている。いま彼女の手紙は一七通伝来するとされ、その大半は小侍従に宛てたものである。そして、年未詳四月二五日付まつもと《（松本）》のないき《（内儀）》宛の一通に「やかて〳〵ふんこへくたり候ハん」という一文がみえるのである（「国立国会図書館所蔵文書」『ガラシャ』図録六五）。これを天正一六年（一五八八）の発給とみてよいのであれば、前掲のオルガンティーノ書簡にみえる「西国」について、ガラシャは、かつてキリスト教布教の一大拠点となっていた豊後《ぶんご》を想定していたこととなる（もっとも、この一通を、忠興が豊後に所領をえた慶長五年〈一六〇〇〉のものとみなす見解もある［大沼二〇一八］。ただ、行動を制約されていたガラシャが、豊後の飛び地に下向する理由は立ち難く、筆者はこの説を採らない）。

さて、こうしたガラシャの願望を耳にし、オルガンティーノは頭を抱えた。「伴天連追放令」を受け、多くの宣教師が九州へ下り、様子をうかがっている最中に、キリシタンになった大名夫人が「西国」へ下向すれば、さらなる弾圧強化を招きかねないからだ。加えて、安廷苑が詳細に検討しているように、離婚するといっても忠興とガラシャの関係性は「教会が離婚を容認する条件には合致しなかった」。キリスト教は離婚を原則的にみとめておらず、例外規定的にも彼女のケースはマッチしない［安二〇一四］。教義的にも、ガラシャの願望に応えるのは困難であった。

けっきょく、ガラシャはオルガンティーノの説得を受け入れ、離婚と「西国」下向を思い留まる。彼は「使者や書状」によって彼女と連絡を取り、「大変な苦労」でなんとか説き伏せたのである。いわく、ガラシャの心に響いたのは「一つの十字架から逃れる者は、いつも他のより大きい十字架を見出す」との「ジェルソン（の書）の一節」であった。先述したように、『コンテムツス・ムンジ』の名で知られるこの書物は、教会から送られたガラシャ愛読書であった。

いま、筆者の手もとにある『こてむつすむん地』原田版の版本写真をみると、該当するのは巻第二第九「たつとき御くるすのごかうのみちの事」である。ガラシャの心もちに迫るべく、次に掲げてみよう（傍線は筆者による）。

ないせう《内証》にぶじ《無事》をもち、ふたい《不退》のかふり《冠》を得たくおもう《思う》にをひては、いつくにてもかんにん《堪忍》をたい《帯》すべき事かんよう《肝要》也、心よきのぞミ《望み》をもて、くるす《クルス、十字架》をかたげゆくにをひてハ、すなハち、なんぢ《汝》のねかふきハめ《願う極め》に、くるす《クルス》よりみちびかる《導かる》べし、（中略）一ツのくるす《クルス》をすつる《捨てる》にをひてハ、又べつ《別》のくるす《クルス》にあふべき事うたがひ《疑い》なし、もしくハ、

　　なおまさりて《（勝りて）》をもきくるす《（重きクルス）》もあるべし、

直接関係するのは、傍線部である。ここでいう「くるす《（十字架）》」は、苦難を意味する。簡単に解釈すれば、心よき望みをもって「十字架」を担いで行くならば、それはあなたの願うところへ導いていくだろう。ただ、「十字架」から逃れるものは、また別の「十字架」をみいだすこととなり、それはより重いものとなるかもしれない。前後の文脈をあわせて読むと、苦難から逃れず、受け止めて忍耐するよう、ここでは説かれている。

オルガンティーノから愛読書の一節を示され、ガラシャは気づかされるところがあったのだろう。最終的に彼女は困難な状況を受け入れ、耐えていくことを選択したのである。

家族の洗礼

教会を訪れて以来、熱心なキリシタンとなったガラシャは、「伴天連追放令」にともなう迫害を懸念しながらも、それを恐れずに殉教する覚悟を示し、忠興との離婚願望を持つまでに至った。しかし、侍女たちの献身と、宣教師オルガンティーノとのやり取りにより、彼女は苦難の〝十字架〟を受け入れる決心をする。細川家の屋敷に留まり、その中で信仰生活を送っていくのである。

もっとも、「伴天連追放令」の後、豊臣秀吉が本格的な禁教や弾圧に踏み込まず、貿易振興の必要上、宣教師の日本滞在を黙認したこともあり、ガラシャを取り巻く状況は徐々に改善されもした。ここでは家族との関係を中心に、その様子をみておきたい。

まず注目されるのは、彼女がキリシタンとして生きた一三年の間に、家族や親類に受洗する者がみられた点である。最初に洗礼を受けたのは、次男興秋である。先ほども紹介した「一五八七年度日本年報」に引用される（天正一五年、一五八七）一一月七日付セスペデス宛ガラシャ消息によれば、その経緯は次のとおりであった。

天正一五年後半のある時期、「二番目の子」（興秋）は重い病にかかり、回復が見込めない状況となった。このまま亡くなれば、空しく「霊魂」が失われてしまう。これを憂いたガラシャは侍女の清原いとと相談し、神に委ねることこそ最善と考え、死に瀕した息子を密かに受洗させることとした。いとが洗礼役を担い、ジョアンという洗礼名が授けられた。そうしたところ、「二番目の子」は回復に向かい、ガラシャがセスペデス宛の手紙をしたためた一一月七日の時点で、健康を取り戻していた。一五八七年一〇月のプレネスティーノ書簡によれば、息子の回復を「夫」はたいへん喜んだという（むろん、忠興は息子の受洗事実を知らない）。

次に受洗が確認されるのは、忠興のふたつ違いの弟興元である。第二章で少し触れたように、彼は兄と一緒に天正五年の大和片岡城攻めに参加し、ともに名をあげた武勇の人であり、当時は忠興を支える有力武将となっていた。一五九五年二月一四日付オルガンティーノ書簡によれば（『イ会日本報告集』Ⅰ期六）、その興元は教理について長く「熟考」のうえ、一五九四年の夏に改宗を決意、洗礼を受けた。そして、それを重臣たちに伝えたところ、五人が一緒に改宗したという。

では、興元の改宗に、ガラシャはなんらかのかかわりを有していたのであろうか。オルガンティーノ書簡に、その様子はうかがえない。興元を導いたのは、高山右近であった。

しかし、興元とガラシャは、彼がキリシタンとなる直前に大きな縁で結ばれていた。次男興秋が、興元の養子になったのである。興元は、養子縁組の時点で興秋がすでに洗礼を受けているとは思っておらず、その事実を知り、たいへん喜んだという。この点についてヨハネス・ラウレスは、「一五九五年九月三〇日付の未発表の一書翰」を紹介し、「この子（興秋）が眠りながら幾度もゼズス・マリアの聖名を呼びかけたと、子供たちを育てた人が自分に話してくれた」ことで、興元は養子とその実母がキリシタンであろうことに気づき、「キリシタンの教を詳しく研究する動機を与えることになった」と推測している［ラウレス一九五七］。なお、彼がキリシタンになったと聞いたガラシャも、当然それを喜んだ。忠興に信仰をみとめてもらうための、力強い味方をえた心もちであったろうと推測される。

続いて洗礼を受けたのは、次女多羅と考えられる。先述したように、多羅は天正一六年の生まれで、改宗後にガラシャが生んだ唯一の子どもであり、受洗は文禄四年(一五九五)一〇月以前とみられている。一五九五年一〇月二〇日付のフロイス執筆「一五九五年度日本年報」に、これ以前にガラシャが二人の子供に洗礼を授けたと記されているのだが(『イ会日本報告集』I期七)、彼女が生んだ五人の子どもの内、長男忠隆と三男忠利は受洗が確認されないこと、次男興秋は天正一五年後半の受洗が知られること、長女の長は慶長二年(一五九七)の受洗が判明することから、消去法的にもうひとりは多羅だと指摘されるのである[ラウレス一九五七]。もし、それが事実であれば、多羅は七歳で受洗したことになる。ただ、この後に引用するイエズス会日本副管区長ペドゥロ・ゴーメスの一五九七年の書簡は、多羅と長女の長はこの年(慶長二年)に一緒に洗礼を受けた、とも記している(『同』I期二)。このあたり、いまひとつ経緯がはっきりしない。

ガラシャの子どもで、もうひとりキリシタンになったのは、天正一〇年に生まれたとおぼしき長女の長である。次女多羅より改宗が遅いことに(あるいは、同時になったことに)疑問を持たれる方がおられるかもしれないが、その背景には、彼女が同一八年一二月二六日に秀吉の家臣前野長康の子息景定に嫁いだことがあろう(『兼見卿記』同日条)。前野家は同一三年八月に但馬出石《たじまいずし》(兵庫県豊岡市)に所領を与えられた、細川領国に隣接する大名である[谷口二〇一〇］。文禄四年七月に持ち上がった秀次の謀反疑惑（いわゆる「秀次事件」）に長康・景定父子が巻き込まれ、切腹するまで、長は同家の人間となっていたのである。

「秀次事件」の後、連座を免れた長は実家に戻ったようだ。ただ、キリスト教に改宗するまでに少し間があったらしい。先ほど示したゴーメス書簡によれば、彼女は受洗するまで「父親の誤謬《ごびゅう》を頑固に守って生活し続けていた」という。生まれてまもなく本能寺の変が起こり、ガラシャが一時的に離縁されていたこともあり、忠興の言いつけに忠実であったのだろうか。しかし、そんな長も、実家に戻って二年ほどたった慶長二年に、ある夢をみて改宗を決意する。少し長いが、経緯を記したゴーメス書簡を次に引用しよう。

> 夢の中において母親（ガラシャ）は、妹をいっしょに連れて殉教に赴くために、真っ直ぐに立って心を奮い起こしている姿を見せるために、彼女（長）に現れた。それゆえ彼女自身もまた、このような輝かしい勝利の仲間に加わろうと思い立った。しかし母親は彼女を仲間にすることを認めないで、こう言った。その栄光は異教徒のものではなく、ただキリシタンだけのものである、と。彼女は母親に拒絶されると非常な悲しみに掩《おお》われ涙と啜り泣きにくれてしまい、洗礼を授かりたい望みと、母親といっしょに（殉教の）血を流したい望みをもちながら夜を明かしてしまった。それから彼女はただちに（母親のも

と（へ）行き、熱心にこう願った。自分に洗礼への道を整えて下されるように、と。

かくして長は「この上ない喜びのうちに洗礼を授かった」。かかる証言の信ぴょう性を確かめる術はないが、母の熱心な信仰ぶりに感化されたであろうことは、否定し難いところである。長から申し出を受け、ガラシャは喜びもひとしおであったに違いない。

忠興との関係の変化

改宗した直後のガラシャは布教に意欲をみせ、丹後に教会を建て、住民を入信させる決意を宣教師に語っている（『日本史』二―一〇六）。彼女の熱烈な信仰心を示す興味深い逸話だが、豊臣秀吉が出した「伴天連追放令」の影響により、それは叶いがたい夢となった。そればかりか、彼女自身の信仰さえ、大っぴらにできない状況になっていた。

しかし、そうした中で送られたガラシャの信仰生活は、侍女や屋敷の「番人」、子どもたちを感化するものであった。加えて、文禄三年（一五九四）には、高山右近の誘いにより義理の弟興元が改宗するという思いがけない出来事も起こった。「謀反人の娘」というレッテルを貼られ、正室として復帰した後も思うように振る舞えない状況にありながら、周囲に信者が増えていくことにより、彼女の心もちはずいぶん改善していたことであろう。

ただ、ガラシャにとって逃れられない〝十字架〟であり続けていたのは、夫の忠興との関係であった。前に述べたように、そもそもガラシャは、本能寺の変後に細川家が光秀に与しなかったことに不満を持っており、亡父を「敬愛の対象」とする彼女と忠興のスタンスは異なっていた。そうした思いに加え、忠興のキリスト教に対する敵対的な態度、多くの側室を抱えるという女性関係が重なったことで、ガラシャは離婚願望を抱くまでに至る。それから逃れようと「西国」下向を望んだことは、先述のとおりである。しかし、宣教師オルガンティーノの説得を受け、ガラシャは苦難を受け止めることを決意する。

その一方、オルガンティーノは、もろもろの思いを昇華させたうえで、「救霊（について）知識が得られるよう夫君を導く努力」に励むことを、すなわち忠興を感化することを彼女に期待していた（『日本史』二─一〇六）。それでは、その後ガラシャは、忠興とどのような関係を築いていたのであろうか。

先述のごとく、キリスト教に敵対的な態度をみせる忠興に、ガラシャは改宗の事実をしばらく伝えなかった。忠興はというと、天正一八年（一五九〇）に関東の北条《ほうじょう》攻めに参陣し、同二〇年から文禄二年にかけては文禄の役に動員されたうえ、領国の丹後との往来もあり、聚楽第や伏見の屋敷を留守にすることが増えていた。こういった事情ゆえに、キリスト教をめぐる夫婦関係に変化が生じるまでには、少し時間を要したようである。

イエズス会宣教師の記録をみる限り、一五九五年(文禄四年)までに忠興はキリスト教への理解を示しはじめたようである。その背景には、先述した弟興元の改宗と、ガラシャによる「種々の談話」があったとみられる。宣教師の期待どおり、彼女は夫に「福音」を説きはじめたのである(「一五九五年度年報」)。たびたび紹介しているように、ヨハネス・ラウレスは彼女が忠興に信仰告白したのは洗礼を受けて八年後の、文禄四年のこととするが、的を射た指摘だと思う。忠興は妻の話に耳を傾けたらしく、最終的に「夫は彼女がキリシタンであることを非常に喜ん」だという(「一五九九―一六〇一年、日本諸国記」第二七章)。ガラシャが洗礼を受けた頃の彼は、キリスト教に対して強い敵愾心《てきがいしん》を抱いていたのだが、そうした態度はやがて変化していったのである。

忠興にみられたかかる変化は、弟興元の改宗やガラシャが語った「福音」を背景とするものであろうが、もう少し視野を広げると、キリスト教に対する秀吉の姿勢の軟化も少なからず影響してのことと思われる。天正一五年六月に出された「伴天連追放令」により、宣教師は国外へ退去するよう求められ、京都や大坂の教会は破壊された。右近は棄教を拒絶して改易され、他のキリシタン大名も棄教を迫られている。しかし、教会関係者やキリシタン大名のすべてがそれに従ったわけではなく、宣教師オルガンティーノのように、密かに京都へ舞

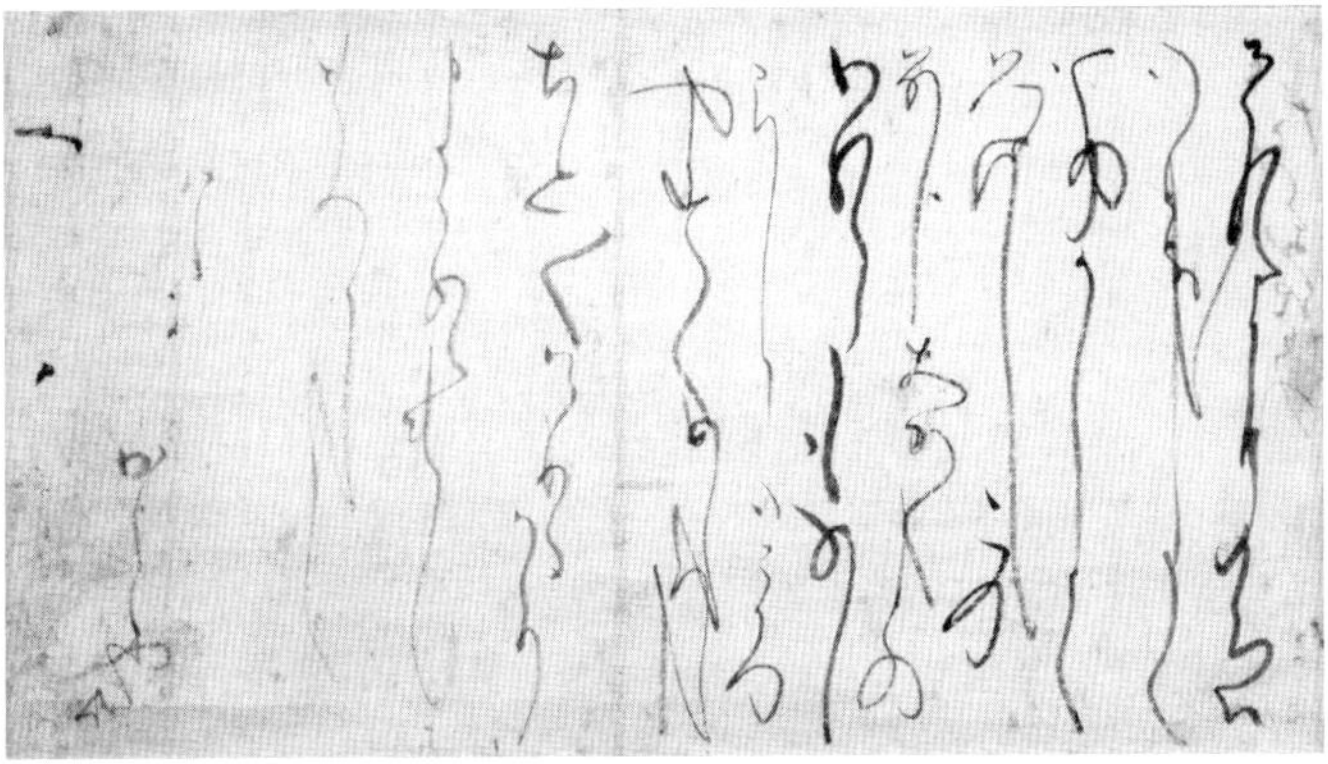

細川忠興宛ガラシャ消息（東京国立博物館蔵／Image: TNM Image Archives）

い戻った者もいた。改宗者の数は回復の様相をみせ［清水有子二〇一〇］、織田信長の孫秀信や前田玄以の子息茂勝《しげかつ》、そして興元など、有力者の改宗も相次いだ。改易された右近も上方に戻り、ふたたび布教に尽力している。こうした状況を秀吉は知っており、宣教師も知られていることはわかっていたが、彼はそれをとくだん咎めなかった。けっきょく秀吉は、イエズス会の宣教師が介在していたポルトガルとの貿易を優先するために、布教を黙認したのである。かかる「伴天連追放令」後の状況変化を、当然ながら忠興も承知していたはずである。

忠興がガラシャの信仰をみとめ、また彼自身もキリスト教に理解を示しはじめたことにより、本能寺の変をきっかけに大きく揺らぎ、理解しあえなくなっていた夫婦関係は、ようやく改善するに至った。教会を再訪したり、宣教師と面会したりする機会が最後まで設けられていないことが象徴するように、不自由な状況がなくなったわけではなさそうだが、そうであったとしても、関係の改善から最期を迎えるまでのこの数年間が、彼女の生涯でもっとも心の落ち着きをえた日々ではなかったかと筆者は思う。前にガラシャ消息のことに触れたが、その中には忠興の体調を気づかうものや（「国立国会図書館所蔵文書」『ガラシャ』図録七二）、「からしや」と署名された忠興宛消息も存在する。後者は自身の息災を知らせる簡単な近況報告だが、差出《さしだし》をあえて洗礼名で記しているところに、信仰告白後の夫婦の良好な関係性が象徴される。

しかし、苦難の末にようやく迎えた最良の日々は、長くは続かなかった。慶長三年（一五九八）八月の秀吉死去にともない生じた豊臣政権の権力闘争により、世情は風雲急を告げ、細川家も否応なくそれに巻き込まれていくからである。

第五章　関ヶ原合戦前夜に訪れたガラシャの最期

「秀次事件」と細川家

慶長三年(一五九八)八月の豊臣秀吉死去にともない起こった権力闘争の末、同五年七月一七日に徳川家康打倒を目指す西軍諸将が挙兵したおり、彼らから人質となるよう迫られたガラシャはそれを拒み、大坂玉造の屋敷で最期を迎える。外岡慎一郎が指摘するように、彼女はまさに「関ヶ原合戦の最初の戦死者」となったのであり[外岡二〇一八]、その最期には、一大名夫人のそれに留まらない大きな政治的意味があった。本章では、そうした政治的観点を念頭に置きつつ、彼女が最期を迎えた経緯と影響をみていく。

本題に入る前に、本能寺の変以降、政治・軍事の主導権を握り続けてきた秀吉が、一五九〇年代にみせたふたつの処断劇「秀次事件」と「二十六聖人殉教事件」を取り上げる。いずれも晩年を迎えた彼の、いささか硬直した政治姿勢を示すものだが、ガラシャとの関係でいえば、前者は細川家の存亡に、後者はキリスト教弾圧と殉教に発展しかねないものであった。そして、万一のおりにはどのような最期を迎えるべきかという問題を、彼女に考えるきっかけを与えた事件でもある。

まず「秀次事件」を取り上げる。文禄四年(一五九五)七月に起こったこの事件は、豊臣家の後継者と目されていた関白豊臣秀次と秀吉の関係悪化により、高野山へ移った（あるいは移された）秀次がまもなく切腹、子息や妻妾は京都の三条河原《さんじようがわら》で処刑され、主要な家臣も切腹して果てた、というものである。秀次が切腹し、その関係者に厳しい処分が下されたのは、彼に謀反の疑いがあったため、というのが豊臣政権の公式見解であった。ただ、秀次の切腹は自身の潔白を主張するためとも指摘され〔矢部健太郎二〇一六〕、真相ははっきりしない。いずれにせよ、同二年に生まれた秀吉の実子秀頼の存在が事件に影響を与えたのは間違いない。秀頼の出生と成長にともない、豊臣家の後継者と目されていた秀次との関係の整理が政治的課題として浮上するのは、時間の問題であったからだ。

「秀次事件」と細川家は、どのようにかかわっていたのか。接点はふたつある。ひとつは、細川忠興・ガラシャ夫妻の長女の長が嫁いだ前野景定とその父長康が、秀次に仕えていた点である。長康は早くから秀吉に仕えた古参の家臣だが、文禄の役に参陣後は秀次の「後見役」となっていた〔谷口二〇一〇〕。「秀次事件」の余波は彼らにも及び、前野父子は切腹する。その結果、前野家と婚姻関係にあった忠興にも、疑いのまなざしが向けられたのである。

もうひとつの接点は、忠興と秀次の直接的な関係である。右に示した前野家との婚姻関係などもあって両者は近しかったのか、事件当時、忠興は秀次から「金子《きんす》百枚」を「借用」していたのである（『兼見卿記』文禄四年七月二一日条）。借金の背景には、伏見城普請や文禄の役にともなう支出増加があったのだろうか。ともあれ、謀反計画の関係者を処断する奉行衆からすれば、多額の金銭を融通されている忠興はまさに嫌疑対象者のひとりであった。

江戸時代に編纂された二次史料であるが、細川家の筆頭家老松井家の家譜『松井家先祖由来附』巻一には、松井康之がこの件に深くかかわっていた関係で、ことの経緯が詳細に記されている。同書によれば、「秀次事件」により、忠興は伏見の屋敷で「閉門」となった。処分の行方は予断を許さず、奉行衆の石田三成・増田《ました》長盛《ながもり》・長束《なつか》正家《まさいえ》らは「切腹」を促す文書を送ろうとしている。前田玄以から密かにそう伝えられた忠興は、三成の讒言《ざんげん》により切腹を言い渡されたならば、一戦に及んで三成への鬱憤を晴らし、伏見を「黒土」にして死ぬと息巻いたという。しかし、そこは康之が諫め、思い直した忠興は、覚悟を決めて秀吉に弁明を試みた。「黄金」は「拝領」ではなく「借用」であり、秀次に「一味」していない、と。秀吉が出した赦免の条件は、「黄金」返納と、前野家に嫁いでいた長の提出であった。これを受け、筆頭家老の康之は金策に奔走、前田《まえだ》利家《としいえ》には断られたものの、徳川家康《とくがわいえやす》から融通してもらい、返納資金の確保になんとか成功する。なお、松井家伝来の品々を所蔵する松井文庫には、残暑の中で進められた右の融通交渉のおり、汗を流す康之に家康が与えたという「御扇子」がいまも伝来している。

かくして忠興は、秀吉に「黄金」返納を果たした。ただ、長を差し出すことは拒んでいる。

殺害される恐れがあるからだという。そういう姿勢に利家や家康は懸念を示していたが、秀吉は長の助命をみとめ、忠興を赦免した。いわく、「信長の事ありし時、明智に与せされハ、まして金子なと秀次か遣わすとも、悪徒に加るへき様なし（忠興は本能寺の変のおりも明智に味方しなかったのだから、秀次が金子を遣わしても悪徒に加わるはずがない）」との理由であった（『綿』一一）。『兼見卿記』文禄四年七月二一日条によると、忠興が返納にあがったおり、秀吉は機嫌がよかったらしく、「金子百枚」を受け取らずそのまま下賜《かし》している。忠興、本当に危ないところであった。

さて、かかる経緯をたどった「秀次事件」は、ガラシャとどのようにかかわり、また、どういった影響を与えたのであろう。かかわりの面で指摘されるのは、忠興が家臣米田助右衛門を京都聚楽第の屋敷に遣わし、伏見からの一報次第で「御前様・御子様」を殺害し、屋形に火をかけ、自身は切腹せよ、と述べる場面が『松井家先祖由来附』巻一にみえ、万一の場合にはガラシャを殺害するよう指示していた点である。このことは宣教師フロイスがしたためた「一五九六年度日本年報」にも「夫は、（彼に）危険が迫った時は、彼女自身もその後に続いて自殺するようにと命じた」とみえ、複数の史料により裏づけられる。こういう忠興の考えをガラシャは理解しており、自身も巻き込まれることを覚悟していたのである。

影響面で指摘されるのは、万一の時は死を選択するという覚悟により、大名夫人としての立場とキリシタンとしての立場のいずれを優先すべきか、ガラシャの心中に葛藤が生じたとおぼしき点であろう。忠興の妻として死を選択せざるをえなくなった場合、それはキリスト教の教義的に許されるのか、そんな問題を抱えることになったのである。「一五九六年度日本年報」によれば、「秀次事件」で「夫の生命」と同様に「殺害の危険に遭遇」した彼女は、「侍女を自分のもとへ呼んで、（侍女に）自分のすべての罪を告白し」「自分の名で（侍女が）都の修道院長師に告白して、師父から贖罪と罪の赦しをもらってくるよう」指示し、「ゆるしの秘跡」を間接的に行った。そのうえで、「夫は、（彼に）危険が迫った時は、彼女自身もその後に続いて自殺するようにと命じた（がそうすべきか）ということ」を質問させた。これに対し、宣教師オルガンティーノは「デウスのもとでは、それ（自殺）は大罪」であり、「許されぬ行為」と返答したという。キリスト教は自殺を許しておらず、当然の答えである。

右の返答を受け、ガラシャは「自分は（院長）師の助言どおりにするであろう」と述べたとされる。ただ、それでは忠興の指示を守ることができない。もし、ことが現実になった場合、彼女はどう対処するつもりだったのか。事態が無事に収束した結果、かかる葛藤がこの時突き詰められることはなかったが、忠興が政権中枢にかかわる人々と関係を有する限り、こういった権力闘争にいつ巻き込まれるかわからない。したがって、これ以後ガラシャは、どうしても死を選択しなければならない場合、大名夫人として、キリシタンとしてどういった対応をとるべきか考えざるをえなくなったと思われる。そして、かかる経験と思案があったがゆえに、関ヶ原合戦の前夜、西軍挙兵の懸念が高まる中で、彼女は同様の問いかけをオルガンティーノにふたたび投げかけることになるのである。

一五九七年に起こった「二十六聖人殉教事件」

次に、一五九〇年代に豊臣秀吉がみせたもうひとつの処断劇「二十六聖人殉教事件」を取り上げる。先述のように、天正一五年（一五八七）六月に出された「伴天連追放令」は中途半端なものに留まり、秀吉の黙認のもと、キリスト教の布教は続けられた。改宗者の数も回復の様相をみせていた。

もっとも、だからといって「伴天連追放令」そのものが撤回されたわけではなかった。諸外国に服属を要求する文書で秀吉は、キリスト教を「邪法」と呼び続けており、（文禄二年、一五九三）八月八日付前田玄以書状によれば、国内でも「彼法御禁制」「彼法をひろめ候事ふと有間《あるま》敷《じき》」ことが触れられていた［清水紘一二〇〇一］。説教や宗教的な儀式・儀礼は、なるべく目立たぬよう進められていたのであろう。

一五九七年二月、そうした布教活動に冷水を浴びせる事件が勃発する。秀吉の命によりキリスト教関係者二六人が捕縛され、長崎で磔刑《たっけい》に処されたのである。その経緯は、以下のようなものであった。

一五四九年にフランシスコ・ザビエルが来日して以来、日本におけるキリスト教布教は、一貫してポルトガル系のイエズス会が担っていた。ところが、一五六〇年代後半から七〇年代にかけてルソン（フィリピン）を制圧し、総督府を置いたスペインの貿易船が来日しだすと、スペイン系の托鉢《たくはつ》修道会（フランシスコ会、ドミニコ会）も布教に関与するようになる。かかる動きにイエズス会は反発し、一五八五年には、ローマ教皇グレゴリオ一三世から「イエズス会以外の修道会の日本布教参加を禁ずる教令」が出されていた［清水紘一二〇〇一］。

しかし、一五九二年以降に豊臣政権とルソンの間で三度にわたり使節が往来したおり、ルソン総督府は第一次使節としてドミニコ会の、第二・三次使節としてフランシスコ会の宣教師を派遣する。右に述べた教令にもかかわらず、フランシスコ会の宣教師が起用されたのは、彼らが現地の日本人居住地で司牧を務めていたからだという［清水紘一二〇〇一］。そして、ここで注目されるのは、一五九三年に来日した第二次使節と、一五九四年に来日した第三次使節のフランシスコ会宣教師の中に、そのまま日本に滞在し、京都や大坂で布教活動をはじめる者がいた点である。布教は許されない、と釘を刺されていたにもかかわらずである。

こうした中、一五九六年九月に、ルソンを出航してメキシコに向かっていたサン・フェリペ号が遭難し、土佐浦戸《とさうらど》（高知県高知市）に漂着する事件が起こった。土佐の長宗我部元親《ちようそかべもとちか》から報告を受けた秀吉は、積荷《つみに》と船員の所持品の没収を命じている。いささか無茶な話に聞こえるが、この点について宣教師フロイスは、「（漂着した）船舶の財貨は、土地の国主だけの所有に帰することになっていた」という「日本国の古い習慣」ゆえと説明する（「長崎における二十六殉教者に関する報告書」『イ会日本報告集』Ⅰ期一一）。また、事件直前に、文禄の役にかかる中国・明《みん》との和平交渉が決裂し、朝鮮への再出兵（慶長の役）が号令されたというタイミングから、その軍資金として積荷を没収したとする見解もあるという［岡二〇一四］。

ともあれ、本書にとって重要なのは、積荷没収の理屈づくりが、結果的にキリスト教弾圧に繋がっていったプロセスである。すなわち、秀吉は積荷没収を正当化するために、キリスト教布教を先触《さきぶ》れとするスペインの領土的野心をあげつらい、見せしめとして、京都や大坂で公然と布教活動を展開していたフランシスコ会の宣教師を捕縛し、処刑することにした。これにより、ルソン使節として来日し、そのまま滞在していたペドロ・バウティスタをはじめとするフランシスコ会の宣教師・修道士六人、それに三木パウロらイエズス会の修道士三人、日本人の信徒一七人が、京都・堺・大坂を引き回されたうえ、長崎に送られ、処刑されたのである。大坂から長崎までの道中では、「これらの者どもは、フィリピンより使節として渡来したが、彼らは予が先年来厳しく禁止していたキリシタンの掟を布教するために都に滞在した。この理由によって予は、彼ら一同をキリシタンの掟を信奉した日本人たちともども死刑に処する」「予はさらに将来にわたって、この宗門（キリシタン）を禁止するゆえ、一同はこれを心得よ」と記された制札《せいさつ》が示されたという。なお、彼らは後にカトリック教会から「聖人」に列せられたため、本件はいま「二十六聖人殉教事件」と呼ばれている。

さて、この時ガラシャはというと、「侍女といっしょに十字架上で殉教するのに必要な衣装を用意し」「いつでも（イエズス）会の司祭たちの処刑について確かな情報が入ったら」「侍女たちといっしょに跣足《はだし》で走って刑場へ駆けつけようと決心したほど男のような勇気をもって待機していた」とされる。「伴天連追放令」の時と同じく、彼女は宣教師に殉教も辞さない旨を伝えていたのである（「長崎における二十六殉教者に関する報告書」）。変わらず信仰を堅持する姿勢がうかがえる。

ただ、ガラシャが殉教することはなかった。彼女を指導しているオルガンティーノをはじめとするイエズス会宣教師に追及の手が及ばなかったためである（とはいえ、日本人のイエズス会会員は処刑されているが）。公然と布教をはじめたフランシスコ会と異なり、現地の習慣や文化へ順応しつつ布教する「適応主義」を取り、また貿易にもかかわっていたイエズス会は、「伴天連追放令」後は布教活動を目立たせぬよう努めていた。このような違いが、処罰の差異に繋がったとみられる。

ともあれ「二十六聖人殉教事件」は、日本ではじめて起きた、統一権力者の弾圧による大規模な殉教事件であった。細川家に直接的な影響はなかったが、この頃までにガラシャの信仰をみとめていた忠興としては、気が気ではなかったことであろう。そしてガラシャは、この弾圧劇を、どのような思いでみつめていたのであろうか。

秀吉没後の権力闘争と細川家

本章冒頭で触れたように、慶長三年（一五九八）八月に豊臣秀吉が死去すると、政治史の流れはふたたび加速しはじめる。朝鮮半島の軍事占領を目的とする慶長の役は中断・撤退へと方針転換し、日本勢は同年末までに帰国した。諸大名の関心は、長きにわたった朝鮮出兵から豊臣政権の今後のあり方へと移っていく。秀吉没後の同政権は、実務を「五奉行」が、助言・承認の役割を「五大老」の徳川家康と前田利家が担う政治体制となり、表面上は運営される［谷二〇一四］。ただ、水面下では、秀吉の「御掟《おんおきて》」を無視して諸大名との婚姻を進める家康と、それを掣肘《せいちゅう》せんとする利家や奉行衆の間で対立が起きていた。また、イエズス会の巡察師として三度目の来日を果たしていたアレッサンドロ・ヴァリニャーノが記した「一五九九年度日本年報」によれば、加藤清正《かとうきよまさ》・黒田長政《くろだながまさ》・鍋島勝茂《なべしまかつしげ》らと石田三成・小西行長《こにしゆきなが》らが互いを糾弾しあっていたという（『イ会日本報告集』Ⅰ期一四）。このように錯綜しつつ起こっていた権力闘争は、いくつかの出来事をへて、最終的に関ヶ原合戦へと帰結していく。ここに、忠興はどうかかわっていたのであろうか。

かかる疑問を提示するのは、「秀次事件」のおりの危機的状況が示すように、忠興の動向や政治的立場が、妻のガラシャの運命も大きく左右したからである。そのような関連性は秀吉没後の権力闘争においても同様であり、結論を先どりすれば、ガラシャが三成を中心とする西軍からまっ先に人質確保の対象とされ、「関ヶ原合戦の最初の戦死者」となったのは偶然ではなかった。ではなぜ、関ヶ原合戦前夜にガラシャは最初に狙われ、命を捨てざるをえなくなったのか。この疑問の背景を理解するために、以下しばらく秀吉没後の権力闘争における忠興の動向、とりわけ三成・家康両人との関係を追ってみたい。

まず忠興と三成の関係をみよう。両者の関係を大きく規定したのは、利家の死後に起こった三成襲撃事件、いわゆる「七将《しちしょう》襲撃事件」である。

きっかけのひとつは、慶長の役のおり、慶長二年一二月末から同三年正月にかけて起きた蔚山《ウルサン》城の攻防にあった。この戦いは、同二年の冬を越すために、清正や浅野《あさの》幸長《よしなが》が朝鮮半島南西部の慶州《キョンジュ》蔚山に駐留拠点の城を築いていたところに、中国・明と朝鮮王朝の連合軍が押し寄せ、水も食料も乏しい中での籠城戦となり、絶体絶命のピンチを迎えた、というものである。落城目前で、周辺に駐留していた日本勢が駆けつけ、明・朝鮮王朝連合軍の駆逐に成功し、籠城衆は九死に一生をえることができた。

ただ、問題はその後に起こった。在陣中の諸将が戦線縮小案を上申したこと、駆けつけた日本勢の一部が明・朝鮮王朝連合軍との戦いを避けたと、目付の福原長堯《ふくはらながたか》・熊谷直盛《くまがいなおもり》・垣見《かきみ》一直《かずなお》から報告されたことが秀吉の不興を招き、諸将は譴責《けんせき》され、蜂須賀《はちすか》家政《いえまさ》や長政は処分を受け、逆に長堯らが褒賞されたのである。その結果、諸将は目付の面々に恨みを持つようになり、やがてそれは長堯・直盛と婚姻関係にあり、政治的立場も近かった三成へと向けられていった。

かかる政治的遺恨は、慶長四年閏三月三日に豊臣政権のバランサーであった利家が死去すると、すぐに発火した。その死の翌日、さっそく反三成派の諸将が大坂で決起し、三成襲撃を企てたのである。危機に陥った三成は大坂から伏見へ逃れ、屋敷に立て籠もり、追ってきた諸将とにらみあう格好となった。豊臣政権の足元を揺るがしかねない事態である。秀吉正室の北政所《きたのまんどころ》、さらには家康、毛利《もうり》輝元《てるもと》、上杉景勝《うえすぎかげかつ》らが仲裁に入った結果、三成は佐和山《さわやま》城で隠居することとなり、蔚山城攻防戦にかかる処分は撤回された。長堯の加増も見直されている［中野二〇一七］。

このような「七将襲撃事件」に、忠興は中心メンバーとして加わっている。彼は蔚山城の攻防にかかわっていないのだが、先述のとおり、「秀次失脚事件」の際には三成から讒言されたと述べており（『松井家先祖由来附』巻一）、以前から恨みを持っていた。ガラシャ最期の場面を元侍女が後に回想した記録「霜女覚書」には、「しぶのせう《治部少輔／三成》とさんさいさま《三斎様／忠興》とハ、かね〳〵御あいたあしく」という証言が記されており、仲の悪さは妻の知るところでもあった。こうした経緯と関係性が、襲撃事件への参加理由と思われる。三成の退場劇に、忠興は溜飲《りゅういん》を下げたことであろう。

もっとも、「七将襲撃事件」への参加は、逆に三成の深い恨みを買うものでもあった。そのことは、慶長五年七月に大坂へ舞い戻り、西軍挙兵の狼煙《のろし》をあげた三成が、忠興を秀吉没後の権力闘争における「徒党の大将を致す」人物、「国を乱す雑意をせしむる本人」とあげつらい、目の敵にしていく様によく示される（「真田宝物館所蔵文書」『愛知県史　資料編一三』九一四）。政権復帰を果たした暁には、細川家をまっ先にやり玉にあげてやろう。事件を通じて三成の心中には、そうした思いが生まれていたと考えられるのである。

忠興と家康の関係

次に、徳川家康との関係をみよう。先述した「秀次事件」のおりに「金子」を融通してもらっていたように、忠興と家康の関係はもともと悪くなかった。しかし、「七将襲撃事件」から半年もたたないうちに、両者の関係を揺さぶる政治的危機が起こっている。前田利家の死去と石田三成の失脚により、豊臣政権の主導権を家康が掌握しつつあった慶長四年（一五九九）九月、利家の跡を継いでいた前田利長に謀反疑惑が浮上し、利家の娘を長男忠隆の正室に迎えていた忠興にも余波が及んだのである［林二〇〇〇、水野伍貴二〇一九a］。

疑惑を受け、家康は加賀征伐を企画、前田家を屈服させにかかり、一方で細川家に対しては、忠興・興元兄弟、筆頭家老の松井康之、隠居の藤孝に「誓詞《せいし》」の提出を命じた。「誓詞」とは、みずからの主張や約束に偽りなきことを仏神に誓い、違えた場合は「罰」を蒙ると記した起請文のことである。すなわち、以後は表裏別儀を存ずることなく、家康の下知《げち》に応じると誓うならば、今回の疑惑は免じる、という要求であった。藤孝や康之と懇意でもあった家康は、細川家の疑惑は起請文提出のみで済ませ、前田家との離間を図るとともに、徳川与党に取り込んでしまおうと考えたのであろう。

もっとも忠興にとって本件は、いささか判断に迷う問題であったのかもしれない。ここで徳川家に従属を誓ってしまえば、縁戚となっていた前田家との関係にヒビが入り、徳川与党という政治的立場が確定してしまう。それこそ家康の思うつぼである。歴史を知っているわれわれは、「それでよかった」「好判断だ」と思ってしまうが、豊臣政権の行く末がわからない中、政治的な人間関係のチャンネルを減らす判断は避けたいところではなかったか。

しかし、家康の意向を袖にするのはやはり難しかった。けっきょく、藤孝・忠興父子と不仲になり、伏見に蟄居していた筆頭家老の康之にも出仕が命じられ、まず慶長四年一〇月二四日付で「越中事、内府《だいふ》様に対し奉り、毛頭疎略これ無きの段、淵底存知仕り候、万一不義を存ずと雖も、一切同心仕らず（忠興が家康様に対して疎略がないことは、よく知っております。もし〔忠興が家康様に〕不義の考えを持ったとしても、〔私たちは〕一切同心いたしません）」と誓った興元・康之・藤孝の三名連署の起請文が提出された（「松井家文書」『松井文庫所蔵古文書調査報告書』一八五九）。丹後宮津に下向していた忠興も大坂にのぼり、同年一一月日付で「内府様・中納言《ちゅうなごん》様に対し奉り、毛頭別心疎略を存じ奉る間敷（家康様・秀忠様に対し、決して別心を抱き、疎略にすることはありません）」こと、「何様ニも内府様の御下知を守り奉り、違背申間敷《いはいもうしまじき》（どのようにしても家康様の下知を守り、背くことはいたしません）」ことを誓った起請文を捧げている。これを受け、家康はたいへん喜び、今後は前田家の「御縁者振」をしないこと、忠興の三男光千代（忠利）を人質として江戸に送ることを条件に（『綿』一二）、疑惑を水に流した。

前田家の謀反疑惑を泳ぎ切る中、こうして忠興は家康の与党に組み込まれることとなった。三成一派とは折り合えず、前田家も屈服した以上、家康に忠節を尽くす以外に、彼が秀吉没後の権力闘争で勝ち残る道は見当たらなくなってしまった。

なお、慶長五年二月には、忠興のそんな立場をより決定的にする出来事が起こっている。三成の妹婿にして、蔚山城攻防戦後の処分問題を担当し、義兄の失脚にともない領地削減処分を受けていた福原長堯の旧領を含む所領（豊後速見《はやみ》郡と由布院《ゆふいん》）が、忠興に与えられたのである（「松井」二〇三）。その領地目録には増田長盛・長束正家・前田玄以が署名しており、豊臣政権の沙汰という体裁をとってはいるが、文中に「内府公御一行之旨に任せられ」とあるように、実際は家康の意向による加増であった。同年四月、忠興は豊後に下向して新領地を受け取り、現地を巡見している（『綿』一二）。

ではなぜ、家康はかかる措置に踏み切ったのであろう。『綿考輯録』巻一二は「大坂の台所入に進し候」と記すが、研究者は「（忠利の）人質提出の代償」とも［林二〇〇〇］、「七将襲撃事件」で「三成を失脚させたことへの恩賞」とも評している［堀越二〇一六］。いまひとつ理由がはっきりしないものの、いずれにせよこの加増は、数ヶ月後に迫っていた関ヶ原合戦における細川家の政治的立場に決定的な影響を与えた。家康に人質を差し出し、加増の配慮まで受けた忠興は、どうみたって徳川与党の一員じゃないか、そうみなされるようになったからである。

挙兵した西軍、細川家を目の敵に

ガラシャの最期に話を戻す。豊臣秀吉の死去により政権が動揺しはじめ、権力闘争が起こっていた頃、彼女はどういった日々を過ごしていたのであろうか。その様子を示すちょうど良い記事が「一五九九―一六〇一年、日本諸国記」第二七章に引用されている。「都にいる司祭」が「彼女の死の十五もしくは二十日前に」したためた、つまりは一六〇〇年七月上旬に出された書簡である。

それによると、ガラシャは「改悛《かいしゅん》の業（過去の罪を悔い、神の赦しを請うこと）を好み、去る四旬節（キリスト教で、復活祭の前に設定される準備期間。二月から四月にかけての四六日間）には、自分の多くの侍女たちとともに深い信心をもって鋲釘《びょうくぎ》のついた金具で鞭打《むちう》ちの苦行を行なって、涙と血を流した」。また「慈善事業や喜捨《きしゃ》にすこぶる献身的で、自らの手で邸に養育している幾人かの捨て子の身体を洗い、衣服を着せ」たりしていた。教会の人々とのやり取りを大切に考えており、「ただその目的だけで、我らの（ローマ）字の読み書きを学び、ヴィセンテ修道士が彼女に送ったＡＢＣ（のローマ字アルファベット）と、ただの教材だけで、ついに司祭にも修道士にも逢うことなしに、その（日本人）師匠と同じか、またそれ以上によく（ローマ字文の）書信を読み書きする」に至り、「自らの罪の赦免を乞いつつ、その告白（内容）を書簡でもって院長師に送付」してきたという。

すなわち、この間にガラシャは、苦行や慈善事業など、キリシタンとしてあるべき行いをひたむきに実践していた。「二十六聖人殉教事件」後も教会関係者との親密なやり取りは続いており、ローマ字の書面で宣教師オルガンティーノに罪を告白するなど、コミュニケーションスキルの上達もみせている。キリシタンとしての彼女の信仰心は、死の直前まで右肩あがりに高まり続けていたのである。

しかし、最終的に関ヶ原合戦へと帰結する秀吉没後の権力闘争は、夫の忠興はむろんのこと、敬虔な信仰生活を送る彼女も否応なく巻き込んでいく。慶長五年（一六〇〇）七月一七日の挙兵にあたり、石田三成を中心とする西軍諸将はガラシャの身柄確保を画策し、彼女はそれを拒んで死を選択するのである。

以下、西軍挙兵までの経緯を簡単に整理しよう。徳川家康が主導権を握るようになっていた豊臣政権では、陸奥会津《あいづ》を居城とする五大老上杉景勝の討伐が、慶長五年四月頃より計画されはじめる。帰国したまま上洛命令に従わず、軍備を整えるその動向に、謀反疑惑が持ち上がったためである。けっきょく両者の交渉はまとまらず、家康は諸大名を率いて東国に向かった。細川家では、豊後の新領地に下向していた忠興が急きょ上方へ戻り、弟興元や長男

石田三成像（東京大学史料編纂所蔵、模写）

忠隆ともども徳川勢に供奉することとなっている。忠隆率いる細川勢が丹後を出陣したのは同年六月二三日、忠興の出陣は同二七日のことであった（『綿』一一二）。

こうした中、大坂に戻った三成は、家康を糾弾する檄文「内府《だいふ》違条々《ちがいのじょうじょう》」を慶長五年七月一七日付で発し（「松井」四一九）、挙兵した。それとともに、ガラシャの身柄確保を画策し、あわせて細川領国の丹後への軍勢派遣を急いでいる。西軍諸将が最初のターゲットとしたのは、細川家であったのだ。その背景には、「七将襲撃事件」のおりにみられたような忠興と三成の険悪な関係に加え、「内府違条々」に記された「忠節もこれ無き者共ニ」勝手に知行を与えるという家康の振る舞いがあった。同年二月に実現した忠興に対する加増が、やはり問題視されたのである（「同」四二三）。しかも、対象地は三成の妹婿福原長堯の旧領であり、加増を受けた忠興は三成を失脚に追い込んだ「七将襲撃事件」のメンバーである。政治的にも心情的にも、西軍サイドに（とりわけ三成に）忠興を許容する余地はなかった［山田貴司二〇一八、水野伍貴二〇一九a］。

かかる経緯により、ガラシャは西軍の人質確保作戦の最初の標的とされた。もし、これが二番目以降であれば、彼女は死以外の選択肢も視野に入れたのかもしれない。元侍女が記した回顧録「霜女覚書」には、「はしめにてなく候ハヽ、よそのなミもある」という感慨が記されている。しかし、秀吉没後の権力闘争の間に忠興が築いてきた人間関係と政治的立場は、それを許さなかった。こうして彼女は、「関ヶ原合戦の最初の戦死者」となったのである。

ガラシャ、最期の様子

人質となることを拒み、みずから命を投げ出したガラシャの最期は、人々に大きなインパクトを与えた。当時書かれた手紙や日記には、彼女の最期に触れた記事がいくつも確認され［山田貴司二〇一九］、その様子はヨーロッパにも詳報されていた［安二〇一四］。また、その死から四八年後に、元侍女の回顧録「霜女覚書」も作成されており、これらをあわせると、ガラシャの最期については豊富な検討材料をえることができる。ここでは、それらの諸史料を駆使し、彼女が最期を迎えた経緯と様子を時系列でたどってみよう。

西軍の軍勢が大坂玉造の屋敷に押し寄せるまでの経緯については、「霜女覚書」がもっとも詳しい。それによれば、大坂では西軍挙兵以前から三成に与する面々の動きが察知されており、遠からず屋敷に人質提出要求の使者が来ることは予測されていたようである。留守を預かっていた家臣（留守居）は、室町幕府の旧幕臣小笠原少斎《おがさわらしょうさい》、丹後守護一色家の元家臣稲富祐直、ガラシャの輿入れにともない細川家に入った元明智家臣の河北無世などであったが、彼らは万一のおりの対応を協議し、早くも慶長五年（一六〇〇）七月一二日にガラシャの意向を確認している。先述のごとく、彼女は細川家が最初に狙われることを想定していたが、対応の検討は少斎・無世両名に委ねると答えた。けっきょく、人質に出せる人物がいない、丹後で留守を預かる藤孝にお出でいただけるか確認してみるので待って欲しい、と当面は返答することで、ガラシャも了解したとされる。

ただ、人質提出要求への対応は、実際は二段構えで考えられていた。西軍サイドが屋敷に「まことおし入候時」は、ガラシャは忠隆夫人の千代とともに「御じがい」し、少斎が介錯《かいしやく》する。このことも、ガラシャと留守居の間で「約束」されていたからである。なお、「一五九九―一六〇一年、日本諸国記」には、「自分の不在の折、妻の名誉に危険が生じたならば、日本の習慣に従って、まず妻を殺し、全員切腹して、わが妻とともに死ぬように」と忠興が留守居に指示していたと記される。先述の「秀次事件」のおりと同じ対応である。万一の時には家臣がガラシャを殺害し、その家臣も自害するというのが、忠興不在時の対応原則であった。

三成に与する面々が人質提出を求めてきたのは、西軍挙兵の前後、七月一三日から同一七日にかけてのことである。彼らは段階的にことを進めようとしており、最初に送られてきた使者は、日頃からガラシャと交流していた「ちやうごん」という尼僧であった。彼女は三成に与する面々の依頼を受け、人質に出るよう内々にガラシャの説得を試み、断られると、後日再訪し、今度は宇喜多秀家《うきたひでいえ》邸に赴くよう説いた。秀家の妻と忠隆の妻はともに前田利家の娘であり、「御一門」の屋敷に行くのであれば「世間」も「人しち」とは申すまい、というのである。しかし、三成に与する秀家の屋敷に行くのであれば、それは人質も同前、ガラシャは「ちやうごん」の話をまたしても受け入れなかった。

「ちやうごん」による内々の説得が失敗に終わると、三成に与する面々は、次に「おもてむきのつかひ」、つまり正式な使者を派遣してきた。七月一六日のことである。要求はよりストレートになり、ガラシャを人質に出さなければ「おしこミ」て身柄を拘束するという。これに対して少斎と無世は、切腹しても人質は出さない、と返答した。これで屋敷の人々の覚悟は固まった。忠興不在時の対応原則に即する、というのである。

「霜女覚書」に日付は明記されないが、他の記録をみる限り、「おもてむきのつかひ」がきた翌日の七月一七日の夜に、いよいよ「てき」が屋敷「御門」に押し寄せてきた。これに備えて屋敷内では、祐直が表《おもて》で敵を防ぐ間に、ガラシャは最期を迎える、というシナリオが用意されていた。ところが「おもての門」に配された祐直が、早々に裏切ってしまう。もはやこれまでとみた少斎は、長刀《なぎなた》を持って彼女の居室へ走り、「唯今《ただいま》か御さいこにて候」と言上。ついにガラシャは、最期を迎えることを決断した。

なお、死を前にガラシャは、忠興と長男忠隆への「御書」、三男忠利への「御かたミ」を託し、甥の三宅藤兵衛重利の件（彼の将来のことであろう）を頼むことと、側室藤を正室にしないことを「御遺言」したうえで（『綿』一三）、侍女の「おく」と霜に屋敷から出るよう指示を与えた。霜たちは殉死を望んだが、彼女はそれを許さなかった。最終的に、霜たちはガラシャの最期を見届け、屋敷を脱出したという。ゆえに、その証言により作成された「霜女覚書」には、いきさつが詳細に記されているわけである。それと、脱出した侍女（おそらく、霜も含まれる）は、宣教師オルガンティーノのもとへ駆け込み、やはりいきさつを語っている。「一六〇〇年の日本年報」等のイエズス会関係史料に記されたガラシャ最期の様子はその証言にもとづくと考えられ〔安二〇一四〕、こちらも信ぴょう性は高い。

侍女に遺言や形見をことづけ、脱出させる一方、ガラシャは忠隆夫人の千代を呼びにやった。一緒に最期を迎えようと、事前に「約束」していたからである。しかし、千代は断りなく屋敷を出たらしく、姿がみえない（『綿』一三によれば、実家の前田邸に逃避）。これを聞いたガラシャは、少斎の介錯により「御力なく御はてなされ」たという。そして、この間に屋敷には火が放たれていた。

遠慮があるのか、最期まで見届けたわりに、ガラシャが亡くなったシーンに関する霜の証言は、いささか淡泊である。「霜女覚書」作成時には定着していた禁教令に憚《はばか》ってのことであろう、キリシタンとしての振る舞いなども記されていない。なので、他の史料により経緯を少し補足しておこう。「一五九九―一六〇一年、日本諸国記」によれば、ガラシャは最期を迎える前に祭壇に向かい、神に祈りを捧げた。侍女を屋敷から脱出させた後は、「ただちに跪き、たびたびイエスとマリアの聖名を口誦《くちずさ》んだ。彼女自身、両手で（髪をかきあげて）首を露《あら》わにし、そして彼女の首は一撃のもとに切り落とされた」。そのあと、留守居たちはまき散らしていた火薬に火をつけ、同時に切腹して果てたという。

ガラシャが亡くなった場面については、『北野《きたの》社家《しやけ》日記《につき》』慶長五年七月一七日条にも同じような情報がみえる。次に該当記事を掲げよう。

（原文）

今夜、小笠原少斎、大坂において丹後長岡越中（忠興）女中を人質ニ出候へと奉行衆より仰せられ候、人質越中留守に出候てハ曲事と申置、出さず、則越中殿女中をかいしゃく仕、小笠原も腹を切り、屋形へ火を懸け、稲留（富）・川（河）北なと、申仁両三人はらをきり申す由也、

（現代語訳）

今夜、小笠原少斎に、大坂にいる丹後長岡越中の妻を人質に出せと奉行衆から仰せがあった。人質を忠興の留守中に出してはけしからぬことと申し、出さなかった。忠興の妻を介錯して小笠原も切腹し、屋敷に火をかけ、稲富・河北などという者が二、三人切腹したとのことだ。

『北野社家日記』は、京都の北野天満宮の祀官《しかん》筆頭・松梅院《しょうばいいん》の歴代院主が書き継いできたものだが、彼らは細川家と無関係ではなかった。少斎の妻が、松梅院出身であったためである（『綿』一三）。ガラシャ最期の場面における少斎の働きについて情報をキャッチし、かかる記事を書き置いているのは、それゆえなのであろう。西軍からの人質提出要求、忠興の留守中に人質は出せないと伝えた返事、少斎がガラシャを介錯し、屋形に火が放たれ、切腹したとする経緯は、「霜女覚書」や「一五九九―一六〇一年、日本諸国記」とおおよそ齟齬しない（祐直の離脱のみ齟齬）。これらの諸史料をあわせて考えると、おそらく彼女は、忠興の命を受けていた少斎の手にかかり、亡くなったのであろう。「ちりぬへき　時しりてこそ世の中の　花も花なれ　人も人なれ」が辞世の句とされる（『綿』一三）。享年三八であった。

侍女たちからこのような経緯を聞いたオルガンティーノは、悲嘆に暮れた後、火災が鎮火した屋敷にキリシタンの女性を送り、ガラシャの遺骨を拾わせた。そして、「他の司祭や修道士たちと、大いなる悲痛と涙の中に彼女の葬儀と埋葬を執行した」という。西軍挙兵の影響により、ガラシャの死を悼《いた》み、供養しようという関係者が大坂にみあたらない中、「関ヶ原合戦の最初の戦死者」となった彼女の葬送を営んだのは、その動静をずっと見守り続けてきたオルガンティーノをはじめとするキリスト教関係者であった。

ガラシャが死を選択した理由

前項では、ガラシャが最期を迎えた経緯と様子を整理してみた。次に、それを踏まえ、最期の場面に関する論点をいくつか提示し、改めて彼女の死を考えてみよう。これまでの研究で、①なぜ、ガラシャは死を選択したのか、②彼女の死は、キリスト教の教えに背かなかったのか、③誰が一緒に最期を迎えたのか、という問題が取り上げられ、議論となっているからである。

まず、①についてみていこう。検討の前提は、東軍に与する諸将が西軍の挙兵を事前に想定していたこと、そしてそうなった場合に、石田三成と対立し、徳川家康の沙汰で加増まで受けていた細川家が狙われるのは、忠興・ガラシャ夫妻の予測の範囲内であったことだ。ゆえに忠興は、万一の時はガラシャを殺害せよと留守居にあらかじめ指示していたのであり、彼女もそれを受け入れたのである。

ただ、それだけにガラシャの最期は、少し死に急いだ、いささか「決め打ち」的な対応となってしまった感もある。先述のように、西軍の手勢が大坂玉造の屋敷「御門」に押し寄せ、稲富祐直が裏切ったとみえた時点でガラシャと小笠原少斎は死を決断するのだが、「霜女覚書」によれば、侍女の霜が屋敷を退去した時、西軍の手勢は踏み込んでくるどころか、すでに引き上げていたとされるからである。つまり西軍サイドは、この段階で屋敷へ踏み込み、強制確保しようとまでは考えていなかったのかもしれない。西軍に身を投じたとされる祐直の挙動についても、それは裏切りではなく、交渉・説得のためだったのかもしれない。そうみる研究者もいるのである［山本博文二〇〇三］。

また、信濃《しなの》上田《うえだ》（長野県上田市）の大名真田《さなだ》昌幸《まさゆき》・信之《のぶゆき》・信繁《のぶしげ》父子に宛てた（慶長五年、一六〇〇）八月五日付書状の中で、三成はガラシャの最期について、「人質ニ召し置くべきの由申し候処、留主居之者聞き違い、生涯仕ると存、さしころし、大坂之家ニ火をかけ相果候（人質として召し置くよう指示していたところ、留守居が聞き違い、自害しようと考え、ガラシャを刺し殺し、大坂の屋敷に放火して自害した）」と伝えている（「真田宝物館所蔵文書」『愛知県史資料編一三』九二七）。三成は「生涯」に追い込むつもりはなく、彼女の死はいささか唐突な結末と捉えられていたのだ。そうすると、ガラシャの最期を決定づけた要因は、万一の時は家臣が彼女を殺害するという対応を原則とした忠興の意向と、実際にそういう事態を招いてしまった彼の政治的な立場と振る舞い、そして、夫との関係をみずからに課せられた〝十字架〟として受け止め、その指示に従った彼女自身の強い覚悟と判断とされよう。

もっとも、右のごとき忠興の意向やガラシャの覚悟は、当時の大名とその夫人に共有されていたものではない。後述するように、ガラシャの死後も西軍は人質確保作戦を打ち切ったわけではなく、池田輝政《てるまさ》や藤堂高虎、有馬豊氏《ありまとようじ》、加藤嘉明《かとうよしあき》といった東軍諸将の妻が人質となっている［田端二〇〇六］。しかし、それを拒み、死を選んだ者は一人もいない。つまり、細川家と他家の間には、人質提出要求に対する対応に明らかな違いがみられるのである。

では、そうした違いはなぜ生じたのであろう。理由ははっきりしないが、ポイントのひとつは、本能寺の変以降にみられたガラシャに対する忠興の姿勢にあると筆者は思う。第三章で述べたように、彼は彼女を「極端な幽閉と監禁」により押し込めており、居所がどこであろうと、みずからの意思で出入りする自由を最後まで与えなかった。夫婦生活の終盤にガラシャとの関係改善を果たし、忠興自身もキリスト教に好感を示すようになった後も、彼女が教会を再訪することはおろか、宣教師や修道士と会う機会を持てていない事実が、その証左である。「伴天連追放令」を気にしてのことかもしれないが、豊臣秀吉の死後であれば、右のごとき機会をつくるハードルはずいぶん下がっていたはずである。

しかし、それでもガラシャが教会関係者に会うことすらできていない（忠興が会わせていない）のは、「嫉妬深い」とされた彼の個性と、なにより「謀反人の娘」といわれた彼女のレッテルがあってのことと思われる。イエズス会関係史料で「明智、すなわち信長を討ったあの有名な将軍の娘」「信長を殺した明智の娘」と呼ばれているのは、「「主君殺しの娘」としての印象が当時の日本社会に流布していた」とみるフレデリック・クレインスの指摘のとおりだと思う［クレインス二〇二〇］。おそらく忠興は、自身の正室がそう呼ばれ、辱《はずかし》められることを容認できなかったのではないか。彼にとって（少なくとも最晩年の）ガラシャは大切な妻であったと思われ、宣教師フランシスコ・パシオがまとめた「一六〇一年度日本年報」には「熱烈な情愛で寵遇していた」と記されるが、他方では、表に出せない、出したくない「謀反人の娘」でもあったのである。

そう考えれば、なるべく人目に付かぬようガラシャの行動を制約し、万一の時は家臣が彼女を殺害するという対応方針を定めた理由もよりよく理解されよう。忠興はガラシャが「謀反人の娘」だと辱められる可能性を、徹底的に潰したかったのである。それは彼女の名誉を守るためであり、ひいては彼や細川家の名誉を守ることに繋がるものであった。

　これに関連して、他の大名家の対応にも触れておくと、たとえば黒田家の場合、黒田長政は留守居に「いかにもして、我が母上（黒田如水の妻）と妻とを、ひそかに恙《つつが》なく本国へ下すべし、城中に人質にとらるゝ事なかれ」と指示し、会津討伐に従軍したという（『黒田家譜』巻九）。そして、最終的に彼女たちは、ガラシャの最期により騒動が起こった間隙をつき、留守居の機転で大坂脱出に成功する。忠興・ガラシャ夫妻のケースとは、指示も顚末も大きく異なるわけだが、そこには、長政の妻が家康の養女であったことが関係しているように思われる。義父が有力者であった場合（とくに、家康であった場合）、妻に「命を投げ出せ」とはなかなかいいづらい。明智光秀を父とするガラシャとは、その点が大きく異なっていた。

　ともあれ、こうしてガラシャは、他の大名夫人の視野にはなかった選択肢を採らざるをえず、夫のため、家のために命を投げ出すこととなった。ただ、「関ヶ原合戦の最初の戦死者」にして、人質確保作戦における唯一の犠牲者となったその最期は、いささか込み入った内部事情があったにせよ、人々の目には際立ったものと捉えられた。後述するように、江戸時代以降、ガラシャ最期の場面は大名夫人のあるべき振る舞い、規範とされ、彼女は「節女《せつじょ》」と評され、人々にイメージされていくのである。

ガラシャの死は自殺とみなされないのか

ところで、ガラシャが死を選択することは、キリスト教の教えに背くことにはならなかったのだろうか。②の問いである。キリスト教では自殺が禁じられており、それは他者に指示してみずからを殺害させることについても同様である。しかし、彼女はキリシタンであると同時に、細川家当主の正室でもあった。辱めを受けることなく、また家や夫の名誉を守るために、みずから命を投げ出すという選択も時には必要であり、そうした葛藤が「秀次事件」のおりにも表出していたことは、先述のとおりである。そのためにガラシャは、人質提出要求を受けるにあたってこの問題を宣教師オルガンティーノに改めて質問しており、返事を受け、「大いに満足して心が落ち着いた」状態にあったとされる［安二〇一四］。

もっとも、オルガンティーノがガラシャにどういった返事をしたのか、明確な記録は残されていない。微妙な問題だけに、彼は真相を文字どおり墓場まで持っていったのであろうが、キリシタン史料からガラシャの生涯を読み解いた安廷苑は、「この世の不名誉や世俗の財産を失うことを避けるために自殺」することを厭わない日本人にキリスト教を広めるにあたり、イエズス会の宣教師が苦悩し、議論を重ねてきたプロセスをたどることで、彼女に伝えられたであろうメッセージを推し量っている。

安が注目するのは、日本における布教体制をつくりあげ、天正遣欧《てんしょうけんおう》少年使節の派遣も画策したイタリア出身の巡察使ヴァリニャーノが、一五九二年に作成し、本国へ送付した「日本の良心問題に関する諮問」のひとつで、「日本では、犯罪、または戦争によって、ある者が死を回避できない場合、親友や近親者ではない他人によって殺されることが大変な名誉の失墜となることを考慮して、この名誉の失墜を回避するために、死すべき者がその場にいる友人か親類の一人に、敵の手にかかる不名誉を受ける前に殺してくれるよう請うことは、はたしてできるであろうか？」という問いである。自殺問題への対応をあえて本国に投げかけたこの一文を読む限り、日本の状況を熟知していたヴァリニャーノは、「死が回避できない状況であるならば名誉を守るための自殺はやむをえないとする定見を持っていた」と、安はみなしている。日本の事情を知れば知るほど、彼らは彼らで自殺禁止の原則と現実とのギャップに直面し、割り切れない思いを抱えることとなっていたのである。

右に示したような日本の自殺問題に関するヴァリニャーノの見解は、ガラシャから相談を受けたオルガンティーノにも継承されていたとみられる。ふたりはともにイタリア出身であり、良好な関係を築いていたからだ。それに、長く日本の布教に携わってきたオルガンティーノもヴァリニャーノと同様に、多くの信者が信仰と自殺の間で葛藤する様子を目の当たりにしていたはずである。かかる両者の関係や当時の日本の状況を踏まえるならば、ガラシャの質問に対してオルガンティーノは、「日本の戦国武将の自殺に関するヴァリニャーノの見解」を念頭に、「(その死は)キリシタンの教えに反しない」旨を彼女に伝えたのではないか、というのが安のみたてである。ゆえに彼女は「大いに満足して心が落ち着いた」状態で、最期の日を迎えたと考えられるのである。それは日本の武家社会における危機管理のあり様に即した、イエズス会宣教師たちの最大限の「適応」であったと評価されている[安二〇一四]。

誰が一緒に最期を迎えたのか

ガラシャの死にまつわる三つ目の問いは、誰が一緒に最期を迎えたのか、という疑問である。これについては、まず留守居があげられる。「霜女覚書」は「昌斎(小笠原少斎)・石見(河北無世)・いわみをい(甥)(河北)六右衛門・同子一人」の他に、二~三人が果てたと記す。ただ、元侍女の霜は、この点はうろ覚えだったらしい。『綿考輯録』巻一三に「同子一人」の記述はなく、かわりに元明智家臣の金津助次郎正直の名前があげられている。ガラシャが最期を迎えた時、彼は大坂玉造の屋敷の「屋根の上にて大肌抜きつゝ立」ち、「われらハ金津助次郎と云もの也、越中守奥方生害にて、少斎・石見も殉死を遂げ畢《おわん》ぬ、士の腹切りて主の供する様を見よ」と叫んだ後に、「立腹切て焔《ほのお》の中に飛入」ったという。ガラシャ最期の経緯があちこちで話題となっているのは、こうした正直の劇的な殉死などがあってのことかもしれない。信ぴょう性が高いとはいいがたいエピソードだが、そんなことまで想起したくなる、興味深い話ではある。

ところで、ガラシャの最期について記した当時の史料をみていると、この時に、留守居以外にも死者がいたと記すものがある。公家の山科言経の日記『言経卿記』慶長五年（一六〇〇）七月一八日条である。

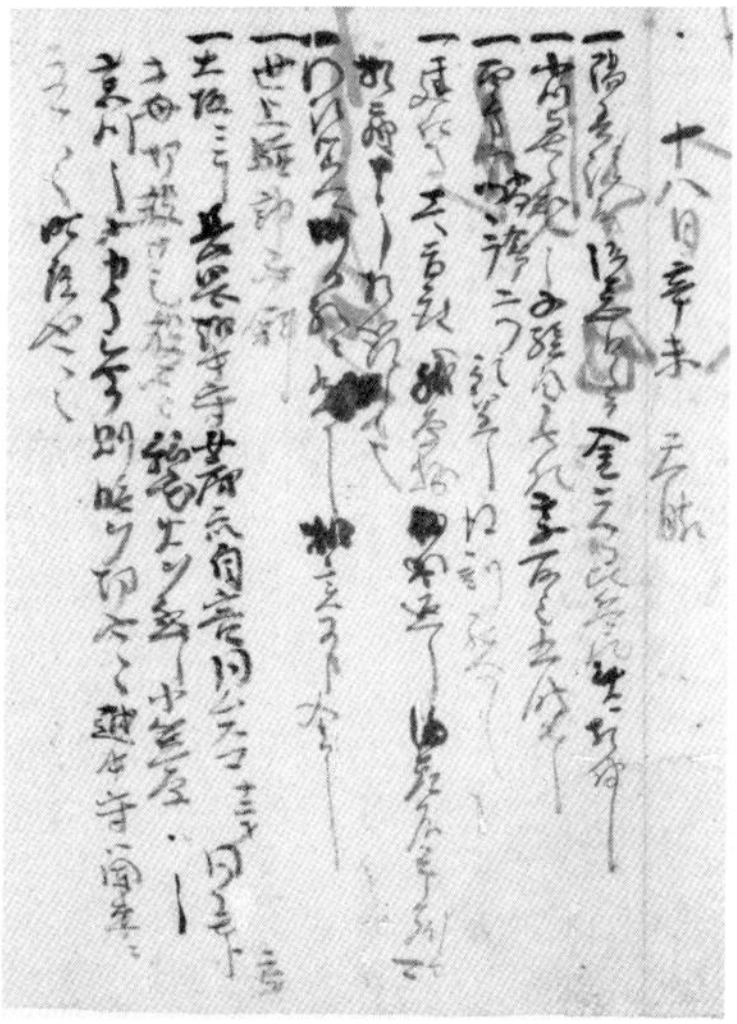

『言経卿記』慶長5年7月18日条（東京大学史料編纂所蔵）

（原文）

大坂ニテ長岡越中守女房衆自害、同ムスコ十二才、同イモト六才等、母切殺、サシ殺也云々、私宅火ヲ懸了、小笠原……荒川……等カイシャク、則腹ヲ切也云々、越中守ハ関東ニ有云々、昨夜也云々、

（現代語訳）

大坂で長岡越中守の女房衆が自害した、同息子一二才、同妹六才らを母が切り殺し、刺し殺したという。屋敷には火がかけられた。小笠原某と荒川某らが（ガラシャを）介錯し、切腹したという。越中守は関東にいるという。（この事件は）昨夜のことという。

これによると、ガラシャは最期を迎えるにあたり、なんと一二歳の息子と六歳の娘を殺害し（以下、この件を「二人の子ども殺害説」と呼称する）、それから介錯されたという。他の信頼できる史料に類似の記述はなく、また「霜女覚書」にもみえない情報だが、これは果たして真実なのであろうか。

まず記録の信ぴょう性を考えてみよう。記主の言経は京都に住んでいた公家であり、彼が記したこの日記そのものは、桃山時代の政治・社会・文化の基本史料となっている。全般としては、信頼のおける一次史料である。しかも、言経は細川家と交流を有しており、とくに藤孝と親密であった。ガラシャとも面識を有しており、天正一四年七月一四日に侍女の清原いとが山科家を訪れ、「カイアワヒ《（鮑）》」を贈答したことは先述のとおりである（『言経卿記』同日条）。信頼の置ける同時代史料であり、しかも記主は細川家と親しい。そうなると、衝撃的な二人の子ども殺害説も真実とみなすべきだ、という見解が成り立つ余地も出てくる。慶長年間に成立した軍記物に同様の記事がみえ、二人の子ども殺害説が早くから語られていた状況も、その強調材料になるのかもしれない［金子二〇一二］。

では、『言経卿記』に記された一二歳の息子と六歳の娘は、実際に存在したのであろうか。ガラシャが生んだ子どもであれば、いま知られている三男二女に加え、さらに一男一女がいたことになる。一二歳の息子と六歳の娘であれば、年齢的には五番目に生んだ多羅より若く、いちおう辻褄《つじつま》はあう。また、そうでなくとも、側室の子であった可能性もある。そして、もしこういった子どもが屋敷にいたとすれば、殺害せねばならない理由はあった。逃がし損ねて、人質にとられないようにするためである。

ただ、結論をいえば、二人の子ども殺害説は噂に過ぎないと筆者は考えている。一次史料の『言経卿記』の記事ではあるが、文中に「云々」という表現が繰り返されているように、言経が直接見聞きしたわけではなく、あくまで伝聞である。この当時、こういった噂や話題があったことを示すものではあるが、中身が事実かどうかはまた別の問題であろう。さまざまな噂が流れる中、言経が真偽を確かめず記しただけではないか。その証拠に、文中に登場する「荒川」という人物は、ガラシャの最期に関する諸史料にまったく確認されていない。

また、記事に登場する一二歳の息子と六歳の娘についても、同時代史料、家譜類、系図類にまったく存在が確認されない。むろん、記録に残らない人物はいくらでもおり、大名の子どもであっても、系図類に載せられないことだってある。しかし、二人の子ども殺害説が事実なのであれば、細川家はなんとしてでも二人のことを家譜類や系図類に載せようとするはずである。ガラシャの最期のみならず、子どもたちの死もまた、家の名誉、徳川家への忠節をより強調する材料になるからである。ところが、後述するように、江戸時代に二人の子ども殺害説が巷間《こうかん》に広まっていく中、細川家はむしろこれを否定していく（『綿』一三）。徳川家への忠節にかかわるデリケートな問題だけに、事実とは異なる逸話が広まってはかえって困ると考えられたからではないか。ともあれ、以上の検討により筆者自身は、二人の子ども殺害説は成り立たないと、否定的な立場をとっている。

ただ、第七章以降で述べていくように、二人の子ども殺害説は、ガラシャの最期にまつわる〝鉄板エピソード〟として、江戸時代から二〇世紀はじめにかけて広く定着していく。現代の私たちには衝撃的な逸話だが、一〇〇年前までは、まことしやかに語られ続けていたのである。

人質確保作戦への影響

さて、こうした経緯を有するガラシャの最期は、同時代の人々にどのような影響を与えたのであろう。江戸時代以来、これまで指摘されてきたのは、彼女の死により西軍の人質確保作戦に支障が生じたとか、中止に追い込まれたとか、そういう話である。ここでは、その是非について考えてみたい。

関ヶ原合戦前後の人質確保作戦については、ガラシャの問題も含め、全般的に検討を加えた田端泰子の研究や［田端二〇〇六、同二〇一〇］、田端の研究を踏まえつつ、加藤清正夫人の事例を取り上げた水野勝之・福田正秀の研究［水野勝之・福田二〇〇七］、ガラシャの事例を改めて取り上げた水野伍貴の研究など［水野伍貴二〇一九b］、少なからぬ成果をえている。

ただ、ガラシャの問題については、それぞれ評価が少し異なっている。水野勝之・福田によれば、「東軍主要大名の室は大坂城に取られており」、去就に「迷っている大名の妻子は状況次第でいつ西軍に襲われてもおかしくない」状態にあり、「ガラシャの自害によって三成の人質作戦は中止を余儀なくされ」たとする「定説」は誤りだという。

その一方、田端は、西軍は池田輝政や藤堂高虎といった東軍諸将の室を大坂城本丸に集めてはいたものの、ガラシャの死により、「人質収容策」をむやみに拡大することはなかった、と評価する。水野伍貴は、西軍サイドが人質提出要求を段階的に進めていたことに注目し、「長岡邸との交渉経験によって、大名屋敷からの反発を和らげる必要性を感じた西軍は、長岡邸に示した妥協案（親類の屋敷への移動）を諸大名の大名屋敷に適用」するようになったと述べ、「ガラシャの死によって、西軍の人質徴収が頓挫したのではなく、ガラシャを確保しようとする過程によって、人質徴収作戦は研鑽を積んだとみるべき」だと指摘している。ガラシャの最期が西軍にマイナスではなく、プラスに働いたとみる、興味深い見解である。

右に示した研究者が口をそろえるように、ガラシャの死後も西軍の人質確保作戦は続いていく。中止に追い込まれたという江戸時代以来の「定説」には、見直しが必要である。また、水野伍貴が指摘したように、西軍にとってプラスに働いた場面を検証する視点も必要なのであろう。たとえば、当初は思いがけないガラシャの死に驚きを隠せなかった石田三成は（「真田宝物館所蔵文書」『愛知県史　資料編一三』九二七）、やがて言説を変更し、「秀頼様を申し掠め、新地を取り候故、遺恨深く候、被《(彼)》か妻子大坂に居り候ツ、焼討ニ申し付けられ候事（忠興が秀頼様をいつわり、新たな領地を獲得したがゆえに、遺恨が深かった。そのために忠興の妻子が大坂に居たのを、焼討するよう申し付けられた）」と喧伝しはじめる（「歴代古案」『同』九三二）。徳川家康に味方する者への見せしめとして、ガラシャの死を政治利用する動きも西軍にはみられたのである。

では、ガラシャの最期は、人質確保作戦になんら影響を与えなかったのであろうか。調べてみると、やはり影響がなかったとはいい難い。手がかりは、東軍に与していた東北の大名秋田《あきた》実季《さねすえ》に、やはり東軍についた豊臣家臣佐々《さっさ》正孝《まさたか》が（慶長五年、一六〇〇）八月二二日付で送った書状にある（「秋田家史料」『愛知県史　資料編一三』九七〇）。これは、中央政局の動向を東北の実季に伝えるべく記されたものだが、この中で正孝は、ガラシャの最期についても証言している。該当記事を掲げよう。

（原文）

羽越中殿妻子、其外国持衆女子なと改、二丸へ入れ置くべきの旨、使を立て改め候処ニ、羽越中殿留守居稲富・小笠原、右両人として越中殿妻子ヲさしころし、火を懸け、腹ヲきり相果て申し候間、双方女子とも堅く改め申し候儀ハ打ち置き、人しちこれ有らハ取り、これ無くハ留守居之人しちを取り置き申候由、其聞え候、

（現代語訳）

忠興殿の妻子、その他の国持衆の女子などを改め、（大坂城）二の丸へ入れ置くように使者を立て、改めていたところ、忠興殿の留守居の稲富・小笠原両人が忠興殿の妻子を刺し殺し、火をかけ、切腹して果ててしまったがために、双方《（西軍・東軍の両方）》が女子などを堅く改めることは差し控え、人質（として適当な人物が）有ればこれを取り、なければ留守居の人質を取っていたとの話を聞いている。

「稲富」の切腹は事実と異なるが、それはひとまず差し置き、ここで注目したいのは、西軍の人質提出要求を受けたガラシャが命を投げ出した結果、西軍・東軍の双方が大名夫人などを強行に人質にとることを差し控え、適当な人物が有ればこれを取り、なければ留守居の人質を取っている、という証言である。つまり、ガラシャの最期の影響により、東西両軍が大名夫人の人質確保を徹底しきれなくなっていた状況が判明するのである。

こうした状況を示す実例を、ひとつみておこう。清正夫人のケースである。関ヶ原合戦のおり清正は東軍に与するが、会津討伐には参加せず、慶長五年九月一五日に美濃関ヶ原（岐阜県関ヶ原町）で本戦が起こった頃まで熊本（熊本県熊本市）に留まり続けていた［山田貴司二〇一四］。それは家康の指示を受けてのことであったが、西軍からは説得の余地ありとみなされていたらしく、味方となり、上洛せよという誘いの言葉がいくどか届けられている。そうした中、人質確保作戦の対象となるであろう清正の正室（家康の養女、水野忠重の娘）は、少なくとも同年八月八日まで「熊介（清正の子息清孝）」と一緒に大坂の加藤屋敷に留まり続けていた（同日付大木兼能書状『和の史思文閣古書資料目録二六六』二一四）。大坂城に移れ、という話にはならなかったようである。あるいは、大坂の屋敷に留まっているのであれば、それだけで事実上の人質とみなせる、そういう西軍サイドの判断があったのかもしれない。

ところが、清正夫人はこの後大坂を脱出する。医者通いと称して番所を通過して船に乗り、船中では上げ底の底板をはった水桶に隠れ、慶長五年八月二五日に豊前中津（大分県中津市）に到着。そこからは黒田家の支援も受け、同年九月一日に熊本へたどり着いている［水野勝之・福田二〇〇七］。

こうした清正夫人の動静に対し、西軍はというと、史料上は厳しい対応をみせていない。ガラシャの件があったためか、清正を刺激しないためか、八月半ばまで人質にとることもなく、まんまと逃げられ、とくだん苦言も呈していないのである。そして、その後も続いた清正への勧誘交渉では、正室ではなく「家老之者共人質」の提出を条件提示している（「黒田家文書」『黒田家文書第一巻』一六一）。すなわち、先述した正孝書状の記事と見事に合致する状況が、ここに確認されるのである。

このような清正夫人のケースに、先ほど紹介した水野伍貴の見解や、正孝書状にみえた「女子とも堅く改め申し候儀ハ打ち置き」「人しちこれ有らハ取り、これ無くハ留守居之人しちを取り置き申」という一文をあわせて考えると、衝撃的なガラシャの最期を受け、人質確保作戦は、対象者の選定や人質の滞在場所について妥協せざるをえなくなっていたとみられる。相手によっては、腰砕けの対応となる場合も生じていたとおぼしいのである。

人質の取り扱いの難しさ

ちなみに、仮にうまく人質が確保できたとしても、その取り扱いはまた別の政治的課題であった。関ヶ原合戦の三日前、（慶長五年、一六〇〇）九月一二日付で大坂の増田長盛に宛てた書状において、石田三成は「妻子人質の儀ハ、何様ニても苦かるましき躰ニ候、増右（増田長盛）、内府（徳川家康）へ仰せ合わさるる筋目《すじめ》ニ候とても、妻子なと一人も成敗ハ有ましきと申なし候（妻子の人質は、〈人質をとられた人物が〉どのようであっても問題ない様子である。長盛が徳川家康に申し合わせているという話もあるから、妻子は一人も成敗されないに違いない）」という「敵味方下々」の「取沙汰」を踏まえ、「敵方之妻子五三人も成敗候ハヽ、心中替り申すべし（敵になっている者の妻子を三～五人ほど成敗すれば、心中も変わるであろう）」という味方の声を伝え、人質処分の検討を要請している（「古今消息案」『愛知県史　資料編一三』一〇一九）。「御成敗」をともなわなければ、諸将の去就にはさほど影響しない。しかし、西軍がそれに踏み切ることはなく、彼らは最後まで人質を持て余し続けていた。

むろん、妻子が人質にとられたことにより、文字どおり去就に迷いが生じた人物もいる。たとえば、大坂にいた母と妻子を人質にとられた豊後岡《おか》（大分県竹田市）の大名中川秀成《なかがわひでなり》は、彼女たちからたびたび手紙が届き、このままでは「相果」ててしまうと述べ、みずから上洛すると、隣国の加藤清正に一度は断りを告げている（『中川家文書』九三）。もっとも、その後も秀成は上洛せず、家臣から西軍への内応者を出し、清正から疑念を向けられるまで去就に迷い続けていくのだが［光成二〇一九］、けっきょく彼の妻子が西軍によって殺害されることはなかった。

それでは、なぜ西軍は「敵方之妻子」を「成敗」しなかったのか。右に示した三成書状は家康と長盛の「仰せ合わさるる筋目」の存在を示唆しており、興味深いが、いずれにせよ間違いないのは、遺恨を持った難敵を増やすのは避けたいという思惑の働きであろう。『綿考輯録』巻一二によると、ガラシャの死を聞いた忠興は、東軍諸将に向かい「何の面目ありて上方に属すへく候」と述べ、敵愾心をむき出しにしたという。人質の死は、当事者の去就を確定させ、その戦意に火を付ける。ガラシャの最期を目の当たりにした西軍は、改めてそうしたリスクを思い知り、人質の取り扱いに逡巡していったのではないだろうか。

このように考えると、ガラシャの最期は、ひとりの大名夫人の悲劇的エピソードに留まるものとはいい難い。利用されたにせよ、あるいは抑止をもたらしたにせよ、政治性を強く帯びた歴史的出来事であったと、改めて認識されるのである。

第六章　ガラシャ死後における細川家の動き

細川家と関ヶ原合戦

第五章では、関ヶ原合戦の前夜にガラシャが命を散らした背景と経緯、その影響についてみてきた。ただ、彼女の話はそれで終わってしまうわけではない。夫の細川忠興や子どもたちは、その後も生き続けていく。ガラシャの最期に、さまざまな影響を受けながら。そして、ここまでみてきた彼女の生涯は、大名夫人のそれとして細川家で記憶・記録されるに留まらず、軍記物や小説、絵画など、さまざまな媒体を通じて広く語り継がれている。それも、時代や地域によってイメージを変容させながら、である。

したがって、本章以下では、ガラシャの死後にみられたこれらの諸問題について取り上げよう。彼女の研究は、じつはここからが面白いのである。まず本章では、その死後における細川家の様子をみていくこととしたい。

改めて、関ヶ原合戦における細川家の動向に目を移す。大坂玉造の屋敷でガラシャが最期を迎えたことは、その九日後、慶長五年（一六〇〇）七月二七日に忠興の耳に入った（『綿』一二）。これを聞き、彼が西軍に対する敵愾心をさらに高めたことは、先述のとおりである。

この後、細川勢は他の東軍勢とともに西へ進み、八月二三日には西軍に与する織田秀信の岐皐城攻めに参加、そして九月一五日に起こった関ヶ原合戦では、おもに石田勢を相手に奮戦した［林二〇〇〇］。戦後に徳川秀忠が長男忠隆に送った書状には、「御父子共比類無き御手柄」と評されている（「永青文庫所蔵文書」『関ケ原合戦と九州の武将たち』図録三四）。

もっとも、関ヶ原合戦で細川家が西軍の軍勢と戦ったのは、関ヶ原での本戦だけではない。石田三成らが目の敵にしていたと述べたように、慶長五年七月二〇日から九月一二日にかけては、忠興の父藤孝が丹後田辺城に西軍の軍勢を迎え、獲得したばかりの豊後の飛び地では、筆頭家老の松井康之と重臣有吉立行《ありよしたつゆき》が、西軍に与して旧領回復を図る大友義統《おおともよしむね》の軍勢と戦っている。すなわち、ガラシャが死去した大坂玉造の屋敷を加えると、関ヶ原合戦において細川家は、なんと四ヶ所で西軍と対峙していたわけだ。しかも、忠興は「関ヶ原合戦の最初の戦死者」として妻のガラシャまで失っている。東軍に対する貢献度は抜群に高い、そうみなされたことであろう。

関ヶ原合戦の後、論功行賞で忠興は豊前《ぶぜん》一国と豊後速見郡・国東郡《くにさき》三〇万石に加増・転封されることとなった（「永青文庫所蔵文書」『大名細川家』図録二六）。それまでは丹後一国一一万七〇〇〇石と（「細川」織豊期八六）、慶長五年二月に徳川家康の差配でえた豊後六万石が所領高であったから（「松井」二〇三）、大幅な加増である。ただ、細川家の人々にとっては複雑な沙汰でもあったようだ。そもそも関ヶ原合戦の一ヶ月ほど前に、忠興は家康から但馬《たじま》を加増すると約束されていた（『細川』織豊期一一三）。なにより、京都で生まれ育ち、つねに政治と文化の中心にいた彼らにとって、九州への転封は思いもよらないことであった。忠隆は「思ひ之外《ほか》遠国」と率直に愚痴《ぐち》っている（『松井』二七九）。もしもガラシャが生きていれば、キリシタンの多い九州へ行くのを大いに喜んだことであろうが。

なお、忠興は領地以外にも関ヶ原合戦の恩賞を拝領した。茶の湯の師にあたる千利休が秘蔵し、かの有名な北野《きたの》大茶会《おおちゃかい》でも用いられた大名物《おおめいぶつ》「利休尻ふくら」（永青文庫蔵）を秀忠から贈られたのである。この茶入を拝領した忠興は、国許にいた家老の康之たちに「年来之望是一」「か様の満足これ無く候」と書き送り、興奮冷めやらぬ様子で喜びを伝えている（「熊本大学永青文庫研究センター所蔵文書」『ガラシャ』図録九三）。彼は関ヶ原合戦でガラシャを失ったものの、豊前・豊後での大幅な加増を受け、近世大名細川家の礎を築き、文化的素養の高さの象徴にもなる至宝の茶器まで手に入れたのである。

ガラシャの死後にみられた忠興のキリスト教政策

「伴天連追放令」の影響もあり、もともと忠興はキリスト教にネガティブな感情を抱いていた。しかし、ガラシャから「福音」を説かれたこともあり、やがてキリスト教に理解を示すようになった。その経緯は、先述のとおりである。そんな忠興は、関ヶ原合戦の論功行賞で豊前一国・豊後二郡をえた頃から、イエズス会の教会関係者と親密な関係を築いていく。それを示すのは、新領国におけるキリスト教政策の様子と、ミサ形式によるガラシャの葬儀実施の様子である。このあたりはヨハネス・ラウレスの研究に詳しいが〔ラウレス一九五八〕、その成果を踏まえつつ、筆者なりに整理しなおし、述べることにしたい。

まずは、新領国におけるキリスト教政策についてみてみよう。「一五九九―一六〇一、日本諸国記」によれば、豊前一国・豊後二郡の拝領が決定すると、忠興は現地の司祭に「司祭やキリシタンたちを大いに助けることに決したから、その国から出ぬように」と伝え、到着後には「すべての者がキリシタンとなり、必要な教会を建設することができるよう寛大な許可」を与えた。転封の知らせを受けると、彼はすぐにキリスト教を受容し、布教を許可する（むしろ推進する）方向性を打ち出したのである。

キリスト教を敵視していた頃からすれば、その変貌ぶりに驚きを禁じえないが、むろん、それは背景があってのことである。ひとつは、悲劇的な最期を迎えたガラシャに報いたいとの思いである。彼のそういった内面は、「一六〇三、〇四年の日本の諸事」に記された次の逸話によく示される（『イ会日本報告集』Ⅰ期一九）。同書によると、関ヶ原合戦の翌年か翌々年に、「日本の重立った一仏僧が公方（徳川家康）の権威と同意」のもと、「司祭を領内に置いている日本の領主たちに彼らを自領から放逐させようとし」、忠興に面と向かってその件を宣言することがあった。ところが、それに対して彼は、「自分はキリシタンではない」が「妻ガラシアはキリシタンであった。そして、（その彼女は）夫の名誉と今、日本の君主となっている内府の名誉のために生命を差し出して、キリシタンとして死んだ。そのため自分はかくも忠実な妻に感謝せざるをえず、自分にできる仕方で、彼女の霊魂が救済されるよう助けているのであり、こういう訳で、彼女の（ための）聖祭のために領内に伴天連を置いているのである。自分は正当な理由であって伴天連を援助せざるをえない」のだと反論し、放逐を求める声を黙らせたという。既存の宗教勢力をいいくるめるための方便かもしれないが、ガラシャが忠興と細川家のために、ひいては彼が与した東軍のために命を投げ出したのは事実である。その覚悟と決意に報いなければという思いがあったことは、否定しえないところであろう。

それと、ガラシャを最後まで支え続けていたのは、宣教師オルガンティーノをはじめとする教会関係者であり、西軍の挙兵により混乱する大坂で、早々に葬儀をしてくれたのも彼らであった。忠興はその経緯を知っていたはずであり、「司祭やキリシタンたちを大いに助けることに決した」のは、それに報いんとする意図もあってのことであろう。そして、ガラシャの最期が忠興に右のごとく思わせるに至らしめたとするならば、その最期は、細川領国の宗教政策にも（一時的にではあるが）影響を与えたということになる。

もうひとつ考えられる背景は、新領国がキリシタンの多い九州になった、という点である。豊後はもともとキリシタン大名大友家の本国であったし、豊前八郡の内六郡はキリシタン大名の黒田如水《じょすい》・長政父子からの継承である。高山右近の影響で受洗した如水は熱心なキリシタンであり、「伴天連追放令」後に「迫害への対応策とこのキリシタン宗団の利益」についてイエズス会日本準管区長ガスパル・コエリョと協議するなど（「一五八八年度日本年報」）、逆風の中でもキリスト教に好意を示し続けた人物であった。晩年は信仰心を失ったというが、彼や、その弟で熱心な信者であった黒田直之《なおゆき》の影響により、豊前の黒田領国には二〇〇〇人を超えるキリシタンがいたとされる（「一五九九―一六〇〇年、日本諸国記」）。関ヶ原合戦後に忠興がえた新領地は、そういうところであった。その統治をスムーズに進めるために、キリスト教の受容は必須だという考えもあったのではないだろうか。

以下、少し具体的な動きをみておく。慶長五年（一六〇〇）一二月末に豊前へ入った忠興は、当初は如水・長政父子と同様に中津《なかつ》を本拠地とした。彼は同地の教会（史料上では「司祭館」と表記）をたびたび訪れ、この後述べるように、ガラシャの一周忌のミサをここで挙行する。そして、同七年に小倉《こくら》（福岡県北九州市）への本拠地移転を進めると、中津の教会にも移転を促し、セスペデスを小倉の教会に招いた。ガラシャが唯一面会し、手紙をやり取りすることもあった宣教師である。忠興の庇護のもと、小倉の教会にはイエズス会の者が三人「落ち着いて暮らしており」「キリシタンになった人々の保持や、新たにキリシタンに改宗させることに絶えず従事」していたという。また、九州と本州の結節点ともなる地理的条件から、往来する人々の教会訪問も多かったようだ（「一六〇三、〇四年の日本の諸事」）。

その一方、忠興が離れた中津には三男忠利が入り、改めて教会が建てられた。彼は「キリシタンであった母親ガラシアの良い思い出」ゆえにキリスト教に信愛を示していたといい（「一六〇九、一〇年度日本年報」『イ会日本報告集』Ⅱ期三）、「立派なキリシタンとして死んだ」「母の霊のためにたびたび聖祭を営むためにそこ（中津）に司祭を一名常住させることを望んで」いたという（「一六〇六、〇七年の日本の諸事」『同』Ⅰ期二一）。忠利はガラシャの追悼ミサも行えるよう、中津の教会の体制づくりに意欲をみせていた。

イエズス会宣教師の記録を読む限り、この時期に忠興が示していたキリシタンへの信愛ぶりは際立っている。「一六〇九、一〇年度日本年報」によれば、国内でもっとも好意を示していたのは福島正則《ふくしままさのり》だが、忠興もそれに劣っていなかったとされる。彼自身も改宗する可能性をみせており、教会関係者はそれを大いに期待していたが、「（モーセ一〇戒の）第六戒（汝、姦淫するなかれ）を守る気持ちを自らのうちに感じない限りキリシタンになるべきではない」といい、決断しなかったという（「一六〇五年の日本の諸事」『イ会日本報告集』Ⅰ期二〇）。多くの側室を抱えていた彼らしい証言だが、その一方で「公方（徳川家康）が大領主がキリシタンになることを禁じているのを慮ってのこと」でもあった（「一六〇六、〇七年の日本の諸事」）。ともあれ、こうして細川領国では順調に布教が進み、信者数はやがて三〇〇〇人を超えたとされる（「一六〇五年の日本の諸事」）。ガラシャ亡き後の細川領国は、つかの間ながら「キリシタンの時代」を迎えていたのである。

ガラシャの葬儀と年忌法要

ガラシャの死後にみられた忠興のキリスト教受容の様相として、今度は彼女の葬儀の様子をみていこう。

先述のようにガラシャの葬儀は、その死の直後に、西軍の統治下にあった大坂で行われた。ただ、これを催したのは、彼女と交流を有していたイエズス会の教会関係者である。家族や家臣団が参列したものではなかった。

では、細川家はガラシャの葬儀を行わなかったのか。忠興の動静を追ってみると、しばらくそうした様子はみてとれない。慶長五年（一六〇〇）九月一五日に起きた関ヶ原合戦の後、彼は本国丹後に隣接する丹波で亀山城や福知山城などの攻略に従事しており［林二〇〇〇］、一一月以降は転封にともなう丹後の引き渡し作業や、豊前への国替えの準備に明け暮れていた（『綿』一七）。多忙な日々がやや落ち着き、葬儀を行う時間が取れたのは、豊前入国を果たした後、大坂・京都に滞在していた同六年三月から五月にかけてのことである。

葬儀の様子は「一六〇一年度日本年報」に詳細である。それによれば、忠興は「熱烈な愛情で寵遇」していたガラシャの葬儀を「キリシタンの儀式によって」行いたいと、イエズス会の教会関係者に依頼した。「仏僧たちの力は夫人の魂に何らの効果も与えることができまい」と考えたためである。これを受けた宣教師オルガンティーノは、忠興との関係、キリシタンにとっての有益性、「異教徒」たちにとっての有益性を勘案し、「葬儀を盛大に行なうべきだと判断」し、近隣から教会関係者を「都」に集めた（ただし、ミサの場所は大坂だったらしい）。そして「栄誉ある壇を高く作り、その周囲全体をおびただしい数の燃える蠟燭が照らす」しつらえを施したうえで、「聖なるミサ」を捧げた。参列者はほとんど「異教徒」で、「貴人たち」が一〇〇〇人以上いたとされる。説教を担当した「まだ司祭にはなっていない日本人」は、最後に「ドナ・ガラシアは存命中には徳に励み、そして死に臨んでは、皆に彼女への大きな熱望を残した」とガラシャを称賛し、人々に感動を与えた。忠興やその側近はこれを聞き、涙を抑えることができなかったという。また、「聖なるミサ」の費用として贈られた「二千金」を、オルガンティーノが「貧困者たちに施した」ことにも、忠興は驚いたようだ。「仏僧たちは、決してそれに類したことはしないであろう」と彼は述べ、感心している。

ガラシャの死を悼む「聖なるミサ」を大いに喜んだ忠興は、慶長六年六月に帰国すると、今度は国許で一周忌のミサを行った。その話を聞いた「彼のキリシタンの娘」、すなわち長女の長と次女の多羅が、豊前でそれをみたいとせがんだためという。それで忠興がふたたび教会関係者に依頼し、実現の運びとなったのである。

一周忌のミサは、ガラシャの命日の七月一七日に行われたようだ。まだ小倉移転前なので、場所は中津の教会であろう。聖堂には「栄誉ある追悼の壇」が中央に設けられ、それに続く階段は中国からもたらされた「錦と絹の布」で覆われ、「一部は黄金で一部は銀で塗金」した七〇基の燭台で飾られた。参列者はほとんど「異教徒」で、「見物に押し寄せた群衆」は「三日間で三万人」に達したという。さすがに三万人は誇大のように思うが、多くの者がガラシャを悼み、またはミサに興味を抱き、教会を訪れたということなのであろう。一連の儀式を終え、司祭館で教会関係者と食事をとった忠興は、謝意を表わすとともに、宣教師が「福音を布教するために」はるばる日本に来たことを称賛し、「予《よ》は確かにキリシタンではない。しかし予は多くのことからキリシタン宗門に傾いている」と述べたという。彼が転封直後からキリスト教を受容する態度を示していたことは先述のとおりだが、そうした信愛の情

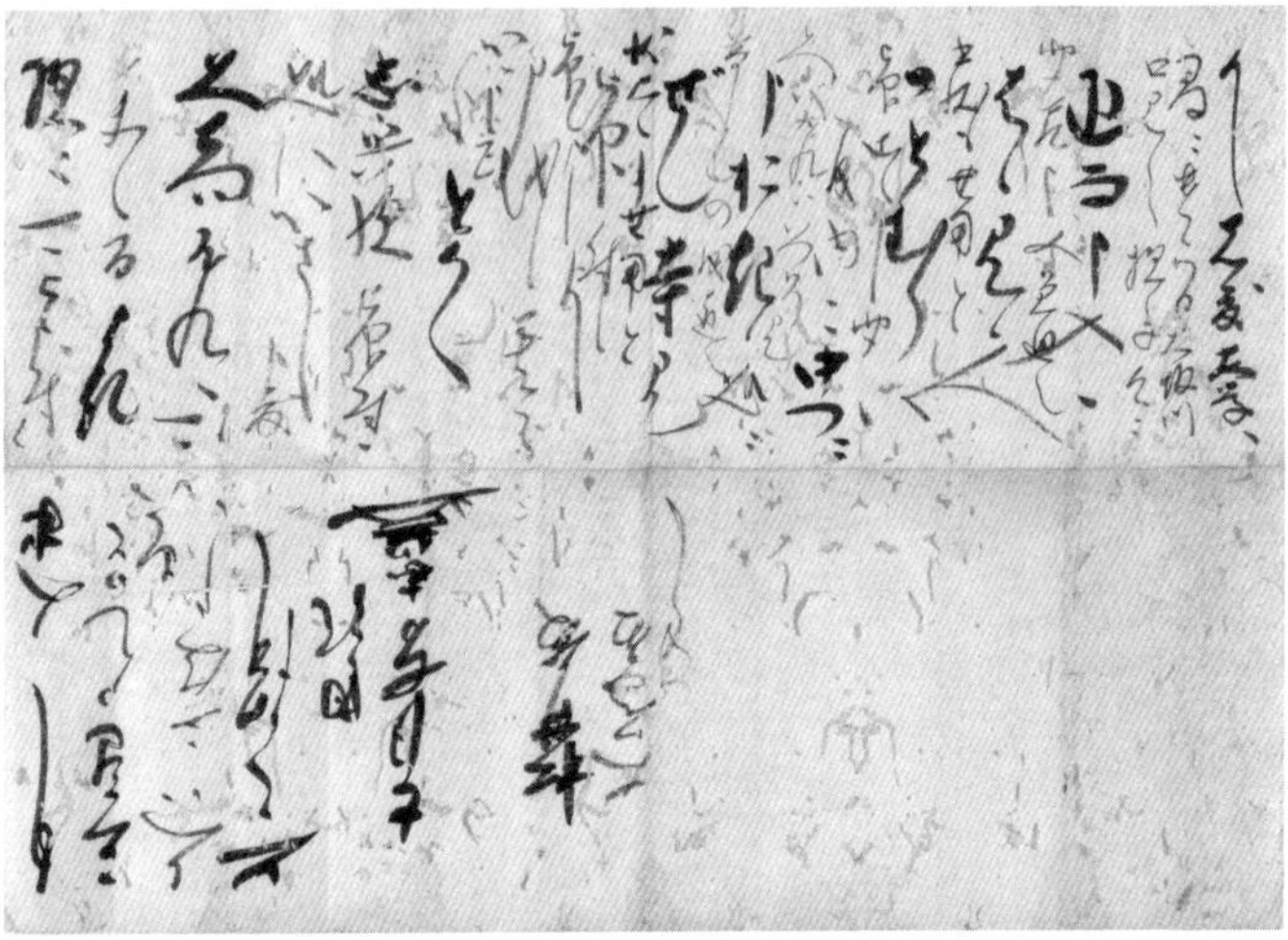

細川忠利書状（松井文庫蔵、八代市立博物館未来の森ミュージアム寄託）
上下反転している下段の1行目から2行目に「半天連」の文字がみえる。

は、大坂での葬儀や一周忌のミサを行う過程で、より一層高まっていたとみられる。

そして、これ以後、ガラシャの年忌には同様のミサが行われるようになった。慶長七年の三回忌にあたっては、「司祭二名、修道士一名、聖歌を歌う同宿七、八名と数台の楽器と豪華な装飾品」が、わざわざ長崎から送られている（「一六〇一、〇二年の日本の諸事」）。イエズス会関係史料では、少なくとも一六〇四年と一六〇七年に実施が確認され、日本側の史料では、忠興がキリシタン弾圧に舵を切りはじめた慶長一五年に、法要を「ぜん寺」で行うと聞いた忠利が、忠興に「心さし」を申したいと述べた文書が残されている(「松井」一一四七)。「半天連《バテレン》」での法要を望む忠利の「心さし」がみとめられたかどうかは不明だが、少なくとも同一四年までは、ミサによる年忌法要が営まれていたとみてよいであろう。

家族の行く末

関ヶ原合戦以後、慶長五年(一六〇〇)から同一〇年頃にかけてのイエズス会関係史料を読んでいると、ガラシャの影響もあってキリシタンに傾倒した忠興のもと、細川家の人々は新たな領国で順風満帆な日々を送っていたようにも思えてしまう。しかし、実際はそうでもなかった。ガラシャが死去したとたんに、家族が次々とトラブルに見舞われていくのである。そして、そのほとんどが忠興との関係によるものであった。

最初は、長男忠隆である。忠興・ガラシャ夫妻の嫡子として育てられ、関ヶ原合戦にも参戦していた彼は、戦後に突如廃嫡《はいちゃく》されたのである。『綿考輯録』巻一七によれば、正室の千代の処遇問題が原因という。同書いわく、忠興は忠隆に対し、関ヶ原合戦前夜にガラシャと一緒に大坂玉造の屋敷で最期を迎えることなく、逃れていた千代と離縁するよう命じ、いったんは忠隆もそれを承知した。忠興としては、慶長四年九月から一一月にかけて生じた前田利長の謀反疑惑以来、溝ができていた前田家との縁をこの機会に絶ち切ってしまえ、そう考えていたのであろう。ところが、関ヶ原合戦後の丹波攻めのおり、忠隆が丹波・丹後国境の「高守の城」に在城していたところに、千代がわざわざ訪ねてきたため、彼は別れ難くなった。それで忠興が激怒し、もう豊前に来なくてよい、と廃嫡してしまったのである。同五年一一月後半から一二月にかけてのことであった。これ以後、忠隆は祖父藤孝の支援を受け、京都で生涯を送っていく。ただ、後に忠興と和解し、子孫は細川内膳《ないぜん》家と称され、細川一門として遇されている。

次のトラブルは、慶長六年一二月に生じた忠興の弟興元の出奔《しゆっぽん》事件である。これも『綿考輯録』巻一七でしか詳細が追えないのだが、その経緯は次のようなものであった。この月の中旬、藤孝が細川領国となってはじめて豊前中津を訪れた。重臣たちは挨拶のため、次々と彼のもとを訪れたのだが、当時小倉城代を務めていた興元は「風気」と称し、養子興秋（忠興・ガラシャ夫妻の次男）を代理に派遣していた。忠興がそれを不審に思っていたところ、翌日に「小倉より玄蕃《げんば》殿御《お》立退《たちのき》」との知らせを受けた。原因は、今回の転封にあたって家老職となり、徳川家や豊臣家からみて「陪臣《ばいしん》と成事」を憤《いきどお》ってのことという。忠興の家来あつかいとなることに、納得がいかなかったのである。なお、後に彼は忠興と和解し、徳川秀忠から下野茂木《しもつけもてぎ》（栃木県芳賀郡茂木町）一万石を与えられ、大名に取り立てられている。

興元の出奔により、立場が不安定になったのが、その養子に入っていた興秋である。長男忠隆が廃嫡されたことで、忠興の後継者は次男興秋か三男忠利のいずれか、ガラシャの子ども二人に絞られたが、興秋はいったん養子に出された立場であった。その一方で三男忠利は、第五章で述べたように、慶長五年正月から人質として江戸に送られていたが、この間に奉公ぶりを徳川家に評価され、秀忠の一字をもらい「忠辰」と名乗っていた（同八年以降に「忠利」と改名）。徳川家からの覚えの良さが際立っていた。

そして、かかる立場の違いが、最終的には後継者決定に影響を与え、興秋の運命を狂わせた。慶長九年に忠興が病に伏せり、重篤化すると、その意思を受けて出された家康の御内書《ごないしょ》により、忠利が「豊前宰相家督」に指名されたのである（「永青文庫所蔵文書」『大名細川家』図録三二）。この時の忠興の病はやがて回復したが、忠利を後継者とする方針に変わりはなく、彼は元和《げんな》七年（一六二一）に家督を相続し、寛永九年（一六三二）には肥後《ひご》に転封され、熊本五四万石の大大名となった〔稲葉二〇一八〕。

こうした経緯で進められた後継者指名により、興秋は完全に立場を失った。そして、江戸から豊前に下向することとなった忠利の代わりに、人質として江戸に向かうよう指示された。興秋はこれを不承不承《ふしょうぶしょう》承諾し、「忠興様の指示には逆らわない」と誓った起請文を捧げて国許を出発する（「松井」二三一四・二三一五）。しかし、けっきょく慶長一〇年三月に江戸へ向かう道中で逐電した。『綿考輯録』巻一八によれば、逃亡先は京都の建仁寺十如院であったという。ちなみに、京都には忠隆と興元も逗留していた。晩年を同地で過ごしていた藤孝の周辺は、細川家の出奔男子の溜まり場となっていたようである。

ただ、忠隆や興元とは異なり、興秋は忠興と和解することはなかった。大坂の陣が起こると豊臣方に味方し、「さすか細川殿御子息」と評されるほどの戦いぶりをみせるのである。最後は捕縛され、赦免を求める声もあがる中、忠興に切腹させられたという(『綿』一九)。

このように、ガラシャの生涯にも深くかかわっていた彼らは、彼女の死後、あっという間に細川領国から去ることとなった。歴史に「たられば」は禁物だが、ガラシャが生きていれば、その行く末は多少は異なっていたのであろうか。

最後に、ガラシャの娘たちについても触れておきたい。「秀次事件」以後、細川家に戻っていた長女の長と、次女の多羅は、忠興が豊前一国・豊後二郡を拝領した後は豊前に下向していた。彼女たちについてヨハネス・ラウレスは、「嘗《かつ》て母ガラシャがそうであったと同様に厳しい監視の中におかれていて、一人で両親の家を出ることも許されなければ、ぱあでれと話をすることもできなかった」とする「一六〇三年度の年報」の記事を紹介している［ラウレス一九五八］。ただ、先述のごとく、豊前でガラシャ追悼のミサをするようせがんだのは彼女たちであり、「一六〇一、〇二年の日本の諸事」には、「越中殿の娘たちはしばしば司祭を訪問させ、自分たちはキリシタンであり、死に至るまで母親ガラシアに倣《なら》いたいと言い、聖週間にはやはり鞭《む》打《ち》ちの苦行《う》をした」と記されている。みずからの意思で教会を訪問できたかどうかはともかく、宣教師には会っており、ガラシャに課されていたような行動制約はなかったのではないだろうか。いずれにしても、彼女たちは敬虔なキリシタンであった母に敬愛の念を抱き、最後まで信仰を守り続ける覚悟を持っていたようである。

ところが、ふたりはともに若くして亡くなった。長は慶長八年九月に死去したとされる（『綿』一八）。天正一〇年（一五八二）生まれだとすれば、享年二二である。

多羅は慶長一〇年までに豊後臼杵《うすき》藩主稲葉《いなば》典通《のりみち》の子息一通《かずみち》と結婚し、その後は臼杵（大分県臼杵市）で暮らしていたようである。彼女が嫁いだせいか、稲葉領国では「福音の自由な説教を妨げ」られることがなく、稲葉家は「むしろ支援する者」であったという（「一六〇五年の日本の諸事」）。イエズス会は豊後に三ヶ所の拠点を有していたが、その内の高田《たかた》（大分県大分市）と野津《のつ》（大分県臼杵市）が稲葉領国にあったのである。しかし、同一七年に江戸幕府が禁教令を出したことで、状況は大きく変わる。同年に領内の宣教師が追放され、同一九年からは信者に改宗を促すところから禁教の取り組みがはじまった［佐藤晃洋二〇一六］。多羅は、ちょうど同一九年の九月一七日に享年二七で亡くなっている（『綿』一八）。信仰を守り続けての最期となったのであろうか。

キリスト教政策の方針転換と忠興の晩年

前項でも少し触れたように、江戸幕府は慶長一七年（一六一二）に幕府領に対する禁教令を、翌年には諸藩領も含めた禁教令を発布する。これ以降、キリスト教は禁じられ、武士のみならず一般の人々まで取り締まりの対象となり、キリシタンは冬の時代を迎えていくのだが、じつは細川領国では、それよりも一足先に禁教に踏み切る動きがみられた。本章の最後のトピックとして、その経緯と様子を簡単にみておくこととしよう。

ここまで述べてきたように、ガラシャの死後、忠興はキリスト教に対する理解と信愛の情を示してきた。小倉と中津には教会が建ち、司祭が配され、家中の武士や民衆の改宗は憚りなく進められており、ガラシャの命日には毎年のように追悼の「聖なるミサ」が催された。ところが慶長一五年頃より、忠興はそうした態度を改めていく。「冷淡となり自領に司祭を置こうとせず、家臣たちにはもし死を免れたければ偶像崇拝に戻るよう命じ」はじめたのである（「一六〇九、一〇年度日本年報」）。

かかる忠興の態度の変化は、慶長一六年によりはっきりしたものとなった。小倉にいた宣教師セスペデスが死去したためである。彼は三四年にわたり日本での布教に従事し、最後の一〇年は細川領国で活動していた。ガラシャが面会した唯一の宣教師でもある。それゆえであろう、忠興は「予の国には伴天連もキリシタンもいらない」といい出した後も、「伴天連グレゴリオ・デ・セスペデスが生きている間は我慢もしよう。彼への愛があるから、すべてを破壊せずにいる」と述べていた（「一六一一年度日本年報」『イ会日本報告集』Ⅱ期四）。そのセスペデスが同一六年に死去したことにより、忠興はいよいよ禁教に舵を切ったわけである。

これに対し、キリスト教に深い理解を示していた後継者の忠利は、先述のごとく、ガラシャの法要を「ぜん寺」で行うと決めた忠興に対して「心さし」申したいと述べるなど、当初は父忠興と異なるスタンスをみせている。ただ、それも幕府が禁教令を発布する段階になると、翻さざるをえなくなった。なお、寛永九年（一六三二）に肥後熊本へ移った後の忠利は、キリシタン取り締まりを徹底的に進め、全国の民衆を対象とする「日本国」一斉取り締まりを幕府に提言するほど、心血を注いでいくこととなる［後藤典子二〇一九、同二〇二〇］。

ところで、どうして忠興は幕府が禁教令を発布する前から方針を転換したのであろう。「一六〇九、一〇年度日本年報」は「昔からの仇敵《きゅうてき》」が「キリシタン宗門に対して種々妨害をしむけ始めた」ためと記すが、「仇敵」の具体像ははっきりしない。領内に所在した寺社勢力の巻き返しの結果であろうか。

政治的にみれば、キリスト教に対してネガティブな印象を持っていた徳川家康・秀忠父子の意向に忖度（そんたく）したという可能性が考えられる。ただ、ちょうどこの頃は、彼らがスペインと貿易交渉を進めている最中であり［平川二〇一八］、これが成功していれば布教は黙認され続けた可能性が高い。先走って忠興が禁教に動く必要性はなく、そうすると方針転換の理由は、幕府との関係ではないのかもしれない。

なお、『綿考輯録』巻一三には、忠興がキリスト教への怒りを示した場面が記されている。

（原文）

豊前小倉の切支丹寺にて絵像を御書せ成されけるに、切支丹ハ死をいさきよくする事をたつとぶにより、火煙の内に焼させ給ふ半身を書たりけれハ、此様にむさとしたる像を書ものかとて、宗門を改め浄土宗になされ、極楽寺へ御位牌を遣わされ候、

（現代語訳）

小倉の教会で（ガラシャの）絵を描かせられたところ、キリシタンは潔く死ぬことを尊ぶため、（ガラシャが）火煙の中で焼かれる半身の姿で描かれた。（これに対して忠興は）このようないい加減な像を描くものか！　とおっしゃり、（ガラシャを弔う）宗門を浄土宗に改められ、極楽寺に御位牌を遣わされた。

忠興は、法要の時などに故人を偲《しの》ぶべく掛ける遺像（亡くなった人の姿を描いた肖像）として、ガラシャの「絵像」を描かせようとしていたのであろう。当時の上級武家では、そういった肖像をよくつくらせていた。ところが、教会サイドは、彼女の平時の姿ではなく、大坂玉造の屋敷で悲劇的な最期を迎えた場面を切り取り、（おそらく洋画の描法で）絵画化してしまった。教会サイドがかかる画題を勝手に設定したのか、彼のオーダーがあってのことなのかはわからない。ただ、自分のため、細川家のために命を投げ出し、炎に包まれていく妻の姿を描かれて、忠興は許容し難いものを感じたようである。これに怒りを示し、ガラシャを弔う宗門をキリスト教から「浄土宗」に変える決断を下した。『綿考輯録』巻一三は、このように伝えている。

右の話は、忠興が禁教に転じた経緯を示唆するエピソードとして、興味深くはある。情報源が明記されない家譜の記事であるため、信ぴょう性を検討する必要があるのはいうまでもなく、予断するつもりはないが、政治的な理由がはっきりしない以上、案外こういったことがきっかけで、忠興は禁教に転じたのかもしれない。そういう可能性を示唆するものとして、いまはこの逸話を捉えておこう。

なお、小倉藩士の春日信映が寛政《かんせい》四年（一七九二）に編纂した「倉府《そうふ》俗話《ぞくわ》伝追加《でんついか》」によれ

ガラシャの位牌（熊本市立熊本博物館蔵）
細川家の菩提寺泰勝寺に伝来したものという。

ば、ここに登場する極楽寺は浄土宗寺院で、秀林院と号していた（『小倉市誌　上編』）。秀林院とは、ガラシャの死後に創建されたとおぼしき彼女の菩提寺である。忠興が「御位牌」を極楽寺に移した、と記される点の傍証になるであろうか。

ともあれ、関ヶ原合戦の後に、細川領国に訪れたつかの間の「キリシタンの時代」は、こうして幕を下ろした。忠興の豊前入国からセスペデスが死去するまでと考えると、およそ一〇年という短い期間である。ガラシャが生きていれば、前のめりで布教に取り組んだと想像されるが、それは叶わなかった。しかし、彼女の悲劇的な最期がなければ、細川家にこれほどの領地が与えられることはなく、忠興がキリスト教にこれほどの親密さを示すこともなかったのかもしれない。

さて、これ以後に細川領国でみられた禁教の様子には、加賀山隼人や小笠原玄也《げんや》（少斎の子）の殉教、忠利のキリシタン取り締まりなど注目すべき点も少なくないのだが、それらはもはや本書の守備範囲をはるかに越える。最後にここで、その後の忠興の動静をごく簡単に記し、この章を終えることとしたい。

キリスト教政策を転換した後も忠興は細川家当主の座に留まり続けていくが、元和六年(一六二〇)にふたたび体調を崩し、忠利に家督を譲って中津城で隠居する。しかし、その手もとには小さからぬ隠居領が有り、そこには独自の家臣団も形成されていた。しかも彼は、織田信長・豊臣秀吉・徳川家康といった天下人に仕え、幾多の戦塵《せんじん》をかいくぐってきた歴戦の武将であり、千利休の高弟として名を馳せた茶人でもある。けっきょく隠居後も江戸と国許を往来し、政治・文化に独自の影響力を発揮し続けている。寛永九年に細川家が肥後熊本五四万石に転じた後は、肥後南部の八代《やつしろ》(熊本県八代市)に隠居領が確保された。この隠居領が、やがて宇土細川家(宇土家譜を編纂した分家)成立の呼び水となる[吉村二〇〇一、山田貴司二〇一一]。忠興は子どもたちと違って長命を保ち、同一八年に忠利が死去した後も生き続け、正保二年一二月二日(西暦一六四六年一月一八日)に亡くなった。享年八三であった。

第七章　一九世紀までの歴史的イメージ

歴史的イメージの問題を取り上げる理由

ここまで、ガラシャの実像をひたすら追いかけてきた。ここからは、その死後に形成された歴史的イメージの問題、いわば虚像の世界をみていく。本書は《中世から近世へ》というシリーズの一作にあたるが、その名称にひき付けていえば、ガラシャが生きた中世後期から中近世移行期にかけてはその実像に迫り、彼女の死後、近世から近代にかけては、虚像が形成され、展開していった世界をみていくという流れとなる。

さて、ガラシャに限らず、著名な歴史上の人物の場合、死後にその生涯は、物語や演劇、絵画、こんにちでいえばドラマや映画、小説など、さまざまな媒体で取り上げられ、いわばエンターテイメントの資源として活用される。そうした動きは古今東西どこの世界でもみられるものであり、いち鑑賞者としてそれを見聞きするぶんには面白い。

ただ、歴史学的な観点からいえば、そこには小さからぬ問題もみいだされる。鑑賞者の興味関心をひくための誇張や虚説がしばしば織り込まれるがゆえに、実像とかけ離れた歴史的イメージが醸成され、それが人物像として定着してしまいがちなことである。多くの場合、エンターテイメントの中で語られる歴史的イメージは実像を正確に反映したものではないのだが、一般的に、そういったプロセスや実態に目が向けられることは少ない。どこまでが実像で、どこからが虚像なのか、いちいち説明されないのである。ゆえに、信頼できる史料にもとづいて科学的・実証的な手法で解明を進め、誇張や虚説を取りはずした精度の高い歴史像、人物像を提示すべく、歴史学者は研究を進め、情報発信しているのであり、本書もまた、そうした成果のひとつにあたる。

もっとも、その一方で、こうした歴史的イメージそのものも、じつは重要な歴史の産物のひとつだったりする。人々が求める理想像、あるべき振る舞いが歴史上の人物に仮託され、政治や教育の資源にされることだってあったのである。また、対象とする人物が亡くなった後に、（ある意味勝手に）巷間で歴史的イメージが形成され、時とともに変容していく様子や、評価が変わっていく経緯を検討することは、私たちが有している歴史的イメージが、とても不確かで、移ろいやすいものであることを目の当たりにする機会にもなる。

ということで、本章と次章では、ガラシャの生涯が大名夫人のそれとしてゆかりの人々に記憶・記録されるに留まらず、さまざまな媒体で取り上げられ、「戦国のヒロイン」然とした女性として語り継がれていった経緯をひもといていく。時代や地域によっては、ここまで解明してきた実像とは異なる語られ方も確認されることであろう。そのギャップに、是非とも注目していただきたい。

細川家におけるガラシャの記憶と記録

かかる問題意識のもと、まずは細川家でガラシャがどのように記憶され、語られていたのかを取り上げよう。

彼女の死後、早い時期からその生涯に注目したのは、孫の細川光尚《みつなお》（細川忠利の子息）である。彼が興味をもった理由ははっきりしないが、明智光秀の血をひく三宅藤右衛門重元《とうえもんしげもと》が細川家中に加わったことが、ひとつのきっかけかもしれない。重元の父は三宅重利といい、先述したように、ガラシャの姉と明智秀満の子息である。

本能寺の変により、重利は両親を失う。しかし、ガラシャの庇護もあって成長し、細川家に仕えたとされる。その後、細川家を離れて肥前唐津藩の寺澤家に仕え、天草富岡城代となった。しかし、寛永一四年（一六三七）に起きた天草・島原一揆のおり、重利は天草本渡《ほんど》の戦いで討ち死にし（『三宅藤兵衛』図録）、父の代わりに奮戦した重元も、戦後に寺澤家を辞してしまう。こうして浪々した重元を、正保二年（一六四五）に細川家中へ迎えたのが光尚であった。彼は「明知日向守ためニひ孫子、明知左馬介孫子」にあたる重元を「我等《われら》一紋《いちもん》」として遇し、目をかけたのである（「三宅家文書」三〇、「松井」二三二三）。

こうして明智家ゆかりの人物が細川家中に加わった影響であろうか、光尚は先祖の事績に興味を持ちはじめたとおぼしく、正保四年三月に、ガラシャ最期の様子を知る者はまだいるのか、と家臣に尋ねた。そこでみいだされたのが、元侍女の霜であった。光尚の要望を受け、彼女は当時の経緯を回顧録としてまとめた（『綿』一三）。これが、本書でたびたび引用してきた「霜女覚書」である。すなわち、光尚のかかる意向がなければ「霜女覚書」はしたためられることはなく、ガラシャ最期の様子はここまで詳しくわからなかったであろう。

ところで、ここまで本書を読んでこられた皆さんには、光尚が明智家ゆかりの人物を家中に迎え、喜んでいることに、違和感を覚える方がおられるかもしれない。光秀は謀反人、裏切者とみなされていたんじゃないのか、と。たしかに、そうである。ただ、そのような光秀に対する評価は、夫のために、家のために命を投げ出したガラシャの最期の影響であろう、やがて改められ、明智家との血縁関係もポジティブに捉えられるようになっていたふしがある。たとえば、江戸幕府の老中土井《どい》利勝《としかつ》から送られてきた文書を細川忠興へ転送するにあたり、忠利はその文箱《ふばこ》のうえに、内容に関する簡単なメモを付すことがあった。幕閣からの手紙だと聞き、忠興が驚かないようにとの配慮である。気のきいた話だが、それをみた忠興は「是ハ明知向州仕られたる事に候、能相候と感じ申し候（これは光秀が行っていた配慮と同じだ。良い方法だと感心した）」と述べている（「細川忠興文書」『大日本近世史料　細川家史料』七六六、

［稲葉二〇二〇］）。かかる様子をみる限り、光秀を謀反人とする見方は、時間とともに後退しているように感じられる。

少し脱線した。ガラシャのことに話を戻そう。彼女に触れた細川家の記録として、他には、ここまで頻繁に取り上げてきた細川家の家譜類があげられる。早いものは、天和三年（一六八三）以前に成立した宇土家譜「忠興公譜」であり、これ以後、順次成立していった家譜類には、彼女に関する記述が少なからず確認される。結婚や改宗のこと、裏づけははっきりしないものの、忠興との夫婦仲を示唆する興味深いエピソードなど、さまざまな話題がみえるが、取り上げ方には偏りがあり、重視されたのはやはり最期の場面である。

たとえば、藤孝・忠興・忠利・光尚の四代にわたる当主の伝記、家の歴史書として成立した『綿考輯録』をみてみよう。同書は六六巻で構成されるが、そのうち一巻はガラシャの最期にまるまるあてられる。それが『綿考輯録』巻一三なのだが、同巻で編者の小野景湛は「諸家に秀て御名誉」「末代迄も御節義を感じ奉る事自他の差別なく、誠に以って比類なき御忠節」と彼女の最期を絶賛する。夫のために、家のために、ひいては東軍（徳川家）のために命を投げ出したという認識は、先述のごとく、「一六〇三、〇四年の日本の諸事」にみえる「夫の名誉と今、日本の君主となっている内府の名誉のために生命を差し出して、キリシタンとして死んだ」という記事が示すように、忠興の公言するところであったが、キリシタンであった事実を除き、それは後々まで語り継がれていたのである。右に示した『綿考輯録』の編者の称賛ぶりをみる限り、ガラシャの最期は細川家の歴史の重要なひとコマとして定着しており、こうした様子を金子拓は「神聖化」と評価する［金子二〇一二］。

その一方、ガラシャがキリシタンであった事実は、どう記憶・記録されていたのか。この点については、先述のように宇土家譜「忠興公譜」や『綿考輯録』巻一三に入信の経緯が記され、とくに前者では「加羅奢様」と頻繁に呼称される。この記事が人々にどれほど認知されていたのかはわからないが、彼女がキリシタンであった事実は、江戸時代中期までに編纂された家譜類には明記されていた。

ところが、一九世紀に入ると、少し事情が変わった可能性がある。安廷苑が指摘するように、天保《てんぽう》三年（一八三二）に編纂された家譜『藩譜採要《はんふさいよう》』には、キリシタンであった事実が記されていないのである［安二〇一五］。かかる変化が、キリシタンであった旨を秘匿するための削除措置なのか、「採要」という名称が示すような、家譜のダイジェスト版というべき同書の性格ゆえなのかは、はっきりしない。ただ、慶長九年（一六〇四）に制作された黒田如水像（円清寺蔵）の賛文などは、キリシタンであったことを示す「一旦南蛮宗門に入り、法談を聞く」という部分が後にすり消されたと考えられており（『軍師官兵衛』図録一八〇）、近隣の大名家では、禁教令を慮って藩祖の信仰を秘匿せんとする動きもみうけられた。検討の余地は残るが、ガラシャのケースもそうだったのかもしれない。

なお、『藩譜採要』が編纂されたのは、一八世紀後半から一九世紀前半にかけて長崎や天草の潜伏キリシタンの摘発が続いた時期にあたる〔大橋二〇一六〕。近隣で起こった事態を受け、ガラシャがキリシタンであった事実も憚りありと捉えられた可能性はあろう。

ただ、いずれにしても間違いなさそうなのは、キリシタンうんぬんの問題は、細川家にとってさほど重要な事柄ではなかった、という点である。『藩譜採要』で削られているように、ガラシャがキリシタンであった事実は、細川家の歴史や名誉にかかわるものとみられていない。禁教令との兼ね合いを勘案すれば、むしろネガティブな材料であった。こうして彼女がキリシタンであった事実は、細川家中でも触れられなくなり、人々の記憶から忘れさられていったとみられる。細川家における彼女の歴史的イメージは、夫のために、細川家のために、ひいては東軍（徳川家）のために「名誉」の最期を遂げ、比類なき忠節を示した模範的大名夫人としてのそれに、定まっていくのである。

軍記物や列女伝にみえる歴史的イメージ

細川家中の外では、ガラシャはどう認識され、語られていたのか。江戸時代以降、その生涯はさまざまな媒体に記され、描かれており、明治時代後期になると、彼女を主役とする読み物や芝居もみられるようになる。題材とされたのは、やはり最期の場面であった。以下、そうしてこの間に国内でつくられていった歴史的イメージの特徴をピックアップし、みていくこととしたい。

最初に取り上げるのは、ガラシャ最期の場面に政治的な影響をみいだしたり、模範的な大名夫人としての振る舞いを称賛したりしている点である。早い事例は、『信長公記』をはじめとする数多くの著作を残した太田牛一の軍記物『関ヶ原御合戦双紙《そうし》』、関ヶ原合戦前後の徳川家康の動向を中心に叙述するものである。『太田《おおた》和泉守《いずみのかみ》記』『内府《だいふ》公軍記《こうぐんき》』などともいわれ、大和文華《ぶんか》館と名古屋市蓬左《ほうさ》文庫には牛一の自筆本が伝わるが、ガラシャ最期の場面を盛り込んでいるのは、記事が増補された蓬左文庫本（外題は『太田和泉守記』）、慶長一二年（一六〇七）の成立とされる一書である［金子二〇一一］。

同書で注目されるのは、大坂玉造の屋敷に火がかけられた状況をみて、「か様に家〳〵に火を懸られ候はゝ、はたか城になるべきや否や（（人質をとるたびに）家々に火をかけられては、〔類焼により大坂城が〕はだか城になってしまうのではないか）」と西軍が懸念し、ガラシャ以外の人質確保を「さしをかれ」たために、「あまたの人を扶《たす》けられ」た、と述べる記事である。火災にフォーカスする視点は他の史料にないユニークなものであり、これはこれで興味深いが、より重要なのは、彼女の最期が西軍の人質確保作戦に影響を与えたとみなす評価である。第五章で述べたように、ガラシャが最期を迎えた後も、西軍は人質確保の動きそのものを止めてはいない。史実はそうである。にもかかわらず、関ヶ原合戦から一〇年もたたない内に、ガラシャの死が西軍の人質確保作戦を中止に追い込んだ、という言説が生まれていたのである。この後、彼女の歴史的イメージの構成要素のひとつとなっていくものである。

次に、江戸時代前期に編纂された女性の伝記をみてみよう。松江藩の儒学者黒澤弘忠《くろさわひろただ》がまとめ、寛文《かんぶん》八年(一六六八)に刊行された『本朝列女伝《ほんちょうれつじょでん》』は、歴史上の女性二一七人をピックアップし、それぞれに評伝を付したものだが、ここにはガラシャも含まれている(『ガラシャ』図録一〇五)。取り上げられたのは、やはり最期の場面。人質となり「忠興一族之安泰」を図るよう石田三成に迫られた彼女は、「夫は家康様の命に応じて関東に出陣しており、私はその妻である。どうして豊臣秀頼に従うだろうか。盛衰を以って節を改めず、存亡を以って心を変えないのが武士の家法である。武家に生まれ、どうして家法を辱めようか」と語り、命を絶った。その結果、三成は他の武将から人質をとることを控えた、とされている。この書物でも、西軍の人質確保作戦に影響を与えたことが評価の対象となっている。

それと、かかる影響をもたらしたガラシャを、弘忠は「当時の節女《せつじょ》、婦にして義あり」と称えてもいる。これも注目すべき点である。「節女」とは節義ある女性のこと。『日本国語大辞典』によれば、節義とは「人として正しい道を守りとおすこと」という。つまり、ガラシャには「正しい道を守りとお」した模範的な大名夫人という評価も付されていたわけだ。これもまた、江戸時代以降に形成された歴史的イメージの構成要素となるものである。

江戸時代から明治時代にかけてみられたガラシャの歴史的イメージとして、もうひとつ取り上げたいのが、第五章でも触れた二人の子ども殺害説である。先述のごとく、この逸話は、ガラシャが死去した翌日に記された『言経卿記』慶長五年七月一八日条にみえるもの。史実とは考え難いのだが、当時そうした噂が広まっていたのであろうか、同様の話が、江戸時代以降に編纂された書物にも少なからず確認されるのである。

早い事例は、金子が指摘するとおり『関ヶ原御合戦双紙』名古屋市鶴舞《つるま》中央図書館河村《かわむら》文庫本（外題は『太田和泉守覚書』）である。この本は、先ほど紹介した蓬左文庫本とはまた異なる増補記事を持つ点に特徴があるもの。ガラシャに触れた記事はその増補部分にあたるため、記された時期や主体が問題となるが、『信長公記』に似た書きぶりがみえる点から、金子は「牛一自身の筆になると考えてもよかろう」と述べている［金子二〇一二］。そうすると、慶長年間の後半に、牛一により追加された内容とみなされる。

件の増補部分には、「兄十歳のおさなき人、あらけなく引寄せ給へは、かゝさまは何事をめされ候と申されしを、刀を抜き、さし殺し、左の方へ推《おし》ふせ、又八歳の御料人を引よせ給ふ、我をは扶け給へと申されしを、こゝろ強くも情けなくさし殺し、右の方へ押ふせ」とあり、最期を迎える直前のガラシャが、いまひとつ事情が飲み込めていない一〇歳の息子と、助けを求める八歳の娘を刺し殺したという、衝撃的な振る舞いが記されている。子殺しまでする描写が、家のため、夫のために命を投げ出した「節女」イメージをさらに増幅すると考えられていたのであろうか。なお、『言経卿記』の記事と比較すると、子どもの年齢は異なっているが、人数と性別は一致する。兄と妹という組み合わせである。

将軍徳川綱吉《つなよし》の命を受け、学者の林信篤《はやしのぶあつ》と木下順庵《じゅんあん》がまとめ、貞享《じょうきょう》三年（一六八六）に完成した徳川家の歴史書『武徳大成記《ぶとくたいせいき》』にも、二人の子ども殺害説は確認される。「忠興夫人自殺ノ事」の項に、西軍の軍勢が大坂玉造の屋敷に押し入ってくると聞き、「内室明智日向守光秀カ女也」が「七月十七日自殺ス、男女二子共ニ生涯」した、と記されるのである。将軍の命で編纂された歴史書が二人の子ども殺害説を採用していたとなれば、細川家が否定する声をあげたとしても、人々の耳にはなかなか届かなかったかもしれない。史実と齟齬するエピソードは、拡散するばかりであった。

明治維新により幕藩体制が崩壊し、細川家が肥後熊本藩主ではなくなり、キリスト教の信仰がみとめられるようになった後も、江戸時代に醸成された右のごとき歴史的イメージはしばらく変わっていない。ただ、掲載媒体には、変化が起こっているようにみえる。明治政府により教育制度の整備が進められる中、教育関係のテキストや女性向けの道徳書に逸話が掲載されるケースが生じているのである。

一例として、明治一一年（一八七八）に成立した『女子《じょし》修身訓《しゅうしんくん》』をあげておこう（『ガラシャ』図録一〇七）。これは、「東京府士族」阿部弘国が編纂した女性向けの道徳書である。編者は『漢訳《かんやく》伊蘇普譚《いそっぷたん》』の出版にかかわるなど、明治時代初期に広く文筆活動を展開した人物らしい。本書は「巻上」「巻下」の二冊で構成され、前者は「女子修身の要領を示」したもの。後者は「模範篇」とされ、「内外古今の別なく人の亀鑑となりぬへき事ともをかいあつめ」「婦女子輩」が「志を起して賢き人となり」「行いを慎ミて善き人といはれんことを願」うようになることを促すものという。日本のみならず、中国や欧米からも模範とすべき女性の評伝を取り上げ、総計四七伝を掲載する。

ガラシャの評伝は、この「巻下」「模範篇」に記される。それによると、三成から大坂城に入るよう求められ、軍勢まで派遣された彼女は、屋敷から老女を去らせた後、二人の子どもを呼び寄せ、「今其死ぬへき時」と諭して刺殺し、自殺した。その結果、三成は諸将の妻子を人質にとることを思いとどまった。かかる政治的な影響は「全く夫人の節義」による、というのが『女子修身訓』におけるガラシャ評である。

この書物からも、「節義」ある振る舞いを選択した模範的な大名夫人という評価、二人の子どもを殺害したというエピソード、西軍の人質確保作戦への影響という三点セットが、ガラシャの歴史的イメージを構成する要素になっていた様子がみてとれる。

明治時代中期までのガラシャの絵画

ここまで文献の話に終始してきたが、ガラシャを描いた絵画にも目を向けておきたい。彼女の死後、軍記物や列女伝でエピソードが語られ、歴史的イメージが形成されていくと、それを画題とし、可視化する動きもみられたのである。

早い例は、版本として出版された列女伝の挿絵である。先ほど紹介した『本朝列女伝』には、炎上する屋敷でガラシャが自害し、別室で留守居が切腹する様が描かれている。

本格的なものとしては、江戸時代後期の制作とおぼしき田安《たやす》徳川家伝来「関ヶ原合戦絵巻」（春・夏・秋・冬の四巻）が注目される。関ヶ原合戦を題材とした絵巻は複数あるが、ガラシャ最期の場面や丹後田辺城の攻防戦など、細川家に関連する事柄を盛り込んだこの作品は、類例のない興味深いもので、ガラシャ最期の場面は一巻目

「関ケ原合戦絵巻・春巻」（徳川美術館蔵 © 徳川美術館イメージアーカイブ／DNPartcom）

の春巻にある。ここには、燃えさかる屋敷の一室で、子どもに短刀を向け、いままさに殺害しようという彼女の姿が描かれている。詞書には「三成、諸家の内室を人質として城中に迎ふとて、細川のたち《（館）》へ迎を遣しけるに、内室きかす、迎のものを追返し、稚《いとけな》き子をさし殺し、ミつからも刃にふして、夫の志をさためしむ」と記され、子どもは一人しかみえないものの、二人の子ども殺害説を踏まえた描きぶりとなっている。

江戸時代中期に多色刷りの木版画技法が確立し、役者絵や美人画、名所絵が作成されはじめ、幕末から明治時代前期にかけては歴史上の人物や合戦なども画題に選ばれるようになると、ガラシャを描いた作品も制作された。いわゆる錦絵である。彼女を題材とした錦絵は、管見では①一恵斎《いつけいさい》（落合）芳幾《よしいく》「太平記拾遺　音川忠興之夫人」（明治

小林清親「今古誠画 浮世画類考之内 慶長五年之頃」（安廷苑氏蔵）

三年）、②歌川豊宣《うたがわとよのぶ》「新撰太閤記　明智光秀ノ女」（同一六年）、③小林清親《こばやしきよちか》「今古誠画　浮世画類考之内　慶長五年之頃」（同一八年）、④松斎吟光《しょうさいぎんこう》「古今名婦鏡　細川忠興妻」（同一九〜二〇年）の四例が確認された。①・③・④はこれから最期を迎えんとする場面を、②は味土野幽閉中の場面を描いている。

　ガラシャの歴史的イメージを追う本書の問題関心からいうと、興味深いのは④の作品である（口絵裏参照）。画面をみると、ガラシャは打掛《うちかけ》の右肩をはずし、左脇に娘とおぼしき子どもを抱え、短刀を振りかざしている。その手前で膝まずいた子ども（息子であろう）は、伏せた顔に左手をあて、涙しているようにもみえる。まさに二人の子ども殺害説にのっとった描きぶりである。

最後に、ガラシャがキリシタンであった事実が、ここまでみてきたような読み物や絵画で触れられていたかどうかを確認しておく。結論をいえば、答えはノーである。江戸時代から明治時代中期にかけて記され、描かれ、語られてきたガラシャの歴史的イメージには、キリスト教の要素はほぼ含まれていない。たしかに、忠興がキリスト教を受容していた時期には、妻はキリシタンであったと公言する場面があったり、ミサ形式の法要が大々的に行われていた。禁教に転じた後も、家譜類には入信した旨が明記されている。しかし、それは一部の関係者が一時的に見聞きできた情報であり、広く一般に周知されるものではなかった。

そのことを象徴するのは、先ほど取り上げた『関ヶ原御合戦双紙』蓬左文庫本である。ここで作者の牛一は、ガラシャが最期を迎えるにあたり、「父の明智光秀が織田信長を滅ぼした後は、たちまち報いを受け、今は自身まで憂き目を見ている」と振り返った後に、「南無阿弥陀仏を最後にて、刀を胸に推あて丶、うつふしに伏《たお》れたり」と記している。キリシタンであったことを知っている私たちからみれば、「南無阿弥陀仏」はさすがに違うんじゃないの⁉　と思ってしまうが、彼や当時の読者がその事実を認知していなかったとしても、まったく不思議ではない。仮に知っていたとしても、キリシタンが最期にどういった振る舞いをするものなのか、わからなかった可能性もある。

どちらにしても、牛一のこうした叙述をみる限り、ガラシャがキリシタンであった事実は人々にとって自明ではなく、また重視されてもいなかったと思われる。国内では記憶にも記録にも、ほぼ残されなかったのである。

ヨーロッパで綴られた歴史的イメージ

右に示したように、細川家の家譜類の一部記事を除くと、ガラシャがキリシタンであったとする叙述は、江戸時代から明治時代にかけて国内ではほぼみられない。しかし、いま私たちは、彼女がキリシタンであったことを知っている。なぜであろう。ガラシャとキリスト教の関係は、どこで、どのように記憶・記録され、こんにちまで紡がれてきたのであろうか。

結論を先どりすれば、ガラシャの信仰の様相を記憶・記録してきたのは日本の人々ではなく、ヨーロッパの人々であった。イエズス会の宣教師が「日本年報」などで伝えた情報により、彼女は日本を代表する女性信者とみなされ、キリシタンとして適切に振る舞い、信仰を守ったまま最期を迎えた模範例として語り継がれていたのである。

したがって、ここでは、ヨーロッパにおける語りの様相に焦点をあてる。ただ、筆者には欧文の文献を読み解く力がなく、確認している事例も限られる。大場恒明や安廷苑、フレデリック・クレインス、井上章一などの研究に学びつつ、話を進めることにしよう。

大航海時代のさなか、日本のみならず世界各地に派遣されたイエズス会の宣教師は、そこでの布教の様子を文書にまとめ、ローマの会本部へ定期的に送っていた。宣教師の働きぶりや、各地の模範的なキリシタンの信仰を伝えるそれは、宗教改革にともない勢力を拡大するプロテスタントへの対抗を迫られていたカトリックの関係者を鼓舞し、人々の教化を促すプロパガンダの素材であり、あわせて記された現地の政治・社会・文化・風俗に関する情報は、見知らぬ世界への興味を呼び起こすものでもあった。ゆえにヨーロッパでは、宣教師の書簡集や報告書集が次々と出版されている。ここまで数多く示してきた「日本年報」もその対象であり、紆余曲折をへつつも教線が着実に伸びていた日本に関する情報は、そうした出版物の中でも大きなボリュームを占めた。その結果、ヨーロッパのカトリック関係者は、実際の出来事から一～二年のタイムラグで日本に関する情報をえることができた。「ガラシャ」という洗礼名を持つ、ずいぶん熱心で身分の高い女性信者がいることも、である。

一七世紀に入る頃になると、そうした書簡集・報告書集を素材に、諸地域における布教の歴史を一書にまとめ、刊行する動きがみられるようになった。ヨーロッパなりのガラシャの歴史的イメージが形成されていく、きっかけである。最初期の事例は、ルイス・デ・グスマンの著作であろうか。グスマンはスペイン出身のイエズス会士で、同地のベルモンテで学院長を務めていたおりに、日本からローマに向かう途中の天正遣欧少年使節にも会ったという人物である。彼が一六〇一年にスペインのアルカラで出版したのが、アジア諸国における布教の歴史書『東方伝道史』である。ガラシャについては、入信経緯のこと、離婚願望のこと、宣教師セスペデスへ送った消息のこと、巡察使ヴァリニャーノが一五九一年三月に京都聚楽第で豊臣秀吉と謁見したおりに、滞在中の彼に「名代」を送ったこと、義理の弟興元が入信したこと、「二十六聖人殉教事件」のおりに殉教の覚悟をみせたこと、娘二人が入信したことが記されている。記載時期が一五九九年までなので、最期の場面には触れられていない。同書を日本語訳した新井トシが「訳すに当り、伝道師の通信と一々照らし合わせ、如何にそれに忠実であるかを知った」と記しているように、「日本年報」等にもとづいて記されており、内容は手堅い〔新井一九四四〕。来日した宣教師が持っていたガラシャに対する人物像が、そのまま示されている印象である。

グスマン以降、ヨーロッパで刊行された布教の歴史書を少しみておく。一六二七年にパリで刊行された『日本教会史』は、フランス出身のイエズス会士フランソワ・ソリエが執筆したものである。これには、宣教師ヴァレンティン・カルヴァーリョ執筆「一六〇〇年の日本年報」の「ガラシャの最期の部分」が「フランス語に翻訳」され、掲載されている〔クレインス二〇二〇〕。幸い該当部分の和訳が紹介されており〔大場恒明一九九二〕、ガラシャが日本における権力闘争に巻き込まれ、亡くなった経緯が明記される様子を筆者も確認できた。

雰囲気が変わってくるのは、オランダ出身のイエズス会士コルネリウス・アザルが執筆した『全世界に普及した教会史』あたりからであろう。この本は一六六七年にアントウェルペンで出版され、一六七八年にはウィーンでドイツ語版が出版された。ガラシャに関する記述は同書の「日本教会史」にみえ、ドイツ語版では「丹後の女王の入信とキリスト教的美徳」(Bekehrung und Christliche Tugenden Königin von Tango) という見出しが付されている (『ガラシャ』図録一一二)。

書きぶりを簡単に説明すると、ガラシャがキリスト教に興味を抱き、夫の留守中に教会を訪れ、改宗した経緯と、彼女の死後に忠興の意向で追悼のミサが行われた、とする部分などは「日本年報」を踏まえた叙述となっている。ところが、信仰の様相と亡くなった理由については、「ガラシャの改宗を知った忠興は、その美貌ゆえに殺害まではしないものの、激しく棄教を迫った。彼女はそれでも信仰を守り、子どもたちにも洗礼を授ける。しかし、忠興の「暴力」が止まることはなく、ガラシャはついに死んでしまった。その後、忠興はようやく自身の振る舞いを悔いるようになり、イエズス会の宣教師に弔いのミサを依頼した」という流れで記される。彼女は忠興に迫害され、亡くなったというのである。

「日本年報」などにみえないかかるストーリーをアザルがつくりあげた理由や経緯は、よくわからない。クレインスがいうように、ソリエ『日本教会史』に記されたガラシャ最期の場面を見落としたためか、ガラシャを殉教者に仕立てあげるために、あえて創作したかの、いずれかであろう［クレインス二〇二〇］。どちらにしても、アザルの記述によってガラシャには、迫害を受けながらも信仰を守り続け、殉教した、模範的かつ美貌のキリシタンという、これまでなかった歴史的イメージが付与されることとなった。彼女の容貌の問題は本書の最後で少し触れるつもりだが、こんにちのガラシャイメージを考えるうえでは大きな要素である。その問題を深く掘り下げた井上章一がいうように、われわれがいま有しているガラシャ＝美人というイメージは、ここにひとつの出発点がある［井上二〇二〇］。すなわち、アザル『全世界に普及した教会史』にみえるキリスト教への篤い信仰心、美しい容貌、迫害されつつも信仰を守り殉教したという三点が、これ以降のヨーロッパにおけるガラシャの歴史的イメージの構成要素となり、拡散していったとみられるのである。

もうひとつだけ、刊行された布教の歴史書を紹介しておく。フランシスコ・ザビエルの日本渡航から鎖国体制の確立までを通観した『日本教会史』が、一六八九年にパリで出版されている。ソリエ『日本教会史』などを参考に、フランス出身のイエズス会士ジャン・クラッセがまとめたものである。第八章で詳述するように、この本は明治時代に日本語訳が『日本《に ほん》西教史《せいきようし》』の書名で出版されており、日本のキリスト教史学にも影響を与えた一書である。

和訳された『日本西教史』をもとに内容を確認すると、キリスト教への改宗経緯が記される他、ガラシャが一五八七年一一月に宣教師セスペデスに宛てた手紙も掲載される。そして、ガラシャの入信を聞いた忠興が棄教を迫ったものの、彼女はそれを聞かず、また「顔容ノ美ナル為」に「愛情ニ羈《ほだ》サレ」たため、離縁もできなかった。それで「罵詈《ばり》シ暴戻《ぼうれい》ヲ以テ待遇」し、怒りを侍女たちに向け、放逐したという迫害の様子を記述している。「日本年報」等にはみえない容貌や愛情に関する情報は、そのセスペデス宛ガラシャ消息の内容を膨らませた話であろうか。創作に類する部分であろうか。

ガラシャ最期の場面については、ソリエ『日本教会史』を参照したというだけに、「一六〇〇年の日本年報」をベースにしたストーリーとなっている。その点がアザル『全世界に普及した教会史』とは異なる。ただ、最期を前にガラシャと面談した「護衛長臣」が「嗚咽《おえつ》」し、「諸奉行ヨリ夫人ヲ交付スベキノ命ヲ受ルヲ以テシ、且侯（忠興）出陣ノ時ニ当リテ受クル所ノ命令ヲ告ケ、夫人ノ膝下《しつか》ニ俯伏《ふふく》シ、侯ノ命ニ従ヒ夫人ノ身命ヲ拝受セザルヲ得ス、故ニ其罪ヲ許ルサレンコトヲ嘆願」するシーンや、殉死すると述べる「護衛長臣」にガラシャが「死前ニ基督《キリスト》信者トナル可シ」と求めるシーン、「容顔ノ美麗、性質ノ篤実ナルニ因《よ》リ、人ニ恋慕セラレ、却テ其身ノ不幸」になったと彼女の生涯を評した箇所などは、「日本年報」等にみえない記事である。クラッセ独自の叙述（いわば創作）であろうか。明確な根拠に乏しいこうした加筆により、本書においても篤い信仰心、美しい容貌、夫からの迫害というヨーロッパなりの歴史的イメージがやはり付与され、ガラシャの生涯は語られていた。

音楽劇になったガラシャの生涯

イエズス会宣教師の書簡集・報告書集の編纂・出版、それにもとづいた布教の歴史書の編纂・出版により、ガラシャの生涯と信仰は記録化され、少なくともカトリック関係者には知られるようになっていた。ただ、ヨーロッパにおける彼女の歴史的イメージの広がりは、これに留まらない。布教の歴史書を素材に生涯が物語化され、戯曲がつくられたり、大衆向けの読み物とされたことにより、その名がさらに広まっていくのである。

先行研究に学びつつ、戯曲化の様相をみてみよう。一六世紀から一八世紀にかけてヨーロッパ各地のイエズス会学院は、教育と布教、そして宗教改革に対抗するために、聖書の諸場面や聖人伝、布教の歴史をテーマとした演劇（イエズス会劇）をさかんに上演していた。そこでは高山右近や肥前のキリシタン大名有馬家、日本で殉教した人々なども題材にされた［古瀬二〇〇〇、大場はるか二〇一六］。そうした流れで進められたのが、模範的なキリシタンにして美貌の持ち主とイメージされていたガラシャの戯曲化である。「気丈な貴婦人――グラーチア、丹後の王国の女王」というタイトルであった。

その音楽劇は、ウィーンのイエズス会ギムナジウム（地域ごとに設けられた中等教育機関）の責任者であったヨハン・バプティスト・アドルフが台本を執筆、音楽教師のヨハン・ベルンハルト・シュタウトが作曲を手がけ、制作された。会場はウィーンに設けられていたイエズス会劇のための劇場小ホールで、イエズス会の創始者イグナチウス・ロヨラ及び聖人マリア・マグダレナの祝日を兼ね、一六九八年七月三一日に上演された。出演者は五六名、大半がイエズス会ギムナジウムの生徒で、グラーチア（ガラシャ）役とヤクンドーヌス（忠興）役だけは成人の役者であろうと考えられている。観劇したのは神聖ローマ帝国レオポルド一世とその家族（后妃のエレオノーレ、後に皇帝となる二人の皇子、四人の皇女）である［新山二〇一七］。米田かおりによると、「カトリック信仰の拡大」が「自らの権力拡大に繋がることを意識」していたレオポルド一世にとって、「遠く離れた地のカトリック信仰に関する事件を題材とした劇は、政治的にも非常に有意義」であったという［米田二〇〇二］。宗教的かつ政治的な思惑があっての上演である。

劇の詳細には踏み込まないが、ヨーロッパにおける歴史的イメージを追う本章の観点からすると、まず押さえたいのは、先述したアザル『全世界に普及した教会史』を踏まえ、台本が制作されている点である。フレデリック・クレインスが指摘するように、アザルはガラシャの生涯と最期について「明らかに事実から大きくかけ離れている内容」を記していた［クレインス二〇二〇］。ところが、台本を書いたアドルフはこれを「本質的内容を変えずに簡潔にして、ガラシャの殉教をより劇的に戯曲化」したのである［米田二〇〇二］。そのストーリーを、ごく簡単に示しておく［新山二〇一七］。

丹後の王妃グラーチアは夫のヤクンドーヌスが不在の間に洗礼を受け、子どもにも教えを説いていた。そこに、戦場から「野蛮な王様」が帰国する。彼は信仰を捨てるようグラーチアに強要するが、彼女は断固たる決意でそれを拒絶した。怒ったヤクンドーヌスはグラーチアを虐待するものの、彼女は信仰を守り続ける。最終的にグラーチアは力尽き、子どもたちの祈りもむなしく亡くなってしまう。やがてヤクンドーヌスは自分の残酷な行為を悔い、グラーチアの信仰を称えるようになった。

もっとも、上演はこの時のみというから、本作品が直接的に与えた教育・教化の作用は、レオポルド一世とその家族に限られる。ただ、安廷苑によれば、アザル『全世界に普及した教会史』をベースとしたガラシャの物語「丹後の王妃グラティア」を掲載するヨハン・ペーター・ジーベルト『女性たちの輝き』という書籍が一八三〇年にウィーンで出版された背景

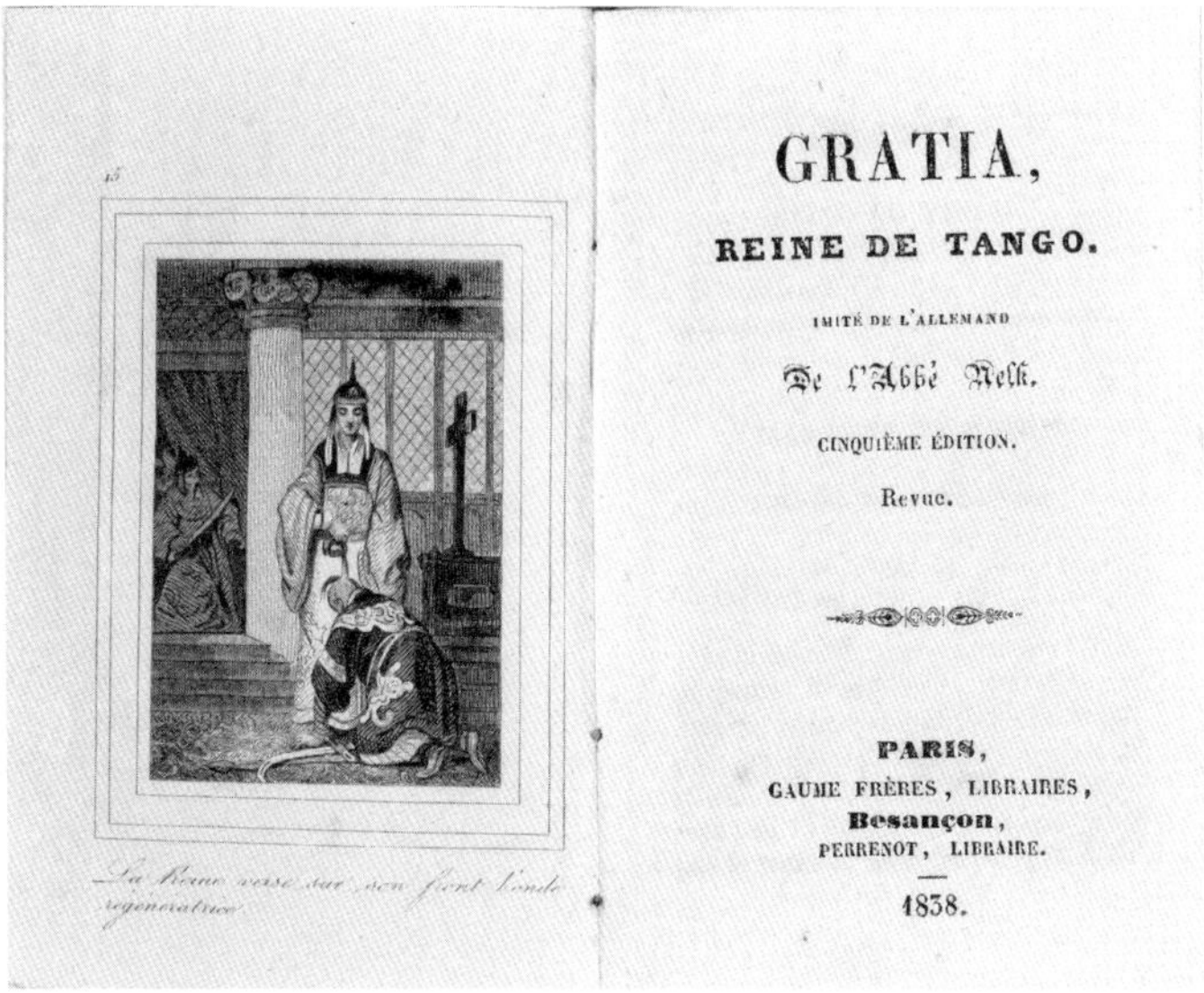
15

La Reine verse sur son front l'onde régénératrice

GRATIA,

REINE DE TANGO.

IMITÉ DE L'ALLEMAND

De l'Abbé Nesk.

CINQUIÈME ÉDITION.

Revue.

PARIS,

GAUME FRÈRES, LIBRAIRES,

Besançon,

PERRENOT, LIBRAIRE.

1838.

『丹後の王妃グラティア』（安廷苑氏蔵）

には、この音楽劇の影響があるという。そして、その「丹後の王妃グラティア」はフランスでも出版され、反響を呼んだとされる［安二〇一五］。こうした点を踏まえると、アザル『全世界に普及した教会史』とこの音楽劇が、ヨーロッパにおけるガラシャの歴史的イメージの形成・拡散の画期となっていた可能性が指摘されるのである。

また、音楽劇を鑑賞した后妃エレオノーレや四人の皇女にとって、「ガラシャの事例は模範とされるべき生き方」であり［米田二〇〇二］、「皇女たちはガラシャを手本にするように期待された」であろう点にも

［新山二〇一七］、注意を払わねばならない。この音楽劇の原本を「発見」した新山カリツキ富美子によれば、とりわけ后妃エレオノーレは「類稀な美貌、気丈夫な性格、強い信仰、そして伝統を重んじること」「『聖書』の次にケンピスの『キリストに倣いて』（筆者註：『コンテムツス・ムンジ』のこと）を愛読したこと」「信仰の証の十字架をつねに胸に提げていたこと」など、ヨーロッパにおけるガラシャイメージと複数の共通点を有しており、そのことは「エレオノーレの死亡告示にも書かれて、彼女の弟でドイツのデューリンゲンの大司教によって各地に知れわたるようになった」という。ガラシャの生き様と神聖ローマ帝国の后妃のそれが比較され、重ねあわされ、語られていたというのである。当時のヨーロッパにおいて、ガラシャが模範的な女性信者としていかに称賛・評価されていたかを示す象徴的なエピソードといえよう。

こうして物語化され、しかもその音楽劇が神聖ローマ帝国の皇帝一家に観劇され、評判になったことにより、迫害を受けながらも信仰を守り続け、殉教したともされる、模範的かつ美貌のキリシタンというガラシャの歴史的イメージは、さらにヨーロッパで拡散・定着していく契機をえたのである。

第八章　二〇世紀に融合・転換した歴史的イメージ

明治時代初頭のキリスト教政策の転換

一七世紀以降、ヨーロッパで広がっていた模範的なキリシタンとしてのガラシャの歴史的イメージは、日本が開国して諸外国と国交を結び、やがて禁教令も廃される明治時代に逆輸入され、江戸時代以来の模範的な大名夫人というイメージと交わった。その結果、二〇世紀以降の日本における彼女の歴史的イメージは、双方が組み合わさった、いわばハイブリッドな形へと展開していく。

ただ、こんにちのガラシャの歴史的イメージは、本章で述べていくように、江戸時代以来の日本のイメージとヨーロッパのそれが単純に足し算され、できあがっているわけでもない。それぞれに含まれていた構成要素には、融合・転換の動きの中で排除されるものもみられた。そこで、この最終章では、江戸時代以来のイメージとヨーロッパのイメージが出会い、それらが交わっていく様子を検証する。どの要素が取り上げられ、または強調され、なにが落とされていったのか。私たちが持っているガラシャの歴史的イメージは、どのようにしてできあがってきたのか。考えてみたい。

まずは、ヨーロッパで広まっていた歴史的イメージが日本に逆輸入されたプロセスをたどる。前提となるのは、明治政府のキリスト教政策の転換である。以下、片岡弥吉の研究に学びつつ、この点を確認しよう［片岡二〇一〇］。

周知のごとく、慶長一八年（一六一三）に江戸幕府が全国を対象とする禁教令を発して以来、キリスト教は禁じられた。しかし、江戸時代末期に欧米諸国のアジア進出が進み、外交方針が鎖国から開国へ転じると、それにともないキリスト教政策にも変化が生じる。安政《あんせい》五年（一八五八）の日米修好通商条約により、信仰の自由と居留地における教会建設が来日アメリカ人にみとめられたのを皮切りに、同様の条約が欧米諸国と結ばれた結果（安政の五ヶ国条約）、各地の居留地に教会が建てられ、宣教師が来日し、活動しはじめたのである。

こうした動きは、日本の潜伏キリシタンに刺激を与えた。元治《げんじ》二年（一八六五）に長崎では、浦上村《うらかみ》（長崎県長崎市）の者が大浦天主堂《おおうらてんしゅどう》を訪れ、パリ外国宣教会の宣教師ベルナール・プティジャンにキリシタンである旨を告げた。いわゆる「信徒発見」である。この件はヨーロッパにも伝えられ、大きなニュースとなった。

もっとも、この時点では、日本人に対する禁教令はまだ解かれていない。ゆえに、慶応《けいおう》三年（一八六七）に浦上村の潜伏キリシタンは幕府の命で捕縛・投獄され、禁教令を継承した明治政府により「一村三千数百人」が流罪とされた。いわゆる「浦上四番崩れ《よばんくず》」である。

ところが、こうした幕府や明治政府の処置に、欧米諸国は厳しい批判を寄せた。各国の領事や公使は浦上村のキリシタン捕縛の時点からたびたび抗議を申し入れ、政府関係者に処分の軽減・撤回を求めて談判している。明治政府は国内問題という理屈でこれを受け流していくものの、不平等条約の改正準備のために岩倉《いわくら》使節団が渡米する直前の明治四年（一八七一）一一月に伊万里《いまり》県（佐賀県伊万里市）で新たなキリシタン捕縛事件が起こり、欧米でも取り上げられると、使節団は行く先々で信仰の問題に関する指摘を受けることとなった。

たとえば、一八七二年三月に使節団がアメリカの国務長官ハミルトン・フィッシュらと条約改正交渉を持ったおり、アメリカ側は「信教の自由」を条約で規定するよう提案し、日本側と議論を交わしている。片岡によれば、フィッシュらは「キリシタン禁制のまま治外法権を撤廃すれば、在日外国人の信教自由も脅かされる」恐れを抱いており、なおかつ「信教自由を認めず、弾圧を加えることは近代文明国家のなさざる非道な行為であって、対等の条約を結ぶべき近代国家とは認めがたい」との見解を持っていた。かかる対応はアメリカに限ったものではなく、使節団は渡欧後も弾圧の件を話題とされ、是正を求められた。その結果、使節団は、禁教のまま条約改正交渉を進めるのは困難だと認識を改めざるをえなかった。

こうして明治政府のキリスト教政策は、ヨーロッパ歴訪中に日本へ打電された岩倉具視《ともみ》の要請により、明治六年二月二四日付で禁教の高札《こうさつ》の撤去が指示され、いちおう転換することとなった。「いちおう転換」というのは、「信仰の自由」は、同二二年に制定された大日本帝国憲法ではじめてみとめられるからである。ともあれ、かかる経緯により、キリシタンの〝冬の時代〟は終わった。禁教令が出されてから、二六〇年の時がたっていた。

ヨーロッパで形成された歴史的イメージの逆輸入

欧米諸国を歴訪する間に、岩倉使節団の面々は、キリスト教問題を再考せざるをえなくなっていた。その第一歩が禁教の高札撤去であったが、欧米諸国の人々と交流し、文化を受け入れ、種々の交渉を進めていくには、やはりキリスト教そのものへの理解が不可欠である。かつて日本でもキリスト教が布教されていた時代があることにも、目を向ける必要がある。右のごときニーズを踏まえてのことであろう、明治政府の太政官《だじょうかん》は、明治一〇年（一八七七）四月から翌年二月にかけてクラッセ『日本教会史』の日本語訳に取り組んだ。そうして同一一年から同一三年にかけて、『日本西教史』上下巻が出版されることとなった。

この翻訳事業のきっかけをつくったのは、明治政府の外交官鮫島尚信《さめじまなおのぶ》である。薩摩出身の彼は、幕末にイギリス・アメリカへ留学した経験を持ち、明治三年からヨーロッパへ派遣され、同六年からはフランス特命全権公使として活躍、同七年末に病気のため帰国の途につくも、同一一年にふたたびフランスへ向かい、同一三年にパリで死去した人物である［犬塚二〇〇二〕。この尚信がフランスで入手したクラッセ『日本教会史』を太政官へ送り（あるいは持ち込み）、日本語訳させたのである〔杉井一九八四〕。

ところで、尚信は数ある布教の歴史書からなぜクラッセ『日本教会史』を選び、翻訳させたのであろう。この疑問は、いまのところ解けていない。彼は明治政府の指示を受け、軍事・教育・経済・法制に関する書籍を（おそらくパリの）書店などで探し回ることもあったから（『鮫島尚信在欧外交書簡録』四五・六一・一六六・三七八）、その間にクラッセ『日本教会史』をたまたま入手しただけなのかもしれない。

ともあれ、こうして出版された『日本西教史』は、日本における布教の歴史を日本語で紹介した最初の書籍として、近代におけるキリスト教史の研究に大きな影響を与えた。こんにちの研究段階ではほとんど参照されることはないが、史学史（歴史学の歴史）における重要書籍という評価は今後も揺るがないであろう。

そして、ガラシャ研究との関係に目を転じると、『日本西教史』の出版は、彼女がキリシタンであった事実を日本の人々に伝えたという点で、じつに大きな意味を持っていた。創作とおぼしき部分もみえるものの、ガラシャの改宗経緯と最期の場面が「日本年報」等の記述にある程度もとづいて記され、宣教師セスペデス宛ガラシャ消息も掲載される。彼女について同書が持つ情報量は、決して少なくない。ヨーロッパで形成されてきたガラシャの歴史的イメージは、こうして日本に逆輸入されたのである。

キリシタンイメージの拡散と定着

もっとも、ガラシャがキリシタンであった事実に注目が集まるまでには、少し時間がかかったらしい。この事実に触れた早い事例は、いまのところ『日本聖人鮮血遺書《やまとひじりちしほのかきおき》』くらいなのである。同書は、明治元年（一八六八）に来日したパリ外国宣教会のフランス人宣教師エメ・ヴィリヨンが同二〇年に出版したもの。同一二年から同二二年にかけて京都で活動していた彼が、二十六聖人殉教の祝日に行っていた説教の内容を、信者の加古義一がまとめた一書という［加古一九一二］。ヴィリヨンの説教は、フランスの外交官にして日本研究の第一人者でもあったレオン・パジェス『日本切支丹宗門史』やクラッセ『日本教会史』にもとづいていたとされる。なお、『日本聖人鮮血遺書』の「自序」には『日本西教史』出版の件も記されるから、これも参照していた可能性がある。

そして、二十六聖人殉教事件を主題とする『日本聖人鮮血遺書』には、事件の発生を聞いた「丹後田辺の城主細川越中守忠興の夫人も臨終の用意を為し」たという一文が記される。第五章で取り上げた、「二十六聖人殉教事件」にあたりガラシャが示した殉教の覚悟に関するくだりである。わずかな記事だが、これをみる限り、ヴィリヨンが京都で説教していた時に、彼女がキリシタンであった事実を説明していた可能性が指摘されよう。禁教令が廃され、『日本西教史』も出版された結果、ガラシャのことは、日本の教会関係者を中心に、少しずつ知られるようになっていたのかもしれない（もっとも、このあたり、明治時代に刊行されたキリスト教関係の新聞・雑誌を確認する必要があるが、力及ばず未見である）。

ただ、管見では、ガラシャがキリシタンであった事実を記した文献は、右の他にはなかなかみいだせない。たとえば、日本でもっとも古い歴史学の学術雑誌『史学会雑誌』二三号（明治二四年一〇月刊行）に発表された小倉秀貫「細川忠興夫人明智氏自裁の実況」は、「霜女覚書」をはじめて広く世に紹介した重要な史料紹介だが、ここで小倉は彼女とキリスト教の関係に一言も触れていないのである［小倉一八九二］。

筆者がみた限り、キリシタンであった事実を大々的に紹介した早い事例は、明治四〇年に発表された藤澤古雪《ふじさわこせつ》の戯曲『史劇がらしあ』である。東京帝国大学英文科出身の古雪は、戯曲執筆や外国文学の翻訳を手がけ、同三八年からは学習院で英語教師を務めた人物である［片々子一九四六、佐藤猛郎一九八四］。同書はガラシャ最期の場面にスポットをあてた戯曲であり、顔見知りの「澄見《ちょうこん》」が細川屋敷を訪ね、「浮田《うきた》」屋敷への移動を提案するくだりからはじまる人質要求の流れなどは、明らかに「霜女覚書」をベースとする。ただ、孤児を養育する場面や、殉死は「天主の禁じ給ふところ」と述べ、家臣と是非を議論している場面、聖壇に向かい祈りを捧げる場面など、劇中にはキリシタンの振る舞いと教えがあわせて描き込まれる。「霜女覚書」と逆輸入されたヨーロッパにおける歴史的イメージをまさに融合させ、つくられた作品なのである。

また、タイトルに洗礼名を用いた点には、彼女をキリシタンとして捉え、紹介せんとする意図が感じられる。これ以前の日本の関係資史料のほとんどは、ガラシャを細川忠興の妻・夫人と呼称し、紹介しているからである。

なお、『史劇がらしあ』の巻末には、東京帝国大学教授三上参次《みかみさんじ》の口述「正史に見えたる細川越中守夫人」が掲載される［三上一九〇七］。ガラシャがキリシタンであったことは「疑いない」と断定したうえで、最期を迎えた様子や背景、影響について叙述するものである。彼女がキリシタンであったことを明記した、おそらく日本で最初の日本史研究者の寄稿であり、ガラシャ研究の出発点として、こちらにも注意が必要である。

明治時代末期以降にみられた文学・美術分野における「南蛮趣味」の流行や［井出一九八二］、近代国家が求める「良妻賢母」像に異議を申し立て、女性の地位向上と政治・社会的権利の獲得を目指した「新しい女」たちによる女性解放運動とも関連してのことであろうか［成田二〇一四］、この頃からガラシャの生涯はより注目されるようになり、キリシタンイメージは急速に広がりをみせる。その結果、江戸時代以来日本で語られてきた歴史的イメージと、キリシタンであった事実との関係をどう整理するかがひとつの問題となり、語り手の工夫のしどころになっていく。一例として、小説『半七捕物帳《はんしちとりものちょう》』で有名な岡本綺堂《おかもときどう》が明治四五年に執筆し、大正五年（一九一六）に東京の帝国劇場で初演を迎えた戯曲「史劇細川忠興の妻」をみてみよう。

その概要を記した『帝国劇場　絵本筋書』によると（『ガラシャ』図録一一六）、作品は二幕で構成される。一幕目は慶長五年（一六〇〇）七月一六日の昼、大坂の南蛮寺が舞台である。ハンセン病を患う長崎の百姓与次兵衛と孫娘が巡礼に訪れたところ、禅僧と百姓が彼らを見咎め、南蛮寺まで壊さんとしたため、寺内から出てきた小西行長がこれを追い払い、同じく出てきたガラシャと語りあう、という場面である。ふたりは上杉討伐や忠興のことを話題にした後、帰路につくが、別れ際に行長は「我が手で命を縮むる事は、宗門の固く禁ずるところ」だと、それとなく彼女に忠告する。

二幕目は同日夕刻、人質として「奥方御子息、嫁女」は城内に入るよう、大坂城の使者から通知を受けた細川屋敷が舞台となる。帰宅したガラシャは、要求を拒む「我が覚悟の程を語」った後、「なまじひ捕へられて恥を見るよりは、父の子らしく、母と一緒に潔う死ね」と二人の子を諭し、彼らを殺して自害せんとする。しかし、屋敷にきていた百姓の与次兵衛に「我が身を殺すは、天の教えに背く」と留められ、そこにちょうど南蛮寺の鐘も聞こえ、ガラシャは思案に暮れる。しかし、忠興が派遣してきた使者が「覚悟を勧むる」和歌を見せたことで、「宗門の教を守」れという行長の制止も振り切り、「矢張日本の女、武士の妻として死なん」ことを決意した、というストーリーである。キリスト教の教えと武門の教え、いずれを採るべきか苦悩するガラシャの姿が、芝居のハイライトになっている。

もうひとつ、ガラシャを主題とした小説を紹介しておく。大正一三年に芥川龍之介が雑誌『中央公論』に発表した「糸女《いとじょ》覚え書」である。この作品は、彼が大正年間に発表していた「切支丹物」のひとつで、本書でたびたび引用してきた「霜女覚書」を下敷きとする。貿易商人「魚屋清左衛門」の娘で、細川屋敷へ奉公にあがっていた「糸女」という架空の女性に、作家は「さのみ御美麗と申すほどにても無」い容貌、「お優しきところこれ無く、賢女ぶらるる」態度、「のす、のす」と聞こえる「おらつしよ」など、ガラシャの容貌や振る舞い、性格に関する冷酷な批評と反感を語らせつつ、彼女が危機を前に動揺したり、死の直前に駆けつけた若い武士をみて赤面する場面などを示すことで、模範的な大名夫人、模範的なキリシタンという歴史的イメージを相対化した、少し人間くさい姿を描きだしている。

これを「伝説の美女ガラシャの偶像破壊」の作品とみなすか、「死と信仰（宗教的救済）の問題を最もリアルな場で追求しようとした意欲作」とみなすかは［勝倉二〇〇一］、文学の専門家ではない筆者にはなかなか批評できない。ただ、ヨーロッパの歴史的イメージの逆輸入により、いっそう理想化が進んでいたガラシャ像に疑義を呈した興味深い作品であることは間違いない。私たちはガラシャの思慮深さや高潔な振る舞いをつい自明視してしまうが、「糸女」が語っているように、彼女だって恐れや心の乱れを持つひとりの人間に過ぎなかったはずなのである。

キリシタンとしてガラシャを描く

キリシタンであった事実が知られるようになると、その影響は絵画の分野にも及んだ。第七章で述べたように、江戸時代からガラシャの姿は画題となり、絵画化されていたものの、そこにキリスト教的な要素は含まれていなかった。ところが、大正年間に入ると、十字架を帯びたキリシタンとしての彼女を描いた作品が発表されはじめるのである。

管見におけるもっとも早い事例は、大正一二年（一九二三）に描かれた橋本明治《はしもとめいじ》「ガラシャ夫人像」である。彼は島根県那賀郡浜田町（現浜田市）の出身。日本美術学院の通信教育で学んだ後、東京美術学校に入学して松岡映丘《まつおかえいきゅう》に師事、昭和一二年（一九三七）の第一回文部省美術展覧会（新文展《しんぶんてん》）で「浄心」が特選を受賞したり、同一五年にはじまった法隆寺金堂壁画模写事業の主任を務めるなど、昭和の画壇で長く活躍した日本画家である。

その明治が浜田中学校に在学中、一九歳の時に妹をモデルとして描いたのが「ガラシャ夫人像」である。本作品は島根県展で入選し、上京後に入門した川端画学校のコンクールでは、二等首席（実質的な最高賞）に選ばれたという。

それでは、本作品でガラシャはどのように描かれているのか。画像をみると、彼女はロザリオを身につけた姿で手を組み、目を閉じて祈りを捧げているようにみえる。周囲に散った桜の花びらは、彼女の辞世の句を想起させる効果を狙ったものであろうか。ともあれ、ガラ

橋本明治「ガラシャ夫人像」（島根県立美術館蔵）

シャは明らかなキリシタンとして描かれている。

そして、興味深いのは、画家がこの作品を描いたきっかけである。というのも、明治は岡本綺堂の戯曲「細川忠興の妻」のとりこになり、そのことが制作につながったというのである。美術評論家の米倉守の解説によれば、彼は「自分で時代考証し」「風俗は当時の「演劇《（演芸カ）》画報」をみて思いついた」という［米倉一九八〇］。すなわち、本作品は、明治の画家としての原点に位置づけられるものであるだけでなく、ガラシャがキリシタンであった事実が、戯曲や文学を通じて地方に伝播していた様子をうかがわせるものでもある。そういうことにもなるのである。

この後、キリシタンとしてのガラシャの姿を画題とする絵画が、いくつか管見に入ってくる。それらを書き出してみよう。

狩野千彩《かのうちあや》「ガラシャ　忠興の妻」大正一四年（六回帝展）
浅見松江《あさみまつえ》「細川伽羅奢」昭和五年（一一回帝展）
鈴木朱雀《すずきすじやく》「ガラシャ殿最後」昭和七年（一三回帝展）

狩野千彩は、木谷千種《きたにちぐさ》の画塾「八千草会」で学んだ大阪池田の女流作家。「ガラシャ　忠

狩野千彩「ガラシャ 忠興の妻」（右）と鈴木朱雀「ガラシャ殿最後」（ともに著者提供）

興の妻」は、「人間として女性としての悩みからキリシタン信仰に入つた後の深い心の現れといつたものをえがいてみたく、旧教を信じる私の友をモデルとして」制作したものという［石川遼子二〇〇九］。浅見松江も女流作家で、上村《うえむら》松園《しょうえん》や松岡映丘に師事し、帝国美術院展覧会や新文展で入賞を重ねている。鈴木朱雀は野田《のだ》九浦《きゅうほ》に師事し、帝展などの官展を舞台に作品を発表した日本画家である（『日本美術年鑑』昭和四八年版）。

この中で筆者が現存を確認しているのは、第一一回帝展に出品された浅見作品のみである（口絵表参照）。ただ、幸い帝展出品の記念絵葉書がつくられており、それぞれどういった作品なのか確認することができた。図版をみて欲しい。狩野作品は草花を、浅見作品は礼拝堂を、鈴木作品は西軍の軍勢に囲まれた細川屋敷を背景としており、ガラシャの衣装はそれぞれ個性的に描かれている。しかし、ロザリオを身につける点は、いずれも共通している。江戸時代以来みられた「節女」としてのガラシャではなく、キリシタンとしての彼女を描くことに重きが置かれている様子がみてとれる。

キリシタンとしての姿がとりわけ強調されているのは、松江が描いた「細川伽羅奢」である。本作品を特徴づけるのは、背景に描かれた教会とおぼしき室内の様子である。そこには古代ギリシャ建築を思わせる柱やステンドグラス、イコンなどが描かれ、祭壇にはキリスト像に加え、聖母マリアを象徴する純潔の花・白百合が供えられる。このような礼拝空間に配されたガラシャは、ロザリオを手に祈りを捧げる。ここに彼女は、まごうことなきキリシタンとして描かれている。

この時代に描かれたガラシャの絵画を、第七章で紹介した作品群と見比べて欲しい。みずからの命を投げ出し、子どもを二人殺害したとされる「節女」イメージは、ヨーロッパから逆輸入されたキリシタンイメージの広がりにより、明らかに後景に押しやられている。絵画の世界における彼女の歴史的イメージは、半世紀の間にかくも大きく変貌しているのである。

落ちていった構成要素、二人の子ども殺害説

明治時代後期以降にみられたガラシャの歴史的イメージの展開過程には、もうひとつ特徴があった。それは、江戸時代以来の歴史的イメージにしても、ヨーロッパにおけるそれにしても、この時期に落ちていった構成要素がみられた点である。前者でいえば二人の子ども殺害説、後者でいえば殉教者イメージがそれにあたる。

まず二人の子ども殺害説からみていく。これは、ガラシャが命を投げ出すにあたり、幼い子ども二人をみずから殺害したとする説である。同時代史料では『言経卿記』慶長五年（一六〇〇）七月一八日条に記事がみえ、江戸時代以降は軍記物などで頻繁に取り上げられており、彼女にまつわる〝鉄板エピソード〟として語られてきたものである。

ただ、明治時代にヨーロッパの歴史的イメージが逆輸入され、キリシタンであった事実が周知されていくと、この逸話の取り扱いは揺らぎはじめる。ガラシャがキリシタンだったのであれば、自害はおろか、子どもも殺害できないんじゃないか――。こんな疑問が投げかけ

られたからである。

先ほど紹介した戯曲に、そうした様子をみてみよう。ガラシャがキリシタンであった事実を打ち出した最初期の作品とおぼしき藤澤古雪『史劇がらしあ』は、二人の子ども殺害説を採用していない。その代わりであろう、同書において彼女は孤児を養育しており、最期を迎える前に彼らを落ち延びさせる場面が記される。孤児養育のエピソードは「一五九九―一六〇一年、日本諸国記」第二七章に関連記事がみえるが、古雪はそれを把握していたのであろうか。

もうひとつ紹介した岡本綺堂「細川忠興の妻」は、二人の子ども殺害説とキリシタンであった事実の双方を採用し、武門の教えとキリスト教の教えの間で苦悩するガラシャの姿をハイライトにしている。同書の中で彼女は、二人の子どもに「母と一緒に潔う死ね」と諭したうえで殺害しようとするが、キリシタンの百姓与次兵衛から「天の教えに背く」と説かれて逡巡する。しかし、けっきょく「矢張日本の女、武士の妻として死なん」と決意し、子どももろとも最期を迎えんとする場面で幕が降りるのである。

もっとも、二人の子ども殺害説は、大正時代後半以降にだんだんと打ち消されていったようである。そうした推移は複合的な要因によるのであろうが、ひとつは小倉秀貫により紹介された「霜女覚書」が参照されはじめたことにあろう［小倉一八九二］。本書でもたびたび引用してきた元侍女の回顧録は、ガラシャ最期の場面を詳細に語っているが、そこに子どもを殺害するシーンはみえないからである。

それと、キリシタンであった事実の広がりを受け、日本のキリスト教関係者がガラシャの事績を『日本西教史』などの文献を用いて調べ、布教の一環として語りはじめたことも関係していよう。そのことを端的に示すものとして、カトリック雑誌や書籍を出版する三才社・教友社の記者をつとめ、幸田露伴《こうだろはん》に師事する作家でもあった藤井伯民《ふじいはくみん》が、大正一一年（一九二二）に制作した戯曲『細川がらしや』の序文を掲げる（傍線は筆者による）。

細川忠興夫人の伝は諸書に散見する、（中略）、しかし之等の諸書は何れも肝要な夫人の内的生活、即ちその信仰的方面を逸して居る、之を見るには何《ど》うしても当時の宣教師たちの書を残《（ママ）》した手録に依るの外《ほか》ないが、さしあたり、『日本西教史』（上巻、一一〇四頁）を読めば夫人の真面目は十分に伺はれる。夫人が二子を刺殺して自害したやうに伝へられて居るのは所謂《いわゆる》武士道的精神として立派な最期の積《つも》りで史家の誤り伝へたものであらうが、之等《これら》は夫人の内的方面を見のがした結果である。夫人の如き熱烈なる基督教者にそんな非人道なことが出来るか何うかは考へても分《（ママ）》かる。（中略）とにかく、夫人が普通の武士道一点張の所謂烈婦でなく、三百年前に於ける真の新らしい婦人、又婦人として当時珍しい思想界の先覚者であり、基督教精神の実行者であったことを、私は此戯曲に於いて現して見たいと思ったのである。

この作品は、綺堂「細川忠興の妻」に登場するガラシャの人物像に疑問を抱き、帝国劇場初演のおりには批判を寄せていた伯民が、東京カトリック婦人会に依頼され、執筆したものである。傍線部に注目いただきたい。ここで彼は、二人の子ども殺害説は「所謂武士道的精神として立派な最期の積りで史家の誤り伝へたもの」であり、「熱烈なる基督教者」としての「夫人の内的方面を見のがした結果」とする。キリシタンであった事実が知られていなかったがための誤伝だ、というのである。そのうえで、ガラシャを「普通の武士道一点張の所謂烈婦でなく、三百年前に於ける真の新らしい婦人、又婦人として当時珍しい思想界の先覚者であり、基督教精神の実行者」と評し、江戸時代以来の歴史的イメージとヨーロッパにおけるそれを融合した人物像をこの戯曲で描き出さんという意気込みを示している。

なお、この戯曲は、婦人会の慈善事業として大正一一年六月に東京の有楽座で上演された。教皇使節や東京大司教、フランス大使などが観劇に訪れたという［山梨二〇一九］。

二人の子ども殺害説を否定する理由については、横浜バンド出身の日本基督教会の牧師山《やま》本秀煌《もとひでてる》が昭和四年（一九二九）五月に行った講演会の記録『細川侯爵家の祖先　忠興夫人の信仰美談』でも触れられている［山本秀煌一九三〇］。日本におけるキリスト教史の先駆的研究者でもあった彼は、大正七年に出版した『日本基督教史』（洛陽堂）でガラシャ最期の場面に触れ、彼女は「十二歳と二歳の女子を侍女に託して宣教師の許《もと》へ送」ったと記しており、この時すでに二人の子ども殺害説とは異なる筋書きを示していた。そして、昭和四年の講演では、二人の子ども殺害説否定の真意を「熱心なる基督教徒として（筆者註：ガラシャが）其の子供を殺すべき筈はなかつた」と語っていたのである。

広がりはじめた二人の子ども殺害説に否定的な見方は、教会関係者に留まるものでもなかった。明治時代から昭和時代にかけて活躍したジャーナリストの徳富蘇峰《とくとみそほう》は、三四年の年月をかけて『近世日本国民史』一〇〇巻を書き上げるが、大正一一年に刊行された同書「家康時代 上巻」（民友社）でガラシャの最期を取り上げた際には、「世伝では、両人の子供を刺殺し、而して後自殺したとあるが、そは全くの虚説である。彼女は熱心なる耶蘇《やそ》教徒であつたから、死を恐れざると与《とも》に、自殺を敢てしなかつた。固《もと》より其の子供を殺す可き筈はなかつた。否な殺す可き子供さへ、其の場所には居なかつた」と記している。彼は同志社の創始者新島襄《にいじまじょう》から洗礼を受けており、キリスト教に理解を有する人物ではあったが、「否な殺す可き子供さへ、其の場所には居なかつた」と指摘するように、かかる結論は「霜女覚書」や「宣教師側の所記」を根拠に導きだしたものとみられる。

このように、国内外の関係史料が周知され、ガラシャの篤い信仰と最期の様子が詳細に語られはじめるにつれ、二人の子ども殺害説は教義的な観点からも、史料的な観点からも疑問視されるようになった。日中戦争や太平洋戦争の激化にともない軍国主義の風潮が広がり、夫のため、家のために命を投げ出したガラシャの振る舞いが改めて注目されたこともあり、たとえば昭和一四年に刊行された竹田菊『軍国の女性』(女性通信社)に掲載される「身を以て婦道を護つた細川忠興夫人」など、この逸話を載せたガラシャ論は同一〇年代までは再生産され続けているが、戦後にはそれもほぼみられなくなる。

こんにち私たちが目の当たりにするガラシャのストーリーに、江戸時代以来の〝鉄板エピソード〟であった子どもを殺害する場面がみられないのは、かかる経緯があってのことなのである。

落ちていった構成要素、ガラシャ殉教説

江戸時代以降に日本でみられた歴史的イメージと、ヨーロッパのそれとが融合していく中、もうひとつ落とされていった構成要素がある。ヨーロッパでは、迫害を受けながらも信仰を守り続け、殉教したともされる、模範的かつ美貌のキリシタンという歴史的イメージが広が

りをみせていたが、この中の殉教者という位置づけが、けずり落とされるのである。

振り返ると、第七章で述べたように、アザルが一六六七年に出版した『全世界に普及した教会史』あたりから、ヨーロッパにおけるガラシャの歴史的イメージは、右のごときものになりはじめた。同書において彼女は、夫の忠興に迫害され、死去したことになっていた。もっとも、一六八九年に出版されたクラッセ『日本教会史』が、ガラシャの死因を迫害に求めていなかったように、忠興の虐待に言及していたとしても、殉教したという見方が布教の歴史書全般にみられたわけではない。ただ、アザル『全世界に普及した教会史』を参考に制作された戯曲「気丈な貴婦人」が、レオポルド一世とその家族を観覧者として一六九八年にウィーンで上演され、そのストーリーを下敷きとする読み物などが出版された結果、ガラシャ＝殉教者という見方は、ヨーロッパで少なからず拡散していたと思われる。

しかし、かかる殉教者イメージは、日本では定着しなかった。理由のひとつは、日本語訳された布教の歴史書がアザル『全世界に普及した教会史』ではなく、クラッセ『日本教会史』だったことであろう。先ほども述べたように、鮫島尚信がなぜクラッセの本を選んだのかは、はっきりしない。ただ、ことガラシャに関する叙述については、アザルの著作よりも史実に寄り添っており、迫害により死去したとは記していない。かかる尚信の選書により、結果的に殉教者イメージが広がる材料は日本に持ち込まれなかった。

そして、なにより最大の理由は、江戸時代以来の歴史的イメージの中に刻印されていた、関ヶ原合戦の直前に西軍の人質となることを拒んで命を投げ出したというガラシャ最期の経緯が、史実として妥当であった点にあろう。加えて、政治的要因により最期を迎えたという経緯は、「節義」ある模範的な大名夫人という彼女の歴史的イメージの源泉でもある。美貌を持つ熱心なキリシタンという構成要素はその後も継承されていく一方、殉教者というイメージが割って入る余地はなかったのである。

美貌説の是非

ところで、ガラシャの歴史的イメージの構成要素として、まだ掘り下げていないものが残っている。容貌の問題である。この点については、すでに井上章一の研究「美貌という幻想」をえている〔井上二〇二〇〕。いまさら取り上げるのも屋上屋を架す感は否めないし、そもそも容貌は彼女の事績そのものに関係しないのだが、いま私たちが抱いている視覚的な印象を左右する問題ではある。筆者なりの見解を少し示しておきたい。

井上が指摘するように、容貌に触れた同時代史料はみられない。それは、イエズス会の宣教師が書き留めた諸記録も同様である。本書で述べてきたように、ガラシャは行動に制約を受けつつ後半生を送っており、直接面識を有した宣教師はセスペデスのみ、しかも一回会っただけである。そのためであろう、彼女の動静をこと細かに報じていたイエズス会の面々も、容貌については触れるところがない。したがって、さまざまな小説やドラマで語られてきた美貌に関する言説は、いずれも後世に付された虚像の産物ということになり、こんにちの歴史的イメージを理解するには、その系譜をたどる作業が必要となる。

まずは、日本における美貌説をみよう。ガラシャの容貌に触れた国内最初の文献は、いまのところ『明智軍記』である。「容色殊ニ麗ク、歌ヲ吟シ、糸竹呂律ノ弄ビモ妙ナリ」と記されるのである。もっとも、同書がどういった根拠で「容色」を評しえたのかは不明であり、鵜呑みするのはいささか躊躇《ちゆうちよ》される。

井上も指摘するように、江戸時代の文献で、ガラシャの容貌を語ったものは思いのほか少ない。そうした書物が一気に増加するのは、明治時代に入ってからのようである。いずれも美貌説である。

少し例示すると、早い事例は、明治一一年（一八七八）に栃木模範女学校の校長小島玄寿が編纂した『日本列女伝』（出版山中八郎）である。同書の「細川忠興夫人」項をみると、ガラシャは「姿色」「艶ナリ」とされ、豊臣秀吉から興味を持たれていたという。また、女子教育に熱心であった明治天皇の皇后（昭憲皇太后《しようけんこうたいごう》）の意を受け、宮内省文学御用掛《ごようかかり》の西村茂《にしむらしげ》樹《き》が編纂し、同二〇年に刊行された女性修身書『婦女鑑《ふじょかがみ》』（宮内庁）の「細川忠興夫人」項では、「容顔殊にうるはしく、資性絶《すぐ》れて賢しこかりけり」と評される。この他にも、同三一年に刊行された塩井ふく子『日本女子百傑』（春陽堂）「細川忠興の夫人」項や、同三四年に刊行された西山酉三『豪傑と奥方』（大学館）「細川忠興」項など、ずいぶん多くの事例を確認することができる。明治政府による女子教育の環境整備にともない、女性を取り上げたり、女性を読者層とする出版物が増加したためであろうか。背景には検討の余地も残るが、とにかく明治時代にガラシャ美貌説が拡散・定着の様相を呈していたのは事実である。

かかる状況にあったガラシャ美貌説は、明治時代後期に至り新たな局面を迎える。ヨーロッパから逆輸入されたガラシャの歴史的イメージが、いよいよ国内で広まりはじめたのである。彼女の美貌がヨーロッパでどう語られていたのか、という点については、井上とフレデリック・クレインスの研究に頼るとしよう［井上二〇二〇、クレインス二〇二〇］。

両氏によると、ガラシャの美貌に触れた早い事例は、一六六七年に出版されたアザル『全世界に普及した教会史』とされる。同書で彼女は「並外れた美しさ」と評されるという。そして、これを参考に制作され、一六九八年にウィーンで上演された戯曲「気丈な貴婦人」でも、彼女の美しさが話題になったことは先述のとおりである。また、一六八九年に出版されたクラッセ『日本教会史』も、ガラシャの美貌を讃《たた》えていた。

先ほど述べたように、ガラシャの動静を詳報したイエズス会関係史料に、容貌に関する記事はみえない。にもかかわらず、アザルやクラッセは彼女を美貌の人とした。彼らはなにを根拠としたのか。先行する布教の歴史書があったのか。いまはわからない。ただ、もしも美貌説が彼らの創作なのであれば、人々の興味をひき、カトリックへの教化を促すためのレトリックであったとみて間違いあるまい。その是非の追究は今後の課題であるが、いずれにせよガラシャ美貌説は、このようにヨーロッパでも広がりをみせていたわけである。

ガラシャの死後に日本で広がりをみせていた美貌説と、ヨーロッパで広がりをみせていたそれは、明治一一～一三年の『日本西教史』刊行などにともない、出会うこととなった。そして、これにより、ガラシャの美貌説は揺るぎない通説として定着していった、というのが、井上とクレインスの仕事に学んだ筆者の見通しである。日本で美貌の人だと語られていたところに、ヨーロッパでもそうなのだと伝わったわけである。本書のように徹底的に同時代史料を探しまわったり、井上の仕事のごとく美貌説の系譜をたどったりしない限り、さもありなんと自明視するのが自然ななりゆきであっただろう。

かくして美貌説は、疑義を唱えられることもなく、こんにちまでガラシャの歴史的イメージの重要な構成要素となってきたのである。

こんにちのガラシャイメージへ

西軍の人質確保作戦への影響、「節義」ある振る舞いを選択した模範的な大名夫人という評価、二人の子ども殺害説のエピソードを構成要素とする江戸時代以来の歴史的イメージと、美しい容貌、迫害されつつも信仰を守り、殉教したともされる模範的な信仰心を構成要素とするヨーロッパにおける歴史的イメージは、いくつかの構成要素をそぎ落しつつ、明治時代後期以降の日本を舞台に融合する。こうして、ハイブリッドなガラシャ像が生み出された。

加えて、ガラシャがキリスト教に改宗した経緯や、その信仰を守り抜く様子が知られたことで、さほど注目されてこなかった彼女の内面にもスポットがあてられはじめる。そのことは、藤井伯民が述べた「普通の武士道一点張の所謂烈婦でなく、三百年前に於ける真の新らしい婦人、又婦人として当時珍しい思想界の先覚者であり、基督教精神の実行者」というガラシャ評に端的に示される［藤井一九二二］。

とりわけ注意したいのは、ガラシャを「真の新らしい婦人、又婦人として当時珍しい思想界の先覚者」とした伯民の見方である。キリシタンとなった彼女の行動に、彼は、当時の日本人女性のあり様にとらわれない新しさや考え方をみいだしているのである。先述したように、ちょうど大正時代には、女性の地位向上と、政治・社会的権利の獲得を求める女性たちの運動がさかんに行われていた［成田二〇一四］。この点とガラシャの件を結びつけるには、もう少し検証が必要なのであろうが、かかる状況を踏まえるならば、彼女のハイブリッドな歴史的イメージが当時の人々の興味をひいたのは、「烈婦」的な貞節さや篤い信仰心のみならず、その向こう側にみえる自立した女性としての姿が影響しているのかもしれない。いま、筆者はそのように思っている。

ともあれ、このような要素も含んだハイブリッドな歴史的イメージは、演劇や文学、絵画制作といった文化的活動と、キリスト教関係者による布教活動などを介して巷間に広がっていった。たとえば、「はじめに」で紹介したドイツ出身のイエズス会士ヘルマン・ホイヴェルスは、ガラシャの生涯と信仰の紹介に尽力し、「偉大な婦人を全世界に知らせよう」という思いで昭和一四年（一九三九）に戯曲「細川ガラシア夫人」を制作する。そして、戦後も精力的に舞踏・歌劇・浪曲・歌舞伎などに原作を提供していく（『ガラシャ』図録一二三）。イエズス会関係史料と細川家の史料を踏まえ、つくり上げられた一連の仕事は、右に示したガラシャの歴史的イメージの拡散に大きく資したとみられる。このような活動を通じて、「はじめに」の冒頭で掲げたごとき「戦国のヒロイン」像が、だんだん定着してきたのである。

以上、こんにちに至るガラシャの歴史的イメージがほぼかたまった戦前期を区切りに、その形成プロセスをたどる本書後半の試みに幕をひこうと思う。メディアが多様化していく戦後にも当然みるべき事柄はたくさんあるが、その検証はもはや筆者の力の及ぶところではない。いま気づいている傾向をひとつだけ取り上げ、締めくくりとしたい。

それは、ガラシャが家を守った妻や母として、あるいは信仰を守ったキリシタンとして語られるに留まらず、みずからの生き方をみつめ、信仰を支えに進むべき道をみいだしていった自主性・自立性を有する女性とみなされ、その象徴的存在としても語られている点である。フォーカスされるのは、夫の留守中に受洗するという決断、殉教も辞さない確固たる信仰心、潔く最期を受け入れた覚悟という、彼女の心の強さではないだろうか。

かかる捉え方をわかりやすく示していると思うのは、昭和初期から昭和六〇年代まで活躍した北澤映月《きたざわえいげつ》が描いた「女人卍《にょにんまんじ》」という絵画である。映月は上村松園や土田麦僊《つちだばくせん》に師事し、女性で二人目の日本美術院同人となった日本画家で、画業の後半には歴史上の女性を題材とした作品も手がけた。ガラシャを画題とした作品は二点あり、ひとつは同四七年の第五七回院展出品作の「女人卍」、もうひとつは同五五年の第六五回院展出品作で、文部大臣賞を受賞した「朱と黒と」である。ここで注目したいのは、前者の作品である。

「女人卍」は、豊臣秀吉の側室淀君《よどぎみ》を中心に、明治時代の小説家樋口一葉《ひぐちいちよう》、江戸時代の俳人加賀千代女《かがのちよじょ》、桃山時代の芸能者出雲阿国《いずものおくに》、ロザリオを身につけたガラシャという、歴史上の女性五人を画面に配したものである。彼女たちの視線を追うと、阿国↓ガラシャ↓淀君↓千代女↓一葉という順番で「卍」が構成されているようにみえる。花の舞う金地の中、黒い服を身に着けており、五人の存在感がより強調されているようである。

ここで筆者が注目するのは、映月が描いた五人の人物像である。織田信長の妹の市《いち》と浅井長政の娘として生まれ、敵《かたき》というべき秀吉の側室となり、後継者の豊臣秀頼を生んだものの、大坂の陣により最期を迎えた淀君。女性職業作家の先駆けとして『たけくらべ』などの秀作を発表するも、二四歳の若さで夭折した一葉。加賀松任《まっとう》（石川県松任市）の表具師《ひょうぐし》の娘に生まれ、奉公先の主人に俳諧を学び、女流俳人として名を知られた千代女。出雲出身の芸能者

北澤映月「女人卍」（平塚市美術館蔵）
ガラシャは画面右上に描かれる。

にして上方で興行を打ち、歌舞伎に繋がるかぶき踊りを創始した阿国。加えてガラシャである。

彼女たちの表情をみると、みな柔和であり、その気品あるたたずまいは映月作品ならではといえる。しかし、この五人をあえてピックアップし、画中に配した作家の意図は、右のような各人の生涯を思い浮かべることで明らかとなろう。すなわち、表情の向こう側にみすえるべきは、時代に翻弄されたり、先駆者として苦労を重ねざるをえなかったりした厳しい姿、そして、それに負けることなく、みずからの道を貫き通した芯の強さなのである（『ガラシャ』図録一二二）。

映月はそうした女性の一人としてガラシャを選び、本作品に描き込んだ。このことは、信仰を支えに進むべき道をみいだしていった彼女の生きざまが、女性の社会進出が進む（進められる）中、なぞらえるべき先人とみなされていた可能性を示している。少なくとも、院展の女性同人の草わけ的存在として戦前から作品を描き続けてきた映月には、その生きざまに通じる部分があったのだろう。

こうしてみてくると、ガラシャに付された歴史的イメージとは、その時々の女性のあり様や理想像を映し出す鏡でもあった。それゆえに、そこに投影される姿は、いまも変化し続けているのである。

おわりに

ここまで、ガラシャの生涯と、その死後にみられたイメージ展開の過程をたどってきた。豊富な先行研究の蓄積と、先人の尽力により整備された史料・研究環境を支えに、第一章から第六章では、ガラシャの動静について徹底的に掘り下げるつもりで取り組んだ。続いて第七章と第八章では、ガラシャが死後にどのように記憶され、評価され、歴史的イメージとなり、こんにちに至ったのかという問題を、試論的ながら追跡してきた。筆者なりに彼女の実像を描き出すとともに、われわれの持っている歴史的イメージには、実像と乖離している部分もあること、それはそれで歴史的な産物であることを示してきたつもりである。所期の目的は、なんとか達せられたであろうか。

しかしながら、第七章と第八章で示した変遷などを改めてみると、われわれの持つ歴史的イメージとは、しばしば根拠に乏しく、かくも移ろいやすいものなのかと、いささか驚きを禁じえない。たしかに、人は自身の関心や都合により、また認識の限界により、事象全体よりも特定の部分を選択・フォーカスして記憶・記録してしまうところがある。その上、時にはそれを都合のよいように操作したりもする。史実としての正確性より、自他の興味関心をかきたてるようなストーリーを求めてしまいがちなのも、仕方ないことかもしれない。

しかし、そうだとしても（そうだとするならば）、立ち返る原点となるべき事実関係の究明とその歴史的評価の重要性が、改めて再認識される。とくにガラシャの場合、①織豊期の政治史に深くかかわった明智家・細川家に関するファミリーヒストリーの紐帯として、②織豊期を生き抜いた大名夫人として、③「伴天連追放令」の中で改宗し、敬虔な信仰生活を送った女性信者として、④関ヶ原合戦のおりの人質確保作戦や、戦後の細川領国の宗教政策に影響を与えた政治的な存在として、ひき続き研究対象となっていく人物である。また、⑤歴史的イメージの展開に関する議論のわかりやすい事例としても重要である。本書の刊行が、右のような研究の可能性を秘めた彼女に対する関心をさらに高めるきっかけとなれば幸いである。

そして、冗長な叙述にしんぼう強くお付き合いいただいた読者の皆さまに、お礼を申しあげるとともに、御批正を仰ぐところである。

なお、本書は、共同研究員として参加した東京大学史料編纂所の特定共同研究・複合史料領域「戦国合戦図の総合的研究」（二〇一六～二〇一八年）及び「東アジアの合戦図の比較研究」(二〇一九〜二〇二一年度)による研究成果の一部である。また、福岡大学の研究助成(課題番号一九四〇〇一)による研究成果も含むものである。

本書を執筆するに至った経緯について、少し長くなるが触れさせていただきたい。もともと筆者は、女性史やキリスト教史を研究していたわけではない。熊本県立美術館の学芸員として働いていた平成二三年(二〇一一)に、「ガラシャと細川家の女性たち」という小企画展を企画・担当し、東京大学史料編纂所の金子拓さんに「細川ガラシャの最期をめぐって」というテーマでご講演いただいたこともあったが、その時は展覧会を開催するので手いっぱい。研究する余裕はとても持てなかった。

そんな筆者がガラシャ研究を進めることになったのは、平成三〇年に開催された特別展「永青文庫展示室開設一〇周年記念展　細川ガラシャ」を企画・担当したのがきっかけである。本展は、江戸時代に熊本の地を治めた肥後細川家の歴史資料・美術工芸品を所蔵・管理・公開する永青文庫の作品群を、熊本でも常時展示・公開するスペースとして熊本県立美術館に永青文庫展示室が設けられて一〇年目を迎えるにあたり、企画したものであった。

本書を読破なさった方は、「えっ、ガラシャは熊本に行ってないよね?」と思われたかもしれない。そのとおりである。しかし、彼女の子息細川忠利が肥後細川家で最初の熊本藩主となっており、甥っ子の三宅藤兵衛重利の子孫は熊本でご健在である。そのご子孫の方からは、平成二六年に明智光秀書状一通・ガラシャ消息一通を含む「三宅家文書」を熊本県立美術館にご寄贈いただいていた（この一件が、じつはガラシャ展企画のきっかけである）。熊本には、ガラシャゆかりの品々が少なからず伝来しており、墓所も熊本市内の泰勝寺跡に所在する。また、熊本大学には、同大学附属図書館に預けられている膨大な細川家関係の史資料群を調査・研究する永青文庫研究センターがあり、次々と重要な成果を発信している。同センターとは「細川幽斎展」や「信長からの手紙展」で共催実績があり、また一緒に仕事がしたい。そしてなにより、ガラシャの生涯そのものと、死後にみられた歴史的イメージの展開過程が、想像以上に面白い。館内事情等も勘案すると、永青文庫展示室開設一〇周年のタイミングがガラシャ展を開催する好機のように思えた。彼女とその周辺に関連する作品群を一堂に集め、熊本から全国に発信する良い試みになろうと感じた。そうして最初の企画書をまとめた。平成二八年一月のことであった。

ただ、展覧会に向けた準備をスタートしようとした矢先に、災難にみまわれた。その年の四月一四日と一六日に、熊本地震が起こったのである。多くの方々の生命・財産と日常を奪ったこの地震により、先行きは不透明となった。被災された方々は、展覧会どころではない。はじめて経験する大きな自然災害に、筆者自身も困惑・混乱するばかりであった。

しかし、「日常に戻れるところから戻る」という方針のもと、熊本地震から約一ヶ月後に熊本県立美術館が再開館した時に、筆者の気持ちは変わった。展示作業を終えた展示空間に足を踏み入れ、整然とならんだ作品群を目の当たりにした時に、言葉にし難い喜びと安らぎを感じたためである。美術館なりに、学芸員なりに、被災地でも果たせる（果たすべき）役割があるのかもしれない。確信めいたなにかをえた筆者は、目先の復旧作業と担当業務にあたりつつ、開催できることを信じて、少しずつ準備と調査・研究を進めた。ガラシャの魅力で多くの観覧者を呼び寄せ、地震から立ち直っていく熊本の姿もみていただけるようにすればいいのだ！　そう考え、これまでの経験や課題を踏まえて思いついていたアイデアをこの展覧会になるべく詰め込もうと心に決めた。

もっとも、意気込みだけでは展覧会はできない。展示作品については、共催いただいた永青文庫をはじめ、数多くの所蔵機関、個人所蔵者のご協力を賜った。無理をお願いし、「復興支援」として出品いただいた作品もあった。展覧会の構成、作品解説・図録の執筆、関連イベントの開催等については、熊本県立美術館のスタッフのみならず、関係機関や館外の研究者のサポートもえた。

本当はそれぞれお名前をあげ、お礼申しあげるべきところだが、その数はあまりに多い。いく人かだけ、お名前をあげさせていただく。熊本大学永青文庫研究センターの稲葉継陽さんと後藤典子さんには、諸事に相談に乗っていただき、多くの原稿をご執筆いただいた。稲葉さんには、ご講演もいただいた。また、ご多忙の中、京都・丹波・丹後の関連史跡を一緒に巡見していただいた。このことは、私には貴重な経験・財産となっている。金子さんにご紹介いただいた青山学院大学の安廷苑さんには、特論をご寄稿いただき、ご講演もお願いした。慶應義塾大学の浅見雅一さんには、イエズス会関係史料の所在や解説内容に関するご助言をいただいた。安さん、浅見さんには、まったく面識のない筆者の企画に耳を傾けていただいたばかりか、最後まで寄り添っていただいた。そして、金子さんには、ガラシャに関する史料の情報をご教示いただくに留まらず、共同研究にお誘いいただいたり、私のガラシャ研究のキーパーソンとなる関係者をご紹介いただいた。

この他にも、多くの方にご協力・ご支援・ご指導・ご助言を賜った。そうした関係各位のかかわりにより、平成三〇年の夏にガラシャ展は開催できたのだと、いまも強く感じている。会場には予想を超える観覧者をお迎えすることとなり、企画の所期の目的はおおよそ達せられたと思う。筆者のもっとも思い入れのある展覧会であり、準備はたいへんだったが、振り返ればこのうえなく楽しい時間でもあった。

さて、こうして開催された特別展「細川ガラシャ」の展示構成と展覧会図録が、筆者のガラシャ研究の最初の成果であり、本書のベースとなっているものである。ただ、展覧会の準備に追われたため、内容的には尽くせなかった部分も少なからず残っていた。また、修正すべき点もあった。それと、展覧会担当者にはよくある話だが、会期中に意見や情報を多数寄せていただいたことにより、閉幕の頃、筆者の手もとには関連情報がたくさん集約されていた。そうしてえた知見も踏まえ、不備を補い、自分なりに研究成果を一書にまとめてみたい。しばらくすると、そう考えるようになっていた。

そんな思いをすぐに繫いでくれたのは、またもや東大史料編纂所の金子さんであった。《中世から近世へ》シリーズをご担当なさっている坂田修治さんをご紹介いただけたのだ。ちょうど二〇二〇年に、明智光秀を主人公とする大河ドラマもある。それを目指し、取り組ませていただくこととなった。そして、執筆にあたっては、日向志保さんと木下博之さんから細川文庫『系図』の所在についてご教示いただき、東里こずえさんからは「細川ガラシャの没後の評価の変遷」に関する資料をご提供いただいた。記して謝意を表したい。

もっとも、こうした貴重な機会を与えていただき、また、史資料についてもご協力をえながら、執筆は思惑どおりに進まなかった。筆が遅く、要領よくまとめられない性分であるうえ、執筆期間がちょうど職場を転じるタイミングと重なってしまった。コロナウイルスの感染拡大により、必要な文献調査が滞ったのも痛かった。そうこうしているうちに、飲酒をともなう「会食」などすることなく、家と職場を往復しているだけにもかかわらず、当初設定された締め切りから一年以上が過ぎてしまった。

にもかかわらず、坂田さんには、「あせらず、ご納得いくものを」と励ましていただいた。また、編集を担当いただいた進藤倫太郎さんには、文章のこと、図版のこと、校正のことで大変お世話になった。深く感謝申し上げたい。お二人のお言葉に甘え、時間をかけ、現時点で納得いくところまで筆を振るわせていただいた。それでも第七章と第八章については、まだまだ不備が否めないが、そのあたりは今後の宿題としたい。

最後になったが、ガラシャ展を一緒に開催した熊本県立美術館の元同僚と永青文庫の皆さま、展覧会準備や研究への没頭を許してくれた家族に、改めて感謝の念を捧げる。それと、あえて記す。多くの出会いと学びの機会をつくってくれたガラシャにも、感謝である。

山田貴司

二〇二一年八月一八日

参考文献

史料集・自治体史　※史料名・文書群名・書籍名で五〇音順

愛知県史編さん委員会編『愛知県史』資料編13織豊3（愛知県、二〇一一年）
二木謙一校注『明智軍記』（KADOKAWA、二〇一九年）
「永禄六年諸役人附」（『群書類従』二九輯、一九七九年）
「貝塚御座所日記」（北西弘編『真宗史料集成 第三巻 一向一揆』同朋舎出版、一九八三年）
『史料纂集 兼見卿記』（八木書店、二〇一四～一九年）
『寛永諸家系図伝』（続群書類従完成会、一九八〇～九七年）
『新訂 寛政重修諸家譜』（続群書類従完成会、一九六四～六六年）
『北野社家日記』（続群書類従完成会、一九七二～二〇〇一年）
尾原悟編『きりしたんのおらしよ』（キリシタン研究四二輯　教文館、二〇〇五年）
新井トシ訳『グスマン 東方伝道史』（天理時報社・養徳社、一九四四～四五年）
川添昭二・福岡古文書を読む会校訂『新訂黒田家譜』（文献出版、一九八三～八四年）
福岡市博物館編・発行『黒田家文書』第一巻（一九九九年）
小倉市役所編・発行『小倉市誌』上編（一九二一年）

鮫島文書研究会編『鮫島尚信在欧外交書簡録』(思文閣出版、二〇〇二年)
松田毅一監訳『十六・七世紀イエズス会日本報告集』(同朋舎出版、一九八七～九八年)
フランシスコ会聖書研究所訳注『聖書――原文校訂による口語訳』(サンパウロ、二〇一一年)
『宗及茶湯日記』(永島福太郎編『天王寺屋会記』淡交社、一九八九年)
檜谷昭彦・江本裕校注『新日本古典文学大系六〇 太閤記』(岩波書店、一九九六年)
『立入左京亮入道隆佐記』(『続群書類従』二〇輯上、一九二三年)
辻善之助編『多聞院日記』(角川書店、一九六七年)
宮津市教育委員会・中嶋利雄・松岡心平「『丹後細川能番組』」(『能楽研究』八号、一九八三年)
『当代記』『駿府記』(『史籍雑纂』第二　国書刊行会、一九一一年)
『新訂増補 言継卿記』(続群書類従完成会、一九六六～六七年)
東京大学史料編纂所編『大日本古記録 言経卿記』(岩波書店、一九五九～九一年)
名古屋市博物館編『豊臣秀吉文書集』(吉川弘文館、二〇一五～二一年)
神戸大学文学部日本史研究室編『中川家文書』(臨川書店、一九八七年)
太政官翻訳係訳『日本西教史』(坂上半七、一八八〇年)
東京国立文化財研究所美術部編『日本美術年鑑　昭和四八年版』(東京国立文化財研究所、一九七四年)
奥野高広・岩沢愿彦校注『信長公記』(角川文庫2541、一九六九年)
堀切実編注『芭蕉俳文集』(岩波文庫、二〇〇六年)
『武徳大成記』(内閣文庫所蔵史籍叢刊　汲古書院、一九八九年)
松田毅一・川崎桃太訳『フロイス日本史』(中央公論社、一九七七～八〇年)

熊本大学文学部附属永青文庫研究センター編『細川家文書 中世編』（永青文庫叢書 吉川弘文館、二〇一〇年）
「松井家先祖由来附」（八代古文書の会編『八代市史 近世史料編八』八代市教育委員会、一九九九年）
八代市立博物館未来の森ミュージアム編・発行『松井文庫所蔵古文書調査報告書』（一九九六～二〇一九年）
三宅家史料刊行会編『明智一族 三宅家の史料』（清文堂出版、二〇一五年）
石田晴男・今谷明・土田将雄編『綿考輯録』（汲古書院、一九八八～九一年）
石川美咲「『遊行三十一祖京畿御修行記』について――解題と写真・翻刻」（『一乗谷朝倉氏遺跡資料館紀要』二〇一九年）
思文閣出版編・発行『和の史 思文閣古書資料目録』（二六六号、二〇二〇年）

著書・論文・史料紹介

浅見雅一『概説キリシタン史』（慶應義塾大学出版会、二〇一六年）
同『キリシタン教会と本能寺の変』（角川新書 KADOKAWA、二〇二〇年）
天野忠幸『荒木村重』（シリーズ実像に迫る010 戎光祥出版、二〇一七年）
安廷苑『細川ガラシャ――キリシタン史料から見た生涯』（中公新書2264、二〇一四年）
同「細川ガラシャ没後の評価について」（『キリシタン文化研究会会報』一四五号、二〇一五年）
同「細川ガラシャ研究の現在」（川村信三編『キリシタン歴史探求の現在と未来』教文館、二〇二一年）
池上裕子『織田信長』（人物叢書272 吉川弘文館、二〇一二年）
石川登志雄「英甫永雄と玄圃霊三」（『宮津市史』通史編上巻、宮津市役所、二〇〇二年）
石川美咲「明智光秀と越前朝倉家の薬・生蘇散」（福井県立博物館編・発行『天下人の時代――信長・秀吉・

家康と越前』二〇二〇年)
石川遼子「近代池田の芸術と文化」(『新修池田市史』第三巻近代編、池田市、二〇〇九年)
井出洋一郎「明治末年から昭和初期の文芸・美術にみる南蠻趣味に就て」(『山梨県立美術館研究紀要』一号、一九八一年)
稲葉継陽「細川家伝来の織田信長発給文書――細川藤孝と明智光秀」(森正人・稲葉継陽編『細川家の歴史資料と書籍――永青文庫資料論』吉川弘文館、二〇一三年)
同『細川忠利――ポスト戦国時代の国づくり』(歴史文化ライブラリー471 吉川弘文館、二〇一八年)
同「光秀・藤孝・信長」(『季刊永青文庫』一一〇号、二〇二〇年)
犬塚孝明「黎明期日本外交と鮫島尚信」(鮫島文書研究会編『鮫島尚信在欧外交書簡録』思文閣出版、二〇〇二年)
井上章一「美貌という幻想」(井上章一・呉座勇一・フレデリック・クレインス・郭南燕『明智光秀と細川ガラシャ――戦国を生きた父娘の虚像と実像』筑摩選書187、二〇二〇年)
エリザベート・ゴスマン、水野賀弥乃訳「ガラシャ細川玉の実像と虚像」(鶴見和子他監修・岡野治子編『女と男の乱――中世』女と男の時空――日本女性史再考Ⅲ 藤原書店、一九九六年)
遠藤珠紀「徳大寺家旧蔵『和歌御会詠草』紙背文書の紹介」(田島公編『禁裏・公家文庫研究』五輯、二〇一五年)
大井蒼梧『細川忠興夫人』(アルパ社書店、一九三六年)
大澤研一「文献史料からみた豊臣前期大坂城の武家屋敷・武家地」(同著『戦国・織豊期大坂の都市史的研究』思文閣出版、二〇一九年)

大沼宜規「国会図書館デジコレで読む古文書（3）杵築への手紙　細川ガラシャ消息」（『日本古書通信』一〇六四号、二〇一八年）
大場恒明「一七世紀フランスが垣間見ていた日本」（『麒麟』創刊号、一九九二年）
大場はるか「近世内オーストリアの居城都市グラーツにおけるイエズス会劇と肥後・八代の殉教者――「日本劇」の比較考察のために」（『比較都市史研究』三五巻一号、二〇一六年）
大橋幸泰「一六―一九世紀日本におけるキリシタンの受容・禁制・潜伏」（『国文学研究資料館紀要　アーカイブズ研究篇』一二号、二〇一六年）
岡美穂子「キリシタンと統一政権」（大津透・桜井英治・藤井譲治・吉田裕・李成市編『岩波講座日本歴史　第10巻　近世1』岩波書店、二〇一四年）
小川剛生「細川幽斎――人と時代」（森正人・鈴木元編『細川幽斎――戦塵の中の学芸』笠間書院、二〇一〇年）
小倉秀貫「細川忠興夫人明智氏自裁の実況」（『史学会雑誌』一三号、一八九一年）
長節子「所謂「永禄六年諸役人附」について」（『史学文学』四巻一号、一九六二年）
郭南燕「ガラシャの知性と文化的遺産」（『明智光秀と細川ガラシャ――戦国を生きた父娘の虚像と実像』二〇二〇年）
加古義一編『日本聖人鮮血遺書』（訂正増補六版　聖若瑟教育院、一九一一年。初版は一八八七年）
笠谷和比古「蔚山籠城戦と関ヶ原合戦」（同著『関ヶ原合戦と近世の国制』思文閣出版、二〇〇〇年）
上総英郎編『細川ガラシャのすべて』（新人物往来社、一九九四年）
片岡弥吉『日本キリシタン殉教史』（片岡弥吉全集1　智書房、二〇一〇年）
勝倉壽一「「糸女覚え書」の構図」（『福島大学教育学部論集』七〇号、二〇〇一年）

金子拓『記憶の歴史学──史料に見る戦国』(講談社選書メチエ519、二〇一一年)
同『信長家臣明智光秀』(平凡社新書923、二〇一九年)
神田千里「伴天連追放令に関する一考察──ルイス・フロイス文書を中心に」(『東洋大学文学部紀要 史学科篇』三七号、二〇一一年)
木下聡「明智光秀と美濃国」(『現代思想』四七巻一六号、二〇一九年)
呉座勇一「明智光秀と本能寺の変」(『明智光秀と細川ガラシャ──戦国を生きた父娘の虚像と実像』二〇二〇年)
後藤典子「島原・天草一揆以前における肥後細川家のキリスト教政策(上)(下)」(『永青文庫研究』二～三号、二〇一九～二〇年)
後藤みち子『戦国を生きた公家の妻たち』(歴史文化ライブラリー269 吉川弘文館、二〇〇九年)
小西瑞恵「一六世紀の都市におけるキリシタン女性──日比屋モニカと細川ガラシャ」(『大阪樟蔭女子大学論集』四六号、二〇〇九年)
佐藤晃洋「近世日本豊後のキリシタン禁制と民衆統制」(『国文学研究資料館紀要 アーカイブズ研究篇』一二号、二〇一六年)
佐藤猛郎「学習院の英語教師たち──明治編」(『学習院高等科研究紀要』一三号、一九八四年)
柴裕之『清須会議──秀吉天下取りへの調略戦』(シリーズ・実像に迫る017 戎光祥出版、二〇一八年)
清水紘一『織豊政権とキリシタン──日欧交渉の起源と展開』(岩田書院、二〇〇一年)
清水有子「一六世紀末におけるキリシタン布教の実態──洗礼者数の検討を通して」(『明治学院大学キリスト教研究所紀要』四三号、二〇一〇年)

杉井六郎「『日本宗教自由論』、『日本西教史』とその背景」（『文化学年報』三三輯、一九八四年）
鈴木将典「織田・豊臣大名細川氏の丹後支配」（『織豊期研究』一六号、二〇一四年）
諏訪勝則『明智光秀の生涯』（歴史文化ライブラリー490　吉川弘文館、二〇一九年）
高田重孝『小笠原玄也と加賀山隼人の殉教』（高田重孝著作集第一巻　かんよう出版、二〇二〇年）
高柳光寿『明智光秀』（人物叢書　吉川弘文館、一九五八年）
谷徹也「秀吉死後の豊臣政権」（『日本史研究』六一七号、二〇一四年）
谷口克広『信長軍の司令官――部将たちの出世競争』（中公新書1782、二〇〇五年）
同『検証 本能寺の変』（歴史文化ライブラリー232　吉川弘文館、二〇〇七年）
同『織田信長家臣人名辞典　第2版』（吉川弘文館、二〇一〇年）
田端泰子「戦国期の「家」と女性――細川ガラシャの役割」（京都橘女子大学女性歴史文化研究所編『京都の女性史』思文閣出版、二〇〇二年）
同「豊臣政権の人質・人質政策と北政所」（『女性歴史文化研究所紀要』一五号、二〇〇六年）
同『細川ガラシャ――散りぬべき時知りてこそ』（ミネルヴァ書房、二〇一〇年）
外岡慎一郎『「関ヶ原」を読む――戦国武将の手紙』（同成社、二〇一八年）
中野等『石田三成伝』（吉川弘文館、二〇一七年）
長野仁「光秀所伝『針薬方』の薬方と鍼灸」（京都大学人文科学研究所主催一般公開セミナー「明智光秀は名医!?だった」報告レジュメ、二〇二〇年）
中村博司『大坂城全史――歴史と構造の謎を解く』（ちくま新書1359、二〇一八年）
撫原華子／Hanako NADEHARA「The Emergence of a New Woman:The History of the Transformation

of Gracia」(『東京女子大学紀要論集』六四巻、二〇一四年)
成田龍一「総力戦とジェンダー」(大口勇次郎・成田龍一・服藤早苗編『新体系日本史9 ジェンダー史』山川出版社、二〇一四年)
新山カリツキ富美子訳『気丈な貴婦人――細川ガラシャ』(京成社、二〇一六年)
同「ヨーロッパにおける日本殉教者劇――細川ガラシャについてのウィーン・イエズス会ドラマ」(郭南燕編『世界の日本研究2017 国際的視野からの日本研究』国際日本文化研究センター海外研究交流室、二〇一七年)
西島太郎「佐々木田中氏の広域支配とその活動」(同著『戦国期室町幕府と在地領主』八木書店、二〇〇六年)
橋場日月『明智光秀 残虐と謀略――一級史料で読み解く』(祥伝社新書546、二〇一八年)
馬部隆弘「細川藤孝時代の勝龍寺城」(長岡京市教育委員会編・発行『勝龍寺城関係資料集』長岡京市歴史資料集成1、二〇二〇年)
林千寿「関ヶ原合戦における細川家――その動向と動機」(『熊本史学』七六・七七合併号、二〇〇〇年)
同『家老の忠義――大名細川家存続の秘訣』(歴史文化ライブラリー519 吉川弘文館、二〇二一年)
早島大祐「明智光秀の居所と行動」(藤井譲治編『織豊期主要人物居所集成【第2版】』思文閣出版、二〇一六年)
同「細川藤孝の居所と行動」(『織豊期主要人物居所集成【第2版】』二〇一六年)
同「「戒和上昔今禄」と織田政権の寺社訴訟制度」(『史窓』七四号、二〇一七年)
同『明智光秀――牢人医師はなぜ謀反人となったか』(NHK出版新書608、二〇一九年)
日向志保「ガラシャ改宗後の清原マリアについて」(『織豊期研究』一三号、二〇一一年)

同　　　「清原マリアと細川家」(『戦国史研究』七七号、二〇一九年)
平川新『戦国日本と大航海時代――秀吉・家康・政宗の外交戦略』(中公新書2481、二〇一八年)
福島克彦『明智光秀――織田政権の司令官』(中公新書2622、二〇二〇年)
藤井伯民『細川がらしあ』(公教青年会、一九二三年)
藤木久志『飢餓と戦争の戦国を行く』(朝日選書687、二〇〇一年)
藤澤古雪『史劇がらしあ』(大日本図書、一九〇七年)
藤田達生・福島克彦編『明智光秀』(史料で読む戦国史③　八木書店、二〇一五年)
古瀬徳雄「「ジャポニスムの諸相」――日本を題材としたイエズス会劇を中心に」(『関西福祉大学研究紀要』二号、二〇〇〇年)
フレデリック・クレインス「イエズス会士が作り上げた光秀・ガラシャ像」(『明智光秀と細川ガラシャ――戦国を生きた父娘の虚像と実像』二〇二〇年)
ヘルマン・ホイヴェルス『細川ガラシア夫人』(春秋社、一九六六年。初出は一九三九年)
片々子「湖畔通信」(『英語青年』九二巻七号、一九四六年)
堀越祐一「知行充行状にみる豊臣「五大老」の性格」(同著『豊臣政権の権力構造』吉川弘文館、二〇一六年)
三上参次「正史に見えたる細川越中守夫人」(『史劇がらしあ』一九〇七年)
水野勝之・福田正秀『加藤清正「妻子」の研究』(ブイツーソリューション、二〇〇七年)
水野伍貴「関ヶ原前夜の長岡氏」(『研究論集 歴史と文化』四号、二〇一九年a)
同　　　「長岡氏の関ヶ原の役――大坂玉造長岡邸の動きを中心に」(『研究論集 歴史と文化』五号、二〇一九年b)

光成準治『九州の関ヶ原』(シリーズ実像に迫る018　戎光祥出版、二〇一九年)
宮川聖子「ガラシャ消息について」(熊本県立美術館編『永青文庫展示室開設一〇周年記念　細川ガラシャ』細川ガラシャ展実行委員会、二〇一八年)
村井祐樹「幻の信長上洛作戦——出せなかった書状／新出「米田文書」の紹介をかねて」(『古文書研究』七八号、二〇一四年)
森島康雄「細川ガラシャの味土野幽閉説を疑う」(『丹後郷土資料館調査だより』九号、二〇二〇年)
矢部健太郎『関白秀次の切腹』(KADOKAWA、二〇一六年)
矢部誠一郎『利休随一の弟子三斎細川忠興』(宮帯出版社、二〇一五年)
山田貴司「細川家の名物記「御家名物之大概」考」(熊本県立美術館編・発行『永青文庫の至宝展』二〇一一年)
同「和泉上守護細川家ゆかりの文化財と肥後細川家の系譜認識」(『細川家の歴史資料と書籍——永青文庫資料論』二〇一三年a)
同「〈資料紹介〉宇土細川家で編纂・制作された『細川家譜』」(『熊本県立美術館研究紀要』一三号、二〇一三年b)
同「関ヶ原合戦前後における加藤清正の動向」(同編『加藤清正』シリーズ織豊大名の研究2　戎光祥出版、二〇一四年)
同「細川家伝来文書にみる信長文書論の現在地」(『中京大学文化科学研究』二七巻、二〇一六年)
同「総論　ガラシャの生涯とそのイメージ展開」(『永青文庫展示室開設一〇周年記念　細川ガラシャ』二〇一八年)
同「同時代の人々が記したガラシャの最期」(『日本歴史』八五〇号、二〇一九年)

同　　「明智光秀口伝の医術書「針薬方」の古文書学――見えてくる若き日の学び」(『西日本文化』四九五号、二〇二〇年)
山田康弘「細川幽斎の養父について」(『日本歴史』七三〇号、二〇〇九年)
山梨淳「藤井伯民とその文筆活動――ある忘れられたカトリック文学者の肖像」(『カトリック研究』八八号、二〇一九年)
山本秀煌『細川侯爵家の祖先 忠興夫人の信仰美談』(山田聖天堂、一九三〇年)
山本博文『武士と世間――なぜ死に急ぐのか』(中公新書1703、二〇〇三年)
吉村豊雄「初期大名家の隠居体制と藩主権力」(同著『近世大名家の権力と領主経済』清文堂出版、二〇〇一年)
同　「もう一つの細川ガラシャ像――生誕四五〇年に寄せて」(『総合文化誌 KUMAMOTO』五号、二〇一三年)
米倉守「作品解説」(『アサヒグラフ別冊 美術特集 橋本明治』朝日新聞社、一九八〇年)
米田かおり「細川ガラシャとイエズス会の音楽劇」(『桐朋学園大学研究紀要』二八集、二〇〇二年)
ヨハネス・ラウレス「細川家のキリシタン」(『キリシタン研究』四輯、一九五七年)
同　『細川ガラシヤ夫人』(中央出版社、一九五八年)

展覧会図録・調査報告書　※編者名で五〇音順

天草市立天草キリシタン館編・発行『天草を治めた光秀の孫 仁義の侍 三宅藤兵衛』(二〇二〇年)
NHK・NHKプロモーション編・発行『二〇一四年NHK大河ドラマ特別展 軍師官兵衛』(二〇一四年)
大津市歴史博物館編・発行『聖衆来迎寺と盛安寺――明智光秀ゆかりの下阪本の社寺』(二〇二〇年)

熊本県立美術館編『永青文庫展示室開設一〇周年記念 細川ガラシャ』(細川ガラシャ展実行委員会、二〇一八年)
島根県立博物館・鹿島昭一・藤間寛・的野克之・日本経済新聞社編『橋本明治展』(日本経済新聞社、一九九二年)
土岐市文化振興事業団編『光秀の源流 土岐明智氏と妻木氏』(土岐市美濃陶磁歴史館、二〇二〇年)
中村敏子編『一途に描きつづけた 北澤映月の全生涯——その師 松園・麦僊と』(財団法人東日本鉄道文化財団、一九九二年)
オフィスノンブル編『日本二十六聖人記念館 所蔵品カタログ』(日本二十六聖人記念館、二〇一七年)
八代市立博物館未来の森ミュージアム編・発行『八代の歴史と文化Ⅷ 関ヶ原合戦と九州の武将たち』(一九九八年)
同 『八代の歴史と文化二〇 八代城主松井家の名宝——珠玉の松井文庫コレクション』(二〇一〇年)
八代市立博物館未来の森ミュージアム・北九州市立いのちのたび博物館編・発行『大名細川家——文と武の軌跡』(二〇〇五年)

《付記》
本書に掲載した図版については、著作権者・所蔵機関などへの掲載許諾をいただいておりますが、北澤映月「女人卍」については、著作権継承者の連絡先不明のため、まだ許諾をいただけておりません。お心当たりのある方がいらっしゃいましたら、平凡社編集部までご連絡をいただけましたら幸甚です。

山田貴司（やまだ たかし）

1976年福岡県生まれ。福岡大学大学院人文科学研究科史学専攻博士課程後期満期退学。博士（文学）。専門は日本の中世後期から近世初期にかけての政治史・文化史。熊本県立美術館学芸員を経て、現在、福岡大学人文学部准教授。著書に『中世後期武家官位論』（戎光祥出版）、編著に『シリーズ・織豊大名の研究2 加藤清正』（戎光祥出版）、主な論文に「西国の地域権力と室町幕府——大友氏の対幕府政策（関係）史試論」（川岡勉編『中世の西国と東国——権力から探る地域的特性』戎光祥出版）などがある。

[中世から近世へ]

ガラシャ　つくられた「戦国《せんごく》のヒロイン」像《ぞう》

発行日　2021年10月13日　初版第1刷

著者　山田貴司
発行者　下中美都
発行所　株式会社平凡社
〒101-0051 東京都千代田区神田神保町3-29
電話（03）3230-6579［編集］（03）3230-6573［営業］
振替 00180-0-29639
ホームページ https://www.heibonsha.co.jp/
印刷・製本　株式会社東京印書館
DTP　ダイワコムズ

ISBN978-4-582-47751-1
NDC分類番号210.47　四六判（18.8cm）　総ページ324

中世から近世へ シリーズ　好評既刊

徳川家康　境界の領主から天下人へ　柴裕之

境界の領主に過ぎなかった徳川家康が、天下人へと駆け上った足跡を最新の解釈で描く。

秀吉の武威、信長の武威　天下人はいかに服属を迫るのか　黒嶋敏

自らの政権を正当化する天下人。二人の〝勝者〟が日本に君臨するための本音と建て前を解く。

松永久秀と下剋上　室町の身分秩序を覆す　天野忠幸

〈稀代の悪人〉は武家社会の家格や秩序に挑む改革者だった。新しい久秀像を描いた決定版。

鳥居強右衛門《とりいすねえもん》　語り継がれる武士の魂　金子拓

武士の忠義が《歴史》になるとき――無名にして有名な侍の名が現代まで残った理由に迫る。

前田利家・利長　創られた「加賀百万石」伝説　大西泰正

豊臣政権の中枢で「大老」を務めた親子。雄藩のイメージはいかに創られ、維持されたのか。

織田信長　戦国時代の「正義」を貫く　柴裕之

当時の社会秩序を重視して天下人となった同時代人・信長が求めた「あるべき姿」とは。

今川のおんな家長 寿桂尼　黒田基樹

27通の発給文書を通して、戦国大名家の「妻」が果たした役割や性格を明らかにする。